BIBLIOTHÈQUE ROSE ILLUSTRÉE

JEAN QUI GROGNE

ET

JEAN QUI RIT

PAR

Mme LA COMTESSE DE SÉGUR

NÉE ROSTOPCHINE

OUVRAGE ILLUSTRÉ DE 70 VIGNETTES

PAR H. CASTELLI

PARIS

LIBRAIRIE DE L. HACHETTE ET Cie

BOULEVARD SAINT-GERMAIN, N° 77

PRIX : 2 FRANCS

JEAN QUI GROGNE
ET
JEAN QUI RIT

JEAN QUI GROGNE

ET

JEAN QUI RIT

PAR

Mme LA COMTESSE DE SÉGUR

NÉE ROSTOPCHINE

OUVRAGE ILLUSTRÉ DE 70 VIGNETTES

PAR H. CASTELLI

PARIS

LIBRAIRIE DE L. HACHETTE ET Cie

BOULEVARD SAINT-GERMAIN, N° 77

—

1866

Droit de traduction réservé

1867

Imp. génér. de Ch. Lahure, rue de Fleurus 9   Paris.

A MA PETITE-FILLE

MARIE-THÉRÈSE DE SÉGUR.

Chère petite, tu as longtemps attendu ton livre; c'est qu'il y avait bien des frères, des cousins, des cousines, d'un âge plus respectable que le tien. Mais enfin, voici ton tour. Jean qui rit te fera rire, je l'espère; je ne crains pas que Jean qui grogne te fasse grogner.

Ta grand'mère qui t'aime bien,

Comtesse DE SÉGUR,
Née ROSTOPCHINE.

JEAN QUI GROGNE

ET

JEAN QUI RIT.

CHAPITRE PREMIER.

LE DÉPART.

HÉLÈNE.

Voilà ton paquet presque fini, mon petit Jean; il ne reste plus à y mettre que tes livres.

JEAN.

Et ce ne sera pas lourd, maman; les voici.

La mère prend les livres que lui présente Jean et lit : *Manuel du chrétien; Conseils pratiques aux Enfants.*

HÉLÈNE.

Il n'y en a guère, il est vrai, mon ami; mais ils sont bons.

JEAN.

Maman, quand je serai à Paris, je tâcherai de voir le bon prêtre qui a fait ces livres.

HÉLÈNE.

Et tu feras bien, mon ami; il doit être bon, cela se voit dans ses livres. Et il aime les enfants, cela se voit bien aussi.

JEAN.

Une fois arrivé à Paris et chez Simon, je n'aurai plus peur.

HÉLÈNE.

Il ne faut pas avoir peur non plus sur la route, mon ami. Qu'est-ce qui te ferait du mal? Et pourquoi te causerait-on du chagrin?

EAN.

C'est qu'il y a des gens qui ne sont pas bons, maman; et il y en a d'autres qui sont même mauvais.

HÉLÈNE.

Je ne dis pas non; mais tu ne seras pas le premier du pays qui aura été chercher ton pain et ta fortune à Paris; il ne leur est pas arrivé malheur, pas vrai? Le bon Dieu et la sainte Vierge ne sont-ils pas là pour te protéger?

JEAN.

Aussi je ne dis pas que j'aie peur; allez; je dis seulement qu'il y a des gens qui ne sont pas bons; c'est-il pas une vérité, ça?

HÉLÈNE.

Oui, oui, tout le monde la connaît, cette vérité. Mais tu ne vas pas pleurer en partant, tout de même! Je ne veux pas que tu pleures.

JEAN.

Soyez tranquille, mère; je m'en irai bravement comme mon frère Simon, qui est parti sans seulement tourner la tête pour nous regarder. Voilà que j'ai bientôt quatorze ans. Je sais bien ce que c'est que le courage, allez. Je ferai comme Simon.

HÉLÈNE.

C'est bien, mon enfant; tu es un bon et brave garçon! Et le cousin Jeannot? Va-t-il venir ce soir ou demain matin?

JEAN.

Je ne sais pas, maman; je ne l'ai guère vu ces trois derniers jours.

HÉLÈNE.

Va donc voir chez ta tante s'il est prêt pour partir demain de grand matin.

Jean partit lestement. Hélène resta à la porte et le regarda marcher, quand elle ne le vit plus, elle rentra, joignit les mains avec un geste de désespoir, tomba à genoux et s'écria d'une voix entrecoupée par ses larmes :

« Mon enfant, mon petit Jean chéri! Lui aussi doit partir, me quitter! Lui aussi va courir mille dangers dans ce long voyage! Mon enfant, mon cher enfant!... Et je dois lui cacher mon chagrin et mes larmes pour ranimer son courage. Je dois paraître insensible à son absence, quand mon cœur frémit d'inquiétude et de douleur! Pauvre, pauvre enfant! La misère m'oblige à l'envoyer à son frère. Dieu de bonté, protégez-le! Marie, mère de miséricorde, ne l'abandonnez pas, veillez sur lui! »

La pauvre femme pleura quelque temps encore; puis elle se releva, lava ses yeux rougis par les larmes, et s'efforça de paraître calme et tranquille pour le retour de Jean.

Jean avait marché lestement jusqu'au détour du chemin et tant que sa mère pouvait l'apercevoir. Mais quand il se sentit hors de vue, il s'arrêta, jeta un regard douloureux sur la route qu'il venait de parcourir sur tous les objets environnants, et il pensa que le lendemain de grand matin il passerait par les mêmes endroits, mais pour ne plus les revoir; et lui aussi pleura.

« Pauvre mère! se dit-il. Elle croit que je la quitte sans regret; elle n'a ni inquiétude, ni chagrin. Ma tranquillité la rassure et soutient son courage. Ce serait mal et cruel à moi de lui laisser voir combien je suis malheureux de la quitter! Et pour si longtemps! Mon bon Dieu, donnez-moi du courage jusqu'à la fin! Ma bonne sainte Vierge, je me mets sous votre protection. Vous veillerez sur moi et vous me ferez revenir près de maman! »

Jean essuya ses yeux, chercha à se distraire par la pensée de son frère qu'il aimait tendrement, et arriva assez gaiement à la demeure de sa tante Marine. Au moment d'entrer, il s'arrêta effrayé et surpris. Il entendait des cris étouffés, des gémissements, des sanglots. Il poussa vivement la porte; sa tante était seule et paraissait mécontente, mais ce n'était certainement pas elle qui avait poussé les cris et les gémissements qu'il venait d'entendre.

« Te voilà, petit Jean? dit-elle; que veux-tu?

JEAN.

Maman m'a envoyé savoir si Jeannot était prêt pour demain, ma tante, et s'il allait venir à la maison ce soir ou demain de grand matin pour partir ensemble.

LA TANTE.

Je ne peux pas venir à bout de ce garçon; il est là qui hurle depuis une heure; il ne veut pas m'obéir; je lui ai dit plus de dix fois d'aller te rejoindre chez ta mère. Il ne bouge pas plus qu'une pierre. L'entends-tu gémir et pleurer?

JEAN.

Où est-il donc, ma tante?

LA TANTE.

Il est dehors, derrière la maison. Va le trouver, mon petit Jean, et vois si tu peux l'emmener. »

Jean sortit, fit le tour de la maison, ne vit personne, n'entendit plus rien. Il appela :

« Jeannot! »

Mais Jeannot ne répondit pas.

Il rentra une seconde fois chez sa tante.

LA TANTE.

Eh bien! l'as-tu décidé à te suivre? Il est calmé, car je n'entends plus rien.

JEAN.

Je ne l'ai pas vu, ma tante; j'ai regardé de tous côtés, mais je ne l'ai pas trouvé.

LA TANTE.

Tiens! Où s'est-il donc caché?

La tante sortit elle-même, fit le tour de la maison, appela, et, comme Jean, ne trouva personne.

« Se serait-il sauvé, par hasard, pour ne pas t'accompagner demain? »

Jean frémit un instant à la pensée de devoir faire seul un si long voyage et d'entrer seul dans Paris la grande ville, si grande, avait écrit son frère, qu'il ne pouvait pas en faire le tour dans une seule journée. Mais il se rassura bien vite et résolut de le trouver, quand il devrait chercher jusqu'à la nuit.

Lui et sa tante continuèrent leurs recherches sans plus de succès.

« Mauvais garçon! murmurait-elle. Détestable enfant!... Si tu pars sans lui, mon petit Jean, et qu'il me revienne après ton départ, je ne le garderai pas, il peut en être bien sûr.

JEAN.

Où le mettriez-vous donc, ma tante?

LA TANTE.

Je le donnerais à ta mère.

JEAN.

Oh! ma tante! Ma pauvre maman qui ne peut pas me garder, moi, son enfant!

LA TANTE.

Eh bien! n'est-elle pas comme moi la tante de ce Jeannot, la sœur de sa mère? Chacun son tour; voilà bientôt trois ans que je l'ai; il m'a assez ennuyée. Au tour de ta mère, elle s'en fera obéir mieux que moi. »

Pendant que la tante parlait, Jean, qui furetait partout, eut l'idée de regarder dans une vieille niche à chien, et il vit Jeannot blotti tout au fond.

« Le voilà, le voilà! s'écria Jean. Voyons, Jeannot, viens, puisque te voilà trouvé. »

Jeannot ne bougeait pas.

« Attends, je vais l'aider à sortir de sa cachette, » dit la tante enchantée de la découverte de Jean.

Se baissant, elle saisit les jambes de Jeannot et tira jusqu'à ce qu'elle l'eût ramené au grand jour.

A peine Jeannot fut-il dehors, qu'il recommença ses cris et ses gémissements.

JEAN.

Voyons, Jeannot, sois raisonnable! Je pars comme toi; est-ce que je crie, est-ce que je pleure comme toi? Puisqu'il faut partir, à quoi ça sert de pleurer? Que fais-tu de bon ici? rien du tout. Et à Paris, nous allons retrouver Simon, et il nous aura du pain et du fricot. Et il nous trouvera de l'ouvrage pour que nous ne soyons pas des fainéants, des propres à rien. Et ici, qu'est-ce que nous faisons? Nous mangeons la moitié du pain de maman et de ma tante. Tu vois bien! Sois gentil; dis adieu à ma tante, et viens avec moi. Le voisin Grégoire a donné à maman une bonne galette et un pot de cidre pour nous faire un bon souper, et puis Daniel nous a donné un lapin qu'il venait de tuer.

Le visage de Jeannot s'anima, ses larmes se tarirent, et il s'approcha de son cousin en disant :

« Je veux bien venir avec toi, moi. »

La tante profita de cette bonne disposition pour lui donner son petit paquet accroché au bout du bâton de voyage.

« Va, mon garçon, dit-elle en l'embrassant, que Dieu te conduise et te ramène les poches bien remplies de pièces blanches ; tiens, en voilà deux de vingt sous chacune ; c'est M. le curé qui me les a données pour toi ; c'est pour faire le voyage. Adieu, Jeannot ; adieu, petit Jean. »

Jeannot embrassa sa tante, Jean en fit autant, et Jeannot, ranimé par l'espoir de la galette, du cidre et du lapin, suivit son cousin sans trop de répugnance. Jean acheva de le distraire en lui parlant des plaisirs du voyage.

JEAN.

Nous serons bien heureux, va ! D'abord, nous ferons comme nous voudrons ; personne pour nous contrarier.

JEANNOT.

Ma tante Hélène ne te contrarie pas trop, toi ; mais ma tante Marine ! Est-elle contredisante ! Et exigeante ! Et méchante ! Je suis bien content de ne plus l'entendre gronder et crier après moi.

JEAN.

Écoute, Jeannot, tu n'as pas raison de dire que ma tante Marine est méchante ! Elle criait après toi un peu trop et trop fort, c'est vrai ; mais aussi tu la contrariais bien, et puis, tu ne lui obéissais pas.

JEANNOT.

Je crois bien, elle voulait m'envoyer faire des commissions au tomber du jour, j'avais peur !

JEAN.

Peur! d'aller à cent pas chercher du pain! ou bien aller au bout du jardin chercher du bois!

JEANNOT.

Écoute donc! Moi, je n'aime pas à sortir seul à la nuit. C'est plus fort que moi; j'ai peur.

JEAN.

Et pourquoi pleurais-tu tout à l'heure, puisque tu es content de t'en aller? Et pourquoi t'étais-tu si bien caché, que c'est un pur hasard si je t'ai trouvé?

JEANNOT.

Parce que j'ai peur de ce que je ne connais pas, moi; j'ai peur de ce grand Paris.

JEAN.

Ah bien! si tu as peur de tout, il n'y a plus de plaisir! Puisque tu dis toi-même que tu étais mal chez ma tante, et que tu es content de t'en aller?

JEANNOT.

C'est égal, j'aime mieux être mal au pays et savoir comment et pourquoi je suis mal, que de courir les grandes routes et ne pas savoir où je vais et avec qui et comment je dois souffrir.

JEAN.

Que tu es nigaud, va! Pourquoi penses-tu avoir à souffrir?

JEANNOT.

Parce que, quoi qu'on fasse, où ce qu'on aille, avec qui qu'on vive, on souffre toujours! Je le sais bien, moi.

JEAN, *riant*.

Alors, tu es plus savant que moi; j'ai du bon dans ma vie, moi; je suis plus souvent heureux que malheureux, content que mécontent, et je me sens du courage pour la route et pour Paris.

JEANNOT.

Je crois bien! tu as une mère, toi! Je n'ai qu'une tante!

JEAN.

Raison de plus pour que ce soit moi qui pleure en quittant maman et que ce soit toi qui rie, puisque ta tante ne te tient pas au cœur; mais tu grognes et tu pleures toujours, toi. Entre les deux, j'aime mieux rire que pleurer.

Jeannot ne répondit que par un soupir et une larme, Jean ne dit plus rien. Ils marchèrent en silence et ils arrivèrent à la porte d'Hélène; en l'ouvrant, Jeannot se sentit surmonté par une forte odeur de lapin et de galette.

HÉLÈNE.

Te voilà enfin de retour, mon petit Jean! Je m'inquiétais de ne pas te voir revenir. Et voici Jeannot que tu me ramènes. Eh bien! eh bien! quelle figure consternée, mon pauvre Jeannot! Qu'est-ce que tu as? Dis-le-moi.... Voyons, parle; n'aie pas peur.

Jeannot baisse la tête et pleure.

JEAN.

Il n'a rien du tout, maman, que du chagrin de partir. Et pourtant, il disait lui-même tout à l'heure que ça ne le chagrinait pas de quitter ma tante! Alors, pourquoi qu'il pleure?

HÉLÈNE.

Certainement; pourquoi pleures-tu? Et devant un lapin qui cuit et une galette qui chauffe? C'est-il raisonnable, Jeannot? Voyons, plus de ça, et venez tous deux m'aider à préparer le souper; et un fameux souper!

JEANNOT, *soupirant*.

Et le dernier que je ferai ici, ma tante!

HÉLÈNE.

Le dernier! Laisse donc! Vous reviendrez tous deux avec des galettes et des lapins plein vos poches; et tu en mangeras chez moi avec mon petit Jean. Il est courageux, lui. Regarde sa bonne figure réjouie.... Tiens! tu as les yeux rouges, petit Jean. Qu'est-ce que tu as donc? Une bête entrée dans l'œil?

Jean regarda sa mère; ses yeux étaient remplis de larmes; il voulut sourire et parler, mais le sourire était une grimace et la voix ne pouvait sortir du gosier. La mère se pencha vers lui, l'embrassa, se détourna et sortit pour aller chercher du bois, dit-elle. Quand elle rentra, sa bouche souriait, mais ses yeux avaient pleuré; ils s'arrêtèrent un instant seulement, avec douleur et inquiétude, sur le visage de son enfant.

Le petit Jean l'examinait aussi avec tristesse; leur regard se rencontra; tous deux comprirent la peine qu'ils ressentaient, l'effort qu'ils faisaient pour la dissimuler, et la nécessité de se donner mutuellement du courage.

« Le bon Dieu est bon, maman; il nous protégera! dit Jean avec émotion. Et quel bonheur que vous m'ayez appris à écrire! Je vous écrirai toutes les fois que j'aurai de quoi affranchir une lettre!

HÉLÈNE.

Et moi, mon petit Jean, M. le curé m'a promis un timbre-poste tous les mois..... En attendant, voici notre lapin cuit à point, qui ne demande qu'à être mangé. »

Les enfants ne se le firent pas répéter; ils s'assirent sur des escabeaux; chacun prit un débris de plat ou de terrine, ouvrit son couteau, et attendit, en passant sa langue sur ses lèvres, qu'Hélène eût coupé le lapin et eût donné à chacun sa part.

Pendant un quart d'heure on n'entendit d'autre

bruit dans la salle du festin que celui des mâchoires qui broyaient leur nourriture, des couteaux qui glissaient sur le débris d'assiette, du cidre qui passait du broc dans le verre unique servant à tour de rôle à la mère et aux enfants.

Après le lapin vint la galette; mais les appétits devenaient plus modérés; la conversation recommença, lente d'abord, plus animée ensuite.

« Fameux lapin, dit Jean, avalant la dernière bouchée.

— Quel dommage qu'il n'en reste plus, dit Jeannot en soupirant.

— Et avec quel plaisir vous mangerez demain ce qui en reste! dit Hélène en souriant.

JEAN.

Ce qui en reste? Comment, mère, il en reste?

HÉLÈNE.

Je crois bien qu'il en reste, et un bon morceau; les deux cuisses, une pour chacun de vous.

JEAN.

Mais.... comment se fait-il?... Vous n'en avez donc pas mangé, maman?

HÉLÈNE.

Si fait, si fait, mon ami! Pas si bête que de ne pas goûter à un pareil morceau. »

Elle disait vrai, elle en avait réellement goûté, car elle s'était servi la tête et les pattes. Jean voulut encore lui faire expliquer quelle était la portion du lapin qu'elle avait mangée, mais elle l'interrompit.

« Assez mangé et assez parlé mangeaille, mes enfants; à présent, rangeons tout et préparons le coucher, ce ne sera pas long. Jeannot couchera avec toi dans ton lit, mon petit Jean. Avant de commencer notre nuit, enfants, allons faire une petite prière dans notre chère église; nous demanderons au bon Dieu et à notre bonne mère de bénir votre voyage.

JEAN.

Et puis nous irons dire adieu à M. le curé, maman!

HÉLÈNE.

Oui, mon ami; c'est une bonne idée que tu as là, et qui me fait plaisir. »

Le jour commençait à baisser, mais ils n'avaient pas loin à aller; l'église et le presbytère étaient à cent pas. Ils marchèrent tous les trois en silence; la mère se sentait le cœur brisé du départ de son enfant; Jean s'affligeait de la solitude de sa mère, et Jeannot songeait avec effroi aux dangers du voyage et au tumulte de Paris.

Ils arrivèrent devant l'église; la porte était ouverte; Hélène entra, suivie des enfants, et tous trois se mirent à genoux devant l'autel de la sainte Vierge. Hélène et Jean priaient et pleuraient, mais tout bas, en silence, afin d'avoir l'air calme et content. Jeannot soupirait et demandait du pain et un voyage heureux, suivi d'une heureuse arrivée chez Simon.

Pendant que la mère priait, elle se sentit serrer doucement le bras, et une voix enfantine lui dire tout bas :

« Assez, maman, assez; j'ai faim. »

Hélène se retourna vivement et vit une petite fille; l'obscurité croissante l'empêcha de distinguer ses traits. Elle se pencha vers elle.

« Je ne suis pas ta maman, ma petite, » lui dit-elle.

La petite fille recula avec frayeur et se mit à crier :

« Maman, maman, au secours! »

Jean et Jeannot se levèrent fort surpris, presque effrayés. Hélène prit la petite fille par la main, et ils sortirent tous de l'église.

« Assez, maman, assez, j'ai faim. » (Page 12.)

HÉLÈNE.

Où est ta maman, ma chère petite? Je vais te ramener à elle.

LA PETITE FILLE.

Je ne sais pas; elle était là!

HÉLÈNE.

Sais-tu où elle est allée?

LA PETITE FILLE.

Je ne sais pas; elle m'a dit : « Attends-moi. » J'attendais.

HÉLÈNE.

Elle est peut-être chez M. le curé. Allons l'y chercher.

La petite fille se laissa conduire; en deux minutes ils furent chez M. le curé, qui interrogea Hélène sur la petite fille qu'elle amenait.

HÉLÈNE.

Je ne sais pas qui elle est, monsieur le curé. Je viens de la trouver dans l'église; elle cherchait sa maman que je pensais trouver chez vous.

LE CURÉ.

Je n'ai vu personne; c'est singulier tout de même. Comment t'appelles-tu, ma petite? ajouta-t-il en caressant la joue de la petite.

LA PETITE FILLE.

J'ai faim! je voudrais manger.

Le curé alla chercher du pain, du résiné et un verre de cidre; la petite mangea et but avec avidité.

Pendant qu'elle se rassasiait, Hélène expliquait au curé qu'elle était venue lui demander une dernière bénédiction pour le voyage qu'allaient entreprendre les enfants.

LE CURÉ.

Quand donc partent-ils?

HÉLÈNE.

Demain matin de bonne heure, monsieur le curé.

LE CURÉ.

Demain, déjà! Je vous bénis de tout mon cœur et du fond du cœur, mes enfants. N'oubliez pas de prier le bon Dieu et la sainte Vierge de vous venir en aide dans tous vos embarras, dans vos privations, dans vos dangers, dans vos peines. Ce sont vos plus sûrs et vos plus puissants protecteurs.... Et quant à cette petite, mère Hélène, emmenez-la chez vous jusqu'à ce que sa mère revienne la chercher. Je vous l'enverrai si elle vient chez moi.

« Et vous, mes enfants, continua-t-il en ouvrant un tiroir, voici un souvenir de moi qui vous sera une protection pendant votre voyage et pendant toute votre vie. »

Il retira du tiroir deux cordons noirs avec des médailles de la sainte Vierge et les passa au cou de Jean et de Jeannot, qui les reçurent à genoux et baisèrent la main de leur bon curé.

La petite fille avait fini de manger; elle recommença à demander sa maman. Hélène l'emmena après avoir pris congé de M. le curé; Jean et Jeannot la suivirent. Hélène espérait trouver la mère de la petite aux environs de l'église, devant laquelle ils devaient passer pour rentrer chez eux, mais ni dans l'église, ni à l'entour de l'église, elle ne vit personne qui réclamât l'enfant.

La petite pleurait; Hélène soupirait.

« Que vais-je faire de cette enfant? pensa-t-elle. Je n'ai pas les moyens de la garder. Je ne me suis pas séparée de mon pauvre petit Jean pour prendre la charge d'une étrangère. Mais, je suis bien sotte de m'inquiéter; le bon Dieu me l'a remise entre les mains, le bon Dieu me donnera de quoi la nourrir, si sa mère ne vient pas la rechercher. »

M. le curé interroge Hélène sur la petite fille qu'elle emmenait. Page 15.)

Rassurée par cette pensée, Hélène ne s'en inquiéta plus; elle la coucha au pied de son lit, la couvrit de quelques vieilles hardes; le printemps était avancé, on était au mois de juin; il faisait beau et chaud. Les petits garçons se couchèrent; Jeannot s'établit dans le lit de son cousin, et Jean s'étendit près de lui.

« C'est notre dernière nuit heureuse, maman, dit Jean en l'embrassant avant de se coucher.

— Non, mon enfant, pas la dernière; laissons marcher le temps qui passe bien vite, et nous nous retrouverons. Dors, mon petit Jean, il faudra se lever de bonne heure demain. »

La petite fille dormait déjà, Jeannot s'endormait; Jean fut endormi peu d'instants après; la mère seule veilla, pleura et pria.

CHAPITRE II.

LA RENCONTRE.

Le lendemain, au petit jour, Hélène se leva, fit deux petits paquets de provisions, les enveloppa avec le linge et les vêtements des enfants, et s'occupa de leur déjeuner ; au lieu de pain sec, qui était leur déjeuner accoutumé, elle y ajouta une tasse de lait chaud. Aussi, quand ils furent éveillés, lavés et habillés, ce repas splendide dissipa la tristesse de Jean et les inquiétudes de Jeannot. La petite fille dormait encore.

Le moment de la séparation arriva : Hélène embrassa dix fois, cent fois son cher petit Jean ; elle embrassa Jeannot, les bénit tous deux, et fit voir à Jean plusieurs pièces d'argent qui se trouvaient dans la poche de sa veste.

« Ce sont les braves gens, nos bons amis de Kérantré, qui t'ont fait ce petit magot, pour reconnaître les services que tu leur a rendus, mon petit Jean. M. le curé y a mis aussi sa pièce. »

Jean voulut remercier, mais les paroles ne sortaient pas de son gosier ; il embrassa sa mère plus étroitement encore, sanglota un instant, s'arracha de ses bras, essuya ses yeux, et se mit en route comme son frère, le sourire sur les lèvres, et sans tourner la tête pour jeter un dernier regard sur sa mère et sur sa demeure.

« Je comprends, se dit-il, pourquoi Simon marchait si vite et ne se retournait pas pour nous regarder et nous sourire. Il pleurait et il voulait cacher ses larmes à maman. Pauvre mère ! elle ne pleure pas ; elle croit que je ne pleure pas non plus, que j'ai du courage, que j'ai le cœur joyeux, tout comme pour Simon. C'est mieux comme ça ; le courage des autres vous en donne ; je serais triste et malheureux si je pensais que maman eût du chagrin de mon départ. Elle croit que je serai heureux loin d'elle.... Calme, gai même, c'est possible ;... mais heureux, non. Sa tendresse et ses baisers me manqueront trop. »

Pendant que Jean marchait au pas accéléré, qu'il réfléchissait, qu'il se donnait du courage et qu'il s'éloignait rapidement de tout ce que son cœur aimait et regrettait, Jeannot le suivait avec peine, pleurnichait, appelait Jean qui ne l'entendait pas, tremblait de rester en arrière et se désolait de quitter une famille qu'il n'aimait pas, une patrie qu'il ne regrettait pas, pour aller dans une ville qu'il craignait, à cause de son étendue, près d'un cousin qu'il connaissait peu et qu'il n'aimait guère.

« Je suis sûr que Simon ne va pas vouloir s'occuper de moi, pensa-t-il ; il ne songera qu'à Jean, il ne se rendra utile qu'à Jean, et moi je resterai dans un coin, sans que personne veuille bien se charger de me placer.... Que je suis donc malheureux ! Et j'ai toujours été malheureux ! A deux ans, je perds papa en Algérie ; à dix ans, je perds maman. C'est ma tante qui me prend chez elle; la plus grondeuse, la plus maussade de toutes mes tantes. Et ne voilà-t-il pas, à présent, qu'elle m'envoie me perdre à Paris, au lieu de me garder chez elle.

« Jean est bien plus heureux, lui; il est toujours gai,

Jeannot le suivait avec peine, pleurnichait, etc. (Page 21.)

toujours content; tout le monde l'aime; chacun lui dit un mot aimable; et moi! personne ne me regarde seulement; et quand par hasard on me parle, c'est pour m'appeler *pleurard*, *maussade*, *ennuyeux*, et d'autres mots aussi peu aimables.

« Et on veut que je sois gai? Il y a de quoi, vraiment! Ma bourse est bien garnie! Deux francs que le curé m'a donnés! Et Jean qui ne sait seulement pas son compte, tant il en a! Tout le monde y a mis quelque chose, a dit ma tante.... Je suis bien malheureux! rien ne me réussit? »

Tout en réfléchissant et en s'affligeant, Jeannot avait ralenti le pas sans y songer. Quand le souvenir

Il se mit à courir pour rattraper Jean. (Page 23.)

de sa position lui revint, il leva les yeux, regarda devant, derrière, à droite, à gauche; il ne vit plus son cousin Jean. La frayeur qu'il ressentit fut si vive que ses jambes tremblèrent sous lui; il fut obligé de s'arrêter, et il n'eut même pas la force d'appeler.

Après quelques instants de cette grande émotion, il retrouva l'usage de ses jambes, et il se mit à courir pour rattraper Jean. La route était étroite, bordée de bois taillis; elle serpentait beaucoup dans le bois; Jean pouvait donc ne pas être très-éloigné sans que Jeannot pût l'apercevoir. Dans un des tournants du chemin, il vit confusément une petite chapelle, et il allait la dépasser, toujours courant, soufflant et suant, lorsqu'il s'entendit appeler.

Il reconnut la voix de Jean, s'arrêta joyeux, mais surpris, car il ne le voyait pas.

« Jeannot, répéta la voix de Jean, viens, je suis ici.

JEANNOT.

Où donc es-tu ? Je ne te vois pas.

JEAN.

Dans la chapelle de *Notre-Dame Consolatrice*.

— Tiens, dit Jeannot en entrant, que fais-tu donc là ?

— Je prie.... répondit Jean. J'ai prié et je me sens consolé. Je sens comme si Notre-Dame envoyait à maman des consolations et du bonheur.... Je vois des traces de larmes dans tes yeux, pauvre Jeannot; viens prier, tu seras consolé et fortifié comme moi.

JEANNOT.

Pour qui veux-tu que je prie ? je n'ai pas de mère.

JEAN.

Prie pour ta tante, qui t'a gardé trois ans.

JEANNOT.

Bah! ma tante ! ce n'est pas la peine.

JEAN.

Ce n'est pas bien ce que tu dis là, Jeannot. Prie alors pour toi-même, si tu ne veux pas prier pour les autres.

JEANNOT.

Pour moi ? c'est bien inutile. Je suis malheureux, et, quoi que je fasse, je serai toujours malheureux. D'ailleurs, tout m'est égal.

JEAN.

Tu n'es malheureux que parce que tu veux l'être. Excepté que j'ai maman et que tu as ma tante, nous sommes absolument de même pour tout. Je me trouve heureux, et toi tu te plains de tout.

JEANNOT.

Nous ne sommes pas de même; ainsi, tu as je ne sais combien d'argent, et moi je n'ai que deux francs.

JEAN.

Si ton malheur ne tient qu'à ça, je vais bien vite te le faire passer, car je vais partager avec toi.

JEANNOT, *un peu honteux.*

Non, non, je ne dis pas cela; ce n'est pas ce que je te demande ni ce que je voulais.

JEAN.

Mais, moi, c'est ce que je demande et c'est ce que je veux. Nous faisons route ensemble; nous arriverons ensemble et nous resterons ensemble; il est juste que nous profitions ensemble de la bonté de nos amis. »

Et, sans plus attendre, Jean tira de sa poche la vieille bourse en cuir toute rapiécée qu'y avait mise sa mère, s'assit à la porte de la chapelle, fit asseoir Jeannot près de lui, vida la bourse dans sa main et commença le partage.

« Un franc pour toi, un franc pour moi. »

Il continua ainsi jusqu'à ce qu'il eût versé dans les mains de Jeannot la moitié de son trésor, qui montait à huit francs vingt-cinq centimes pour chacun d'eux.

Jeannot remercia son cousin avec un peu de confusion; il prit l'argent, le mit dans sa poche.

« J'ai deux francs de plus que toi, dit-il.

JEAN.

Comment cela? J'ai partagé bien exactement.

JEANNOT.

Parce que j'avais deux francs que m'a donnés le curé.

JEAN.

Ah! c'est vrai! Te voilà donc plus riche que moi. Tu vois bien que tu n'es pas si malheureux que tu le disais.

JEANNOT.

Je n'en sais rien. J'ai du guignon. Un voleur viendra peut-être m'enlever tout ce que j'ai.

— Tu ne croyais pas être si bon prophète, » dit une grosse voix derrière les enfants.

Les enfants se retournèrent et virent un homme jeune, de grande taille, à robustes épaules, à barbe et favoris noirs et touffus; il les examinait attentivement.

Jean sauta sur ses pieds et se trouva en face de l'étranger.

JEAN.

Je ne crois pas, monsieur, que vous ayez le cœur de dépouiller deux pauvres garçons obligés de quitter leur mère et leur pays pour aller chercher du pain à Paris, parce que leurs parents n'en ont plus à leur donner. »

L'étranger ne répondit pas; il continuait à examiner les enfants.

JEAN.

Au reste, monsieur, voici tout ce que j'ai; huit francs vingt-cinq centimes que nos amis m'ont donnés pour mon voyage. »

L'étranger prit l'argent de la main de Jean.

L'ÉTRANGER.

Et avec quoi vivras-tu jusqu'à ton arrivée à Paris?

JEAN.

Le bon Dieu me donnera de quoi, monsieur, comme il a toujours fait.

Les enfants virent un homme de haute taille. (Page 26.)

— Et toi, dit l'étranger en se tournant vers Jeannot, qu'as-tu à me donner?

JEANNOT, *tombant à genoux et pleurant.*

Je n'ai rien que ce qu'il me faut tout juste pour ne pas mourir de faim, monsieur. Grâce pour mon pauvre argent! Grâce, au nom de Dieu!

L'ÉTRANGER.

Pas de grâce pour l'ingrat, le lâche, l'avide, le jaloux. J'ai tout entendu. Donne vite. »

L'étranger mit sa main dans la poche de Jeannot, et enleva les dix francs vingt-cinq centimes qui s'y trouvaient. Jeannot se jeta à terre et pleura.

« Monsieur, dit Jean, touché des larmes de son cousin et un peu ému lui-même de la perte de sa fortune, ayez pitié de lui ; rendez-lui son argent.

L'ÉTRANGER.

Pourquoi le rendrais-je à lui et pas à toi?

JEAN.

Parce que moi j'ai du courage, monsieur; et lui est faible. C'est le bon Dieu qui nous a faits comme ça ; ce n'est pas par orgueil que je le dis.

L'ÉTRANGER.

Tu es un bon et brave petit garçon, et nous en reparlerons tout à l'heure. Où allez-vous?

JEAN.

A Paris, monsieur.

L'ÉTRANGER.

C'est donc bien décidé? Et comment y arriverez-vous sans argent?

JEAN.

Oh! monsieur, je n'en suis pas inquiet. De même que nous avons eu le malheur de vous rencontrer, de même nous pouvons rencontrer une bonne âme charitable qui nous viendra en aide. »

L'étranger sourit et ne put s'empêcher de donner une petite tape amicale sur la joue fraîche de Jean.

L'ÉTRANGER.

Ton camarade n'en dit pas autant, ce me semble.

JEAN.

C'est qu'il est terrifié, monsieur. Il a toujours peur, ce pauvre Jeannot.

L'ÉTRANGER, *avec ironie*.

Ah ! il s'appelle Jeannot ! Beau nom ! Bien porté ! Et toi, quel est ton nom ?

JEAN.

C'est Jean, monsieur.

L'ÉTRANGER.

Vrai beau nom, celui-là ! Et tu me fais l'effet de devoir faire honneur à tes saints patrons. Allons, Jean et Jeannot, marchons ; je vais vous escorter de peur d'accident. Tiens, mon brave petit Jean, voici tes huit francs vingt-cinq centimes auxquels j'ajoute vingt francs pour payer ton voyage. Et toi, pleurard, poltron, voici tes dix francs vingt-cinq centimes auxquels j'ajoute la défense de rien recevoir de Jean. Si j'apprends que tu as encore accepté un partage, tu auras affaire à moi. Suivez-moi tous deux ; je veux vous faire déjeuner à AURAY, dont nous ne sommes pas éloignés.

JEAN, *les yeux brillants de joie et de reconnaissance*.

Vous avez bien de la bonté, monsieur ; je suis bien reconnaissant ; je ne sais comment assez vous remercier, monsieur.

L'ÉTRANGER.

En mangeant de bon appétit le déjeuner que je vais te donner, mon petit Jean.

JEAN.

Tiens ! vous dites comme maman : *petit Jean*.

Et les yeux de *petit Jean* se mouillèrent de larmes.

CHAPITRE III.

LE VOLEUR SE DÉVOILE.

Les enfants suivirent l'étranger, Jean remerciant le bon Dieu et la sainte Vierge de la rencontre d'un si bon, si riche et si généreux voleur, et Jeannot déplorant son guignon et enviant le bonheur de Jean.

Pendant le trajet d'une lieue qui séparait la chapelle de la ville, l'étranger chercha à faire causer les enfants, Jean surtout, qui lui plaisait singulièrement. Jeannot, mécontent de n'avoir pas eu, comme son cousin, une gratification du voleur, répondait à peine, et se plaignait de la fatigue, de la chaleur, de la longueur de la route.

L'ÉTRANGER.

Je ne t'oblige pas à me suivre, pleurnicheur; reste en arrière si tu veux.

JEANNOT.

Que je reste en arrière, pour que les loups me mangent!

L'ÉTRANGER.

Les loups! au mois de juin, en plein soleil!

JEANNOT.

Il n'y a pas de soleil qui tienne! Les loups n'ont pas peur du soleil! On en a vu deux à Kermadio il n'y a pas déjà si longtemps.

L'ÉTRANGER.

Tu as pris des chiens pour des loups!

JEANNOT.

C'est pas moi seul qui les ai vus! C'est bien d'autres! Un loup énorme, noir, à tête grise, qui n'est pas farouche, et qui a regardé déjeuner le garde, M. Daniel, à vingt pas de sa maison; et puis une grosse louve grise qui vous regarde en face, qui vous barre le pas-

Un cousin à M. le maire, qui chassait, a vu le loup. (Page 32.)

sage, et qui a la mine d'une bête affamée, toute prête à vous dévorer.

L'ÉTRANGER.

C'est la peur qui t'a fait voir tout cela. Toi, Jean, as-tu vu ces terribles bêtes?

JEAN.

Pas moi, monsieur, mais Jeannot dit vrai; bien des personnes les ont vus. Un cousin de M. le maire, qui chassait, a vu le loup et a couru après. L'institutrice de Mademoiselle a vu la louve, qui l'a suivie longtemps. Et puis Daniel, le garde de Monsieur, a rencontré le loup qui a eu peur et qui a traversé à la nage le bras de mer de Kermadio. »

L'institutrice a vu le loup. (Page 33.)

Après quelques instants de silence et de triomphe pour Jeannot, l'étranger se mit à questionner Jean sur sa mère. L'intérêt qu'il semblait prendre à la conversation enhardit Jean; il lui dit avec quelque hésitation:

« Monsieur, voudriez-vous me rendre service, mais un bien grand service ?

L'ÉTRANGER.

Très-volontiers, si c'est possible, mon ami. Mais comment me le demandes-tu, à moi que tu connais à peine ?

JEAN.

Parce que vous avez l'air très-bon, monsieur ; et parce que je vois que vous me portez intérêt et que vous serez bien aise d'obliger encore un pauvre garçon que vous avez déjà obligé.

Daniel, le garde, a rencontré le loup. (Page 33.)

L'ÉTRANGER, *souriant*.

Très-bien, mon ami ; je crois que tu as deviné assez juste. Quel service me demandes-tu ?

JEAN.

Voilà, monsieur : c'est de reprendre les vingt francs que vous m'avez donnés, et de les porter à maman ; vous lui direz que c'est son petit Jean qui les lui envoie, et que c'est vous qui me les avez donnés. »

Et Jean cherchait sa bourse pour retirer la pièce d'or.

L'ÉTRANGER.

Attends, mon garçon; laisse tes vingt francs dans ta bourse, il n'y a pas besoin de te presser. Et d'abord, puisque je suis un voleur, ne crains-tu pas que je te vole ton argent?

JEAN.

Oh! non, monsieur! D'abord, vous n'êtes pas un voleur, puisque vous donnez au lieu de prendre; et puis, vous seriez un voleur pour tout le monde, que vous ne le seriez jamais pour moi.

L'ÉTRANGER.

Pourquoi donc?

JEAN.

Parce que vous m'avez fait du bien, monsieur; on s'attache aux gens auxquels on a fait du bien, et il me semble qu'on n'a plus jamais envie de leur faire du mal.

L'ÉTRANGER.

Écoute, mon brave petit Jean; je ferais bien volontiers ta commission, mais je ne sais pas où trouver ta mère.

JEAN.

A Kérantré, monsieur; vous demanderez la veuve Hélène, la mère du petit Jean; tout le monde vous l'indiquera.

L'ÉTRANGER.

Mais, mon ami, je ne sais pas où est Kérantré.

JEAN.

Comment, vous ne connaissez pas Kérantré? Demandez à Kénispère, chacun connaît ça.

L'ÉTRANGER.

Je ne sais pas davantage où est Kénispère.

JEAN.

Vous ne connaissez pas Kénispère, près d'Auray et de Sainte-Anne?

L'ÉTRANGER.

Je ne connais rien de tout cela.

JEAN.

Ni le sanctuaire de Madame Sainte-Anne?

L'ÉTRANGER.

Ni le sanctuaire.

JEAN.

Ni la fontaine miraculeuse de Madame Sainte-Anne?

L'ÉTRANGER.

Ni la fontaine, ni rien de Madame Sainte-Anne.

JEAN.

Mais vous n'êtes donc pas du pays, monsieur?

L'ÉTRANGER.

Non, je ne suis arrivé qu'hier soir; je suis descendu à Auray, à l'hôtel, et je me promenais pour voir le pays qui m'a semblé joli, lorsque je t'ai vu entrer à la chapelle; je t'y ai suivi, et je me suis placé dans un coin obscur. Tu priais avec tant de ferveur et tu pleurais si amèrement, que j'ai de suite pris intérêt à toi; tu as parlé haut en priant, et ce que tu disais a augmenté cet intérêt. Ton cousin est venu; j'ai entendu votre conversation. J'ai fait le voleur pour vous donner une leçon de prudence; il ne faut jamais compter son argent sur les grandes routes, ni dans les auberges, ni devant des inconnus. Je viens dans le pays pour voir l'église de Sainte-Anne qui va être reconstruite. Je veux voir le vieux sanctuaire avant qu'on ne le détruise.

JEAN.

J'avais donc raison! Vous n'êtes pas un voleur! Je l'avais deviné bien vite à votre mine. Mais, monsieur, puisque vous restez dans le pays, voulez-vous tout de même donner à maman les vingt francs que voici. »

Jean lui tendit les vingt francs. L'étranger sembla

hésiter; mais il les prit, les remit dans sa poche, et serra la main de Jean en disant :

« Ils seront fidèlement remis; je te le promets.

— Merci, monsieur, » répondit Jean tout joyeux.

Ils continuèrent leur route, Jean gaiement; l'étranger avec une satisfaction visible, et témoignant une grande complaisance pour son petit protégé; Jeannot, triste et ennuyé du guignon qui le poursuivait et qui le mettait toujours au-dessous de Jean.

« Voyez, pensa-t-il, cet étranger, qui ne le connaît pas plus qu'il ne me connaît, se prend de goût pour lui, et moi il ne m'aime pas; il appelle Jean mon ami, mon brave garçon, et moi, pleurard, pleurnicheur, jaloux ! Il cause avec Jean; il semblerait qu'ils se connaissent depuis des années ! Et moi, il ne me parle pas, il ne me regarde seulement pas. C'est tout de même contrariant; cela m'ennuie à la fin. A Paris, je tâcherai de me séparer de Jean, et de me placer de mon côté. »

Ils arrivèrent à la ville; il était dix heures. L'étranger les mena à l'hôtel où il était descendu. Il fit servir un déjeuner bien simple, mais copieux. Ils mangèrent du gigot à l'ail, une omelette au lard, de la salade, et ils burent du cidre. Quand le repas fut terminé, l'étranger se leva.

« Jean, dit-il, quand tu seras à Paris, tu viendras me voir; je te laisserai mon adresse; j'y serai dans huit jours. Où logeras-tu ?

JEAN.

Je n'en sais rien, monsieur; c'est comme le bon Dieu voudra.

L'ÉTRANGER.

Où demeure ton frère Simon ?

JEAN.

Rue Saint-Honoré, n° 263.

L'ÉTRANGER.

C'est bien, je ne l'oublierai pas.... Montre-moi donc ta bourse, que je voie si ton compte y est. »

Jean la lui présenta sans méfiance.

« Jean, dit l'étranger, veux-tu me faire un présent ?

JEAN.

Bien volontiers, monsieur, si j'avais seulement quelque chose à vous offrir.

L'ÉTRANGER.

Eh bien! donne-moi ta bourse, je te donnerai une des miennes.

JEAN.

Très-volontiers, monsieur, si cela vous fait plaisir : elle n'est malheureusement pas très-neuve ; c'est M. le curé qui l'a donnée à maman pour mon voyage. »

L'étranger prit la bourse après l'avoir vidée.

« Attends-moi, dit-il, je vais revenir. »

Il ne tarda pas à rentrer, tenant une bourse solide en peau grise avec un fermoir d'acier ; il reprit la monnaie de Jean, la remit dans un des compartiments de la bourse, mit dans un autre compartiment le papier sur lequel il avait écrit son nom et son adresse, et la donna à Jean en lui disant tout bas, de peur que Jeannot ne l'entendît :

« Tu trouveras tes vingt francs dans un compartiment séparé ; n'en dis rien à Jeannot, je te le défends.

JEAN.

Je vous obéirai, monsieur, pour vous témoigner ma reconnaissance. Mais j'aurais préféré que vous les eussiez gardés pour pauvre maman.

L'ÉTRANGER.

Ta maman les aura ; sois tranquille.... Chut! ne dis rien.... Adieu, mon petit Jean ; bon voyage. »

L'étranger serra la main de Jean et fit un signe d'adieu à Jeannot; il leur remit encore un petit paquet, et il se sépara d'avec ces deux enfants, dont l'un ne lui plaisait guère, et l'autre lui inspirait un vif intérêt.

Quand ils furent partis, l'étranger se mit à réfléchir.

« C'est singulier, dit-il, que cet enfant m'inspire un si vif intérêt; sa physionomie ouverte, intelligente, douce, franche et résolue m'a fait une impression très-favorable.... Et puis, j'ai des remords de l'avoir effrayé au premier abord.... Ce pauvre enfant!... avec quelle candeur il m'a offert son petit avoir!... Tout ce qu'il possédait!... C'était mal à moi!... Et l'autre me déplaît énormément; je suis fâché qu'ils voyagent ensemble. Je les retrouverai à Paris; j'irai voir le frère Simon; je veux savoir ce qu'il est, celui-là. Et si je le soupçonne mauvais, je ne lui laisserai pas mon petit Jean. Il gardera l'autre s'il veut. J'ai fait un échange de bourses qui profitera à Jean; la sienne est décousue et déchirée partout; c'est égal, je veux la garder; cette aventure me laissera un bon souvenir. »

CHAPITRE IV.

LA CARRIOLE ET KERSAC.

Jean et Jeannot marchèrent quelque temps sans parler :

« Dis donc, Jean, dit enfin Jeannot, combien crois-tu qu'il nous faudra de jours pour arriver à Paris?

JEAN.

Je n'en sais rien ; je n'ai pas pensé à les compter.

JEANNOT.

Combien ferons-nous de lieues par jour !

JEAN.

Cinq à six, je crois bien.

JEANNOT.

Mais cela ne nous dit pas combien il y a de lieues d'ici à Paris.

JEAN.

Nous aurions dû demander au monsieur voleur; il nous l'aurait dit.

JEANNOT.

Il n'en sait pas plus que nous. Ces gens riches, ça voyage en voiture; ils ne savent seulement pas le chemin qu'ils font. »

Une carriole attendait tout attelée devant une maison que les enfants allaient dépasser. Un homme sortit de la maison et s'apprêta à monter dans la carriole.

« Monsieur, dit Jean en courant à lui et en ôtant poliment sa casquette, pouvez-vous nous dire combien nous avons de lieues d'ici à Paris?

L'HOMME.

D'ici à Paris! Mais tu ne vas pas à Paris, mon pauvre garçon?

JEAN.

Pardon, monsieur; nous y allons, Jeannot et moi, pour rejoindre Simon et pour gagner notre vie; et nous voudrions savoir s'il y a bien loin et combien il nous faudra de jours pour y arriver.

L'HOMME.

Miséricorde! Mais vous ne comptez pas y aller à pied?

JEAN.

Pardon, monsieur; il le faut bien; nous n'avons pas les moyens d'y aller dans une belle carriole comme vous.

L'HOMME.

Mais, petits malheureux! savez-vous qu'il y a d'ici à Paris cent vingt lieues?

JEAN.

C'est beaucoup! Mais nous y arriverons tout de même. Bien merci, monsieur! Pardon de vous avoir dérangé.

L'HOMME.

Pas de dérangement, mon ami.... Mais, j'y pense, je vais à VANNES; montez dans ma carriole, c'est votre route, et cela vous avancera toujours de quatre lieues, car vous n'êtes guère à plus d'une lieue d'Auray.

JEAN.

Bien des remercîments, monsieur; ce n'est pas de refus.

L'HOMME.

Alors, montez vite et partons. Je suis pressé. »

Jean grimpa lestement et fit monter Jeannot qui n'avait pas dit une parole. Jean se mit près du maître de la carriole; Jeannot se plaça dans le coin le plus reculé. Le brave homme, qui recueillait les petits voyageurs, fouetta son cheval, et on partit au grand trot. Jean était enchanté; il n'avait jamais roulé si vite. Jeannot semblait effrayé; il se cramponnait aux barres de la carriole. Le conducteur se retourna et regarda attentivement Jeannot.

L'HOMME.

Ton camarade est muet, ce me semble?

Jean rit de bon cœur.

JEAN.

Muet! Pour cela non, monsieur; il a la langue bien déliée. Il ne dit rien; c'est qu'il a peur.

L'HOMME.

Peur de qui, de quoi?

JEAN.

Je n'en sais rien, monsieur; il a toujours peur. Jeannot, réponds donc à monsieur qui a la politesse de s'inquiéter de toi.

JEANNOT.

Que veux-tu que je dise? Je ne peux pas causer, moi, quand j'ai peur.

JEAN.

Là! Quand je disais qu'il a peur.

L'HOMME.

Et de quoi as-tu peur, nigaud?

« Et de quoi as-tu peur, nigaud? » (Page 42.)

JEANNOT.

J'ai peur de votre cheval qui court à tout briser, et puis j'ai peur de vous aussi. Est-ce que je sais qui vous êtes?

L'HOMME.

Comment? Polisson, vaurien! J'ai la bonté de te ramasser sur la route, et tu oses me faire entendre que je suis un mauvais garnement, un voleur, un assassin, peut-être. Si ce n'était ton camarade, je te flanquerais dehors et je te laisserais faire ta route à pied.

JEAN.

Oh! monsieur, pardonnez-lui! Il ne sait ce qu'il dit quand il a peur. C'est une nature comme ça! Il s'effraye de tout, et tout lui déplaît.

L'HOMME.

Pas une nature comme la tienne, alors. Tu me fais l'effet d'être un brave garçon.

JEAN.

Dame! monsieur, je suis comme le bon Dieu m'a créé et comme maman m'a élevé. Je n'y ai pas de mérite, assurément. Le pauvre Jeannot, monsieur, il est un peu en dessous, un peu timide, parce qu'il a perdu sa mère qui était ma tante; c'est ça qui l'a aigri.

L'HOMME.

Tant pis pour lui. Je ne veux seulement pas le regarder; son visage pleurard n'est pas agréable à l'œil ni doux au cœur. Et quant à ce que disait ce polisson, qu'il ne savait pas qui j'étais, je m'en vais te le dire, moi. Je suis un fermier d'auprès de Sainte-Anne; je vais à VANNES pour acheter des porcs, et je m'appelle KERSAC.

JEAN.

Merci, monsieur Kersac; nous sommes heureux de

vous avoir rencontré. C'est une journée de route que vous nous avez épargnée.

KERSAC.

Je puis faire mieux que ça. Je passe deux heures à Vannes; j'en repars vers cinq heures pour aller à six lieues plus loin, à MALANSAC. Je puis vous mener jusque-là; ce sera encore une journée de sauvée. Nous serons avant huit heures à MALANSAC, où je couche; pour le coup, mon cheval aura fait ses douze lieues et bien gagné son avoine.

JEAN, *tout joyeux*.

Merci bien, monsieur. Si nous faisons souvent des rencontres comme celle d'aujourd'hui, nous ne tarderons pas à arriver à Paris.... Remercie donc, Jeannot.

KERSAC.

Laisse-le tranquille. Est-ce que j'ai besoin de son remerciment? C'est pour toi, ce que j'en fais; ce n'est pas pour lui.

Jean eut beau faire des signes à Jeannot, il n'en put obtenir une parole. Kersac s'apercevait, sans en avoir l'air, du manége de Jean et de son air inquiet; il souriait et s'amusait à exciter les supplications muettes de Jean, en se retournant de temps en temps et en lançant à Jeannot des regards mécontents. Jean croyait découvrir de la colère dans les yeux menaçants de Kersac; il s'efforçait de la détourner par des observations aimables sur la beauté du cheval, qui était bon, mais pas beau. Ensuite, sur la douceur de la carriole, qui les secouait comme un panier à salade. Sur les charmes de la route, qui était une plaine aride.

Plus Kersac s'amusait des efforts visibles du pauvre Jean pour conjurer l'orage qu'il redoutait pour Jeannot, plus ses yeux devenaient terribles, plus ses lèvres se contractaient, plus son front se plissait; ses sourcils se fronçaient; sa bouche prenait un aspect presque féroce; sa main, dégagée des rênes, se crispait. Enfin, il arrêta son cheval et se retourna vers Jeannot. Le visage de Jean exprima la consternation; celui de Jeannot la frayeur.

Après quelques minutes d'immobilité pendant lesquelles le cheval reprenait haleine, Kersac, voyant la terreur visible de Jeannot et l'inquiétude croissante de Jean, s'adressa au premier d'une voix formidable.

« Jeannot, tu es un petit gredin! Tu vois les supplications de ton cousin, qui redoute pour toi (ce qui va t'arriver) des coups de fouet. Tu t'entêtes à ne pas lui accorder les excuses qu'il te demande de m'adresser. Je te dis à mon tour que tu vas de suite nous demander pardon de ta maussaderie, ou bien…. Allons, à genoux dans la carriole, et un PARDON bien prononcé. »

Jeannot ne bougea pas. Kersac leva son fouet; Jean lui demanda grâce pour son cousin; mais Kersac, indigné de l'obstination de Jeannot, lui appliqua un léger coup de fouet sur les épaules. Jeannot poussa un cri. Kersac frappa un second coup. Jeannot n'attendit pas le troisième; il se jeta à genoux et cria *Pardon!* de toute la force de ses poumons.

« A la bonne heure! dit Kersac en se remettant en ace de son cheval et en le faisant repartir. Et toi, mon pauvre garçon, ajouta-t-il en s'adressant à Jean et en reprenant sa voix calme, ne t'afflige pas. Ce vaurien a besoin d'avoir les épaules un peu caressées par le fouet; tant que nous serons ensemble je le rendrai docile, sinon aimable. »

Jean ne répondit pas; il avait eu peur pour Jeannot, et il craignait que ce dernier n'excitât encore la colère de Kersac. Quant à Jeannot, il faisait, comme d'habitude, des réflexions douloureuses sur le guignon qui le poursuivait et sur la bonne chance de Jean.

On arriva ainsi à Vannes. Kersac détela son cheval; Jean lui offrit de le mener à l'écurie, de lui donner son avoine et de le bouchonner.

KERSAC.

Tu sais bouchonner un cheval, toi?

JEAN.

Je crois bien, monsieur; j'en ai bouchonné plus d'un à l'auberge de Kérantré.

KERSAC.

Très-bien, mon garçon; tu me rendras service, car je suis pressé d'aller à mes affaires pour les porcs. Attends-moi ici; je serai de retour dans deux heures Après l'avoine, tu feras boire mon cheval.

JEAN.

Oui, oui, monsieur, je sais bien; et du foin aprs avoir bu.

KERSAC.

C'est ça! A revoir.

Jean s'empressa de mener le cheval à l'écurie.

« Allons, Jeannot, dit-il, viens m'aider; tu bouchonneras d'un côté et moi de l'autre.

JEANNOT.

Plus souvent que je toucherai au cheval de ce méchant homme. Toi qui es son favori, tu peux l'aider; mais moi, je n'ai pas de remerciments à lui faire.

JEAN.

Écoute, mon Jeannot, avoue que tu as été maussade et qu'il n'a pas tapé fort.

JEANNOT.

Fort ou non, il a tapé, et il n'avait pas le droit de me taper.

Il laissa son cousin s'occuper tout seul du cheval. (Page 51.)

JEAN.

Voyons, Jeannot, si ce n'est pas pour lui, fais-le pour moi, pour m'aider.

JEANNOT.

Ma foi non; tu es trop ami avec lui.

JEAN.

Et comment ne serais-je pas ami avec lui, puisqu'il nous avance de douze lieues en nous voiturant comme il le fait. C'est bon de sa part, tout de même.

JEANNOT.

Qu'est-ce que ça lui coûte de nous laisser monter dans sa voiture?

JEAN.

Je ne dis pas, mais c'est tout de même bon à lui; et il y en a beaucoup qui n'y auraient pas pensé. »

Jean eut beau dire, Jeannot alla s'étendre dans un coin de l'écurie sur un tas de paille, et il laissa son cousin s'occuper tout seul du cheval qui les avait menés si bon train, et qui devait leur faire faire six lieues encore. Quand il eut fini, il alla s'asseoir près de Jeannot.

JEAN.

Dis donc, Jeannot, est-ce que tu ne te sens pas besoin de manger?

JEANNOT.

Manger et boire aussi.

JEAN.

Si nous entamions nos provisions?

JEANNOT.

Ce ne serait pas moi qui m'y refuserais.

JEAN.

Par quel paquet allons-nous commencer? Celui de maman ou celui de M. Abel?

JEANNOT.

Comme tu voudras.

JEAN.

Prenons celui de maman. Pauvre maman, elle nous croit bien près de Kérantré encore, et ce soir nous en serons à quatorze lieues pour le moins.

Jean défit le petit paquet que lui avait donné sa mère; il en tira une cuisse de lapin et un morceau de pain.

« La galette sera pour ce soir, » dit-il.

Il partagea le lapin avec Jeannot, lui donna une tranche de pain, en garda une, et ils commencèrent leur modeste repas. Mais quand ils eurent mangé, ils eurent soif. Jean se chargea de demander de l'eau. Il entra dans la salle de l'auberge, y trouva une femme qui mettait le couvert, ôta sa casquette, et lui demanda s'il ne pourrait pas avoir de l'eau pour lui et son camarade.

LA FEMME.

Pour quoi faire, mon ami?

JEAN.

C'est pour boire, madame. Nous avons mangé, et nous voudrions bien avoir un verre d'eau, s'il vous plaît.

LA FEMME.

Je vais vous donner une bouteille de cidre, mon ami; c'est plus sain que l'eau quand on a beaucoup marché.

JEAN.

Merci bien, madame; nous n'avons pas marché, c'est M. Kersac qui a bien voulu nous prendre dans sa carriole; ainsi, je vous remercie bien de votre bonté, madame; mais.... mais.... pour dire vrai, nous n'avons

La femme donna une bouteille de cidre à Jean. (Page 55.)

pas les moyens de payer du cidre dès la première journée de route.

LA FEMME.

Je ne comptais pas te le faire payer, mon ami; et tu l'auras tout de même, car tu me parais un bon et honnête garçon.

La femme prit sur la table une bouteille de cidre et la donna à Jean avec un verre. Jean remercia beaucoup et courut faire voir à Jeannot ce qu'on lui avait donné. Ils se régalèrent de leur mieux et s'étendirent sur la paille en attendant Kersac. Il revint à l'heure précise, attela bien vite, fit monter Jean dans la carriole, et appela Jeannot qui ne répondit pas.

« Tant pis pour lui; partons, dit Kersac.

JEAN.

Pas sans Jeannot, monsieur; vous voudrez bien l'attendre; je vais courir le chercher.

KERSAC.

Ma foi non, je suis pressé; en route. »

Jean sauta à bas de la carriole.

JEAN.

Adieu, monsieur, et bien des remercîments pour toutes vos bontés.

KERSAC.

Eh bien! qu'est-ce que tu fais donc? Puisque je t'emmène.

JEAN.

Pardon, monsieur, je ne peux pas partir sans Jeannot. Je ne laisserai pas Jeannot tout seul.

KERSAC.

Ah bah! ne t'inquiète donc pas de ce garçon; il te rejoindra quelque part.

JEAN.

Non, monsieur, il aurait trop peur; il en mourrait.

Jean salua Kersac et allait partir pour aller à la recherche de Jeannot, lorsque Kersac le rappela.

« Jean! viens donc! Diable de garçon! Je ne partirai pas sans toi, c'est convenu. Va vite chercher ton protégé, je t'attendrai.

— Merci, monsieur, » cria Jean d'un air joyeux.

Et il partit pour chercher Jeannot, qu'il trouva endormi sur la paille dans l'écurie.

« Jeannot, vite, lève-toi; partons, M. Kersac t'attend. »

Jeannot se frottait les yeux, dormait encore à moitié; Jean parvint à le réveiller et à l'entraîner dans la cour où attendait Kersac.

« Allons donc! cria Kersac. Avance, traînard. Tire-le, Jean; donne-lui une poussée. »

Jeannot, tout à fait réveillé par ces cris, monta assez lestement dans la carriole et s'y étendit pour se rendormir, pendant que Jean s'établissait près de Kersac. Ils partirent au grand trot.

CHAPITRE V.

L'ACCIDENT.

KERSAC.

Tu m'as porté bonheur, mon garçon; j'ai fait une affaire magnifique avec mes petits cochons. De la plus belle espèce; ils viennent de Kermadio. J'en ai eu quarante pour deux cent quarante francs! à six francs pièce; ce que j'aurais payé partout ailleurs quatre à cinq cents francs pour le moins. Si je fais aussi bien à *Malansac*, j'aurai fait une fière journée.

JEAN.

C'est le bon Dieu qui vous a récompensé, monsieur, de votre charité envers nous.

KERSAC.

Et c'est pourquoi je dis que tu m'as porté bonheur.

JEAN.

Pas moi seul, monsieur. Jeannot est de moitié.

KERSAC.

Hem! hem! tu crois? Il n'a pas une mine à porter bonheur. Regarde-le donc; il dort comme un loir, et, tout en dormant, il boude et il rage.

Jean se retourna en souriant et trouva, en effet, une mine si irritée et si maussade à son cousin Jeannot, qu'il ne put s'empêcher de rire tout haut; sa gaieté gagna Kersac, que son marché de petits cochons avait mis de belle humeur, et tous deux rirent si bruyamment que Jeannot se réveilla. Il regarda autour de lui.

« Qu'y a-t-il donc? Pourquoi riez-vous si fort? »

On riait trop pour pouvoir lui répondre, ce que Jeannot trouva mauvais; il se recoucha, referma les yeux, et les rouvrit de temps en temps pour leur lancer un regard irrité qui ne faisait qu'exciter les rires de Jean et de Kersac.

Le cheval trottait toujours; Kersac remarqua qu'il avait beau poil, qu'il avait été bien bouchonné, bien soigné.

« Sais-tu, mon garçon, que tu me reviens beaucoup? dit-il à Jean. J'ai bonne envie de te garder.

JEAN.

Oh! monsieur, c'est impossible!

KERSAC.

Pourquoi donc?

JEAN.

Et Jeannot?

KERSAC.

Tiens, c'est vrai! Ce diable de Jeannot! Je voudrais bien t'en voir débarrassé.

JEAN.

Il ne m'embarrasse pas, monsieur, au contraire; je sais que je lui suis utile.

KERSAC.

Il ne peut pas en dire autant pour toi.... Écoute, Jean, ajouta-t-il après quelques instants de réflexion; veux-tu faire une chose? Ne va pas à Paris, reste avec moi ; je te serai un bon maître ; j'aurai soin de ta mère. Et je ramènerai ton Jeannot chez lui.

JEAN.

Vous êtes bien bon, monsieur ; je suis très-reconnaissant, mais je ne peux pas, monsieur.

KERSAC.

Pourquoi ça?

JEAN.

Parce que maman m'a fait partir pour m'envoyer à Paris ; mon frère Simon nous attend tous deux, Jeannot et moi. Il faut que j'obéisse à maman ; je ne sais pas quelles sont ses raisons pour nous envoyer à Simon ; peut-être serait-elle mécontente si j'entrais chez vous sans l'avoir consultée. Et puis, le pauvre Jeannot, que deviendrait-il sans moi?

KERSAC.

Il resterait au pays! Pas plus malheureux que ça.

JEAN.

Mais, monsieur, ma tante n'a pas de quoi le nourrir, ni maman non plus. Il faut qu'il travaille ; et chez nous, nous ne trouvons pas d'ouvrage.

KERSAC.

Alors, n'en parlons plus. Peut-être te retrouverai-je plus tard, et sans Jeannot, pour le coup. Il dort toujours, le paresseux! »

Jeannot ne dormait pas, il avait tout entendu ; la générosité de Jean le toucha : il se promit de lui venir en aide à l'avenir et de ne plus être maussade comme il l'avait été.

La route s'acheva gaiement pour Jean, qui questionnait Kersac sur le pays qu'ils parcouraient. Celui-ci lui répondait amicalement et revenait sans cesse sur son désir de l'avoir à son service. Jean le remerciait et répétait son refrain :

« Et Jeannot? »

Si bien qu'en arrivant à Malansac, Kersac ne pouvait plus souffrir Jeannot, qui le lui rendait bien.

« Pourquoi ce méchant homme veut-il absolument forcer Jean à m'abandonner? se demandait Jeannot. Il n'est pas possible qu'il tienne beaucoup à Jean qu'il ne connaît pas; c'est donc pour le plaisir de me faire du mal, pour me jeter tout seul sur la grande route! Que je déteste cet homme! Si jamais je le rencontre quand je serai grand et fort, je lui jouerai un tour, un mauvais tour, si je le puis. »

Ils arrivèrent à Malansac. Jean offrit à Kersac de soigner son cheval encore cette fois; Kersac accepta.

Il était près de huit heures, mais il faisait grand jour encore. Lorsque Kersac, aidé de Jean, eut fini d'arranger son cheval, il lui proposa de faire une promenade hors la ville.

« J'ai les jambes engourdies d'avoir été assis toute la journée; si tu veux venir avec moi, nous irons dans la campagne voir les environs; on dit que le pays est joli. »

Jean accepta avec joie; il eut bien envie de dire:

« Et Jeannot? »

Mais il n'osa pas; il voyait l'antipathie de Kersac pour son cousin.

Ils partirent donc, laissant à l'auberge Jeannot qui, cherchant à se rendre utile comme Jean, s'offrit pour faire boire le cheval quand il aurait mangé son avoine. Kersac fut surpris de l'obligeance de Jeannot, mais il accepta d'après un regard et un geste suppliant de Jean.

« Au fait, dit-il, nous aurons plus de temps pour nous promener, n'ayant plus à nous inquiéter du cheval. »

Et ils se dirigèrent hors de la ville. Il faisait un temps magnifique; le soleil se couchait; la chaleur était passée ; le pays était joli ; ils marchèrent assez longtemps, causant de choses et d'autres ; il amusait et intéressait Kersac par mille petits récits de son enfance et de sa famille. Plus Jean se faisait connaître à Kersac, plus celui-ci s'y attachait et désirait l'attacher à son service.

« Il y a si longtemps, dit-il, que je cherche un garçon tout jeune à former, et je le cherche intelligent, serviable, actif comme toi.

JEAN.

Vous vous faites illusion, monsieur ; je n'ai pas les qualités que vous me croyez.

KERSAC.

Si fait, si fait, je m'y connais ; j'en ai eu plus de dix à mon service ; je ne m'y trompe plus, maintenant. »

Ils retournèrent sur leurs pas et reprenaient la grande route de *Malansac*, lorsqu'ils entendirent le galop précipité d'un cheval. Quand il approcha, Kersac reconnut le sien qui arrivait ventre à terre. Il se jeta sur la route pour lui couper le chemin, saisit la bride, mais le cheval était lancé ; Kersac, malgré sa force, ne put l'arrêter sur le coup, et il se trouva jeté par terre, traîné et en danger d'être piétiné. Jean, voyant l'imminence du péril, se jeta au devant du cheval et se suspendit à ses naseaux, ce qui le fit arrêter, à moitié calmé, immédiatement.

Kersac voulut se relever, mais il retomba ; il avait un pied foulé.

Jean commença par attacher à un arbre l'animal essoufflé et tremblant, et courut à Kersac qui était pâle et prêt à défaillir. Jean aperçut une fontaine près de la route ; il y courut, trempa son mouchoir dans cette eau fraîche et limpide, et revint en courant pour bassiner le front et les tempes de Kersac. Deux fois encore il retourna à la fontaine ; ce ne fut qu'à la troisième fois que Kersac rouvrit les yeux et reprit entièrement connaissance.

Il serra la main de Jean et essaya de se lever; ce fut avec grande difficulté et après plusieurs essais qu'il put y parvenir; il se tint debout, appuyé sur son bâton, mais il ne pouvait marcher.

« N'essayez pas, n'essayez pas, monsieur, dit Jean; je vais calmer votre cheval; je l'approcherai tout près de vous, et si vous pouvez monter dessus, nous sommes sauvés. »

Kersac était au bord du fossé qui bordait la route; Jean détacha le cheval, le caressa, le flatta, lui présenta une poignée d'herbe, et, pendant que l'animal mangeait, il le fit descendre dans le fossé, l'arrêta en face de Kersac, et le maintint par la bride pendant que Kersac cherchait à le monter. Il n'y parvenait pas, parce qu'il ne pouvait s'appuyer sur son pied foulé.

JEAN.

Couchez-vous en travers sur le cheval, monsieur, et, quand vous y serez, passez votre jambe blessée.

Kersac suivit le conseil de Jean et se trouva solidement placé sur le dos du cheval. Jean lui fit remonter le fossé avec précaution et le mena par la bride. Ils arrivèrent à *Malansac* à la nuit; le premier objet que vit Kersac fut Jeannot se tenant à moitié caché derrière la porte de l'écurie.

« Viens ici, polisson, » lui cria Kersac.

Jeannot aurait bien voulu se sauver; mais par où passer? Et que deviendrait-il ensuite? Il faudrait bien qu'il finisse par se retrouver en face de Kersac. Il prit donc le parti d'obéir; il avança jusqu'à la tête du cheval.

KERSAC.

Pourquoi et comment as-tu laissé échapper mon cheval?

Il se suspendit aux naseaux. (Page 61.)

JEANNOT, *tremblant*.

Monsieur, ce n'est pas ma faute.

KERSAC.

Ce n'est pas ta faute? Menteur! Réponds: Comment le cheval s'est-il échappé?

JEANNOT.

Monsieur, je l'ai mené boire; il ne voulait pas sortir

« Viens ici, polisson ! » (Page 62.)

de l'abreuvoir; je l'ai tiré, puis je l'ai un peu fouetté; alors il a sauté et rué; alors j'ai fouetté plus fort pour le corriger; alors il s'est cabré; alors j'ai eu peur qu'il ne cassât la longe que je tenais; alors je l'ai fouetté sous le ventre; alors il a cassé sa longe comme je le craignais, et alors il est parti comme un enragé qu'il est.

KERSAC.

Petit gredin! Petit drôle! Avise-toi de toucher mon cheval du fouet, et je te donnerai une correction dont tu te souviendras longtemps. Si je n'avais le pied foulé, grâce à toi, animal, imbécile, je te donnerais une raclée qui te ferait danser jusqu'à demain. Va-t'en, et ne te présente plus devant moi, oiseau de malheur!

Jeannot ne se le fit pas répéter; il avait hâte aussi d'échapper aux regards courroucés de Kersac, et ne quitta le coin le plus obscur de l'écurie que lorsque son ennemi eut lui-même disparu.

Jean avait appelé du monde pour aider Kersac à descendre de cheval; il était grand et fort, on eut de la peine à y arriver et à l'établir dans une chambre du rez-de-chaussée qui se trouvait heureusement libre.

Quand il y fut installé, Jean s'assit sur une chaise.

KERSAC.

Eh bien! que fais-tu, mon ami? Tu ne vas pas rester là, je pense.

JEAN.

Pardon, monsieur; à moins que vous ne me chassiez, je resterai près de vous pour vous servir, jusqu'à ce que vous soyez en état de monter en carriole pour retourner chez vous.

KERSAC.

Mais, mon ami, tu vas t'ennuyer comme un mort. Rester là à quoi faire?

JEAN.

A vous servir, monsieur. Les gens de l'auberge sont bien assez occupés; ils vous négligeraient, non par

« Couchez-vous en travers sur le cheval, monsieur. » (Page 62.)

mauvaise volonté, mais parce qu'ils ne pourraient pas faire autrement; et c'est triste d'être hors de chez soi sans pouvoir mettre un pied l'un devant l'autre, et personne pour vous donner ce qui vous manque et pour vous aider à passer le temps.

KERSAC.

Et ton voyage à Paris ? et ton frère Simon ?

JEAN.

Mon voyage durera quelques jours de plus, monsieur; voilà tout. Et mon frère sait bien que lorsqu'on fait la route à pied, on n'arrive pas à jour fixe; il nous attend à un mois près. Et ainsi, monsieur, si je ne vous suis pas désagréable, si vous voulez bien accepter mes services, je serai bien heureux de vous être utile.

KERSAC.

Quant à m'être désagréable, mon ami, tu m'es, au contraire, fort agréable; j'accepte tes services et je t'en remercie d'avance. Et je commence par te demander un verre d'eau, car je meurs de soif.

Jean alla demander de l'eau; on lui donna un cruchon plein et un verre. Quand Kersac eut bu ses deux verres d'eau, il songea à dîner.

KERSAC.

Tu me demanderas quelque chose de léger à cause de ma chute. Une soupe aux choux et au lard et un fricot à l'ail.

Jean allait sortir; Kersac le rappela.

« Et toi donc, mon garçon, tu n'as pas dîné ? Demande pour deux; nous mangerons ensemble.

JEAN.

Merci bien, monsieur; j'ai dîné avec Jeannot avant de quitter Vannes.

KERSAC.

Dîné ? Où donc ? Avec quoi ?

JEAN.

Nous avons dîné à l'écurie, monsieur; nous avions de quoi. Maman nous avait donné les restes du lapin, qui nous avait déjà fait un fameux souper hier soir. Il nous en reste encore une cuisse, et puis du pain et de la galette.

KERSAC.

Et tu crois que je vais m'empâter de bonnes choses, et que je te laisserai manger un vieux morceau de lapin et boire de l'eau?

JEAN.

Il n'est pas vieux, monsieur, il est d'hier; et, quant à l'eau, nous y sommes habitués, Jeannot et moi. Et puis, à *Vannes*, la bonne dame de l'auberge m'a donné une bouteille de cidre qui était fièrement bon.

KERSAC.

Je te dis que ce ne sera pas comme ça; tu mangeras avec moi; les bouchées que j'avalerais me resteraient dans le gosier, si je me donnais un bon dîner pendant que tu grignoterais des os et du pain dur. Demande deux couverts.... entends-tu? Deux couverts. »

Jean restait immobile; il semblait vouloir parler et ne pas oser.

KERSAC.

Voyons, Jean, tu as quelque chose qui ne veut pas sortir. Qu'est-ce que c'est? Parle.

JEAN.

Monsieur... c'est que je crains....

KERSAC.

N'aie pas peur, je te dis. Parle.... Parle donc?

JEAN, *souriant*.

Puisque vous l'ordonnez, monsieur.... Et Jeannot?

— Encore? s'écria Kersac s'agitant sur sa chaise. Toujours ce pendard que tu me jettes au nez! Je ne veux pas de ton Jeannot; et je ne veux pas en entendre parler.

JEAN.

C'est parce qu'il vous a offensé, monsieur, que vous ne l'aimez pas. Mais Notre-Seigneur nous pardonne bien quand nous l'offensons; et il nous aime tout de même, et il nous fait du bien. Et il nous ordonne de faire comme lui.

KERSAC.

Ah ça! vas-tu me prêcher comme notre curé. Ton Jeannot ne me va pas, et je n'en veux pas.

Jean soupira et sortit lentement.

Kersac le suivit des yeux et resta pensif.

« Il a tout de même raison, cet enfant.... Et de penser que c'est un garçon de quatorze ans qui m'en remontre, à moi qui en ai trente-cinq!.... C'est qu'il a raison.... parfaitement raison.... Mais comment faire pour revenir sur ce que j'ai dit!.... Il se moquerait de moi.... Et pourtant il a raison. Et c'est un brave garçon si jamais il en fut.... Il faut absolument qu'il vienne chez moi.... Il a dans la physionomie quelque chose.... je ne sais quoi.... qui fait plaisir à regarder. Je l'entends qui vient. »

Jean arriva en effet; il apportait de quoi mettre le couvert.... un seul couvert!

Kersac s'en aperçut.

KERSAC.

Jean, qu'est-ce que c'est que ça?

JEAN.

Quoi donc, monsieur?

KERSAC.

Un seul couvert? Pourquoi un seul?

JEAN.

Parce qu'il n'y a que vous, monsieur, qui n'ayez pas dîné.

KERSAC.

Et toi tu n'as pas soupé.... Jean, écoute-moi et regarde-moi bien en face. Tu as raison et j'ai tort. Tu m'as fait la leçon, et tu as bien fait, et je t'en remercie. Demande trois couverts et va chercher ton Jeannot.

Jean le regardait, il ne pouvait en croire ses oreilles. Il s'approcha tout près de lui. Son air étonné et joyeux fit sourire Kersac.

KERSAC.

Tu ne vas pas te moquer de moi, d'avoir bien fait?

JEAN.

Me moquer de vous? Moi, monsieur? Rire de vous au moment où vous agissez comme Notre-Seigneur? Au moment où je vous admire, où je vous aime! Oh! monsieur!

Jean saisit la main de Kersac et la baisa; Kersac prit la tête de Jean dans ses mains et le baisa au front.

« Va, mon ami, dit-il d'une voix émue, va chercher deux couverts de plus.... et Jeannot, » ajouta-t-il avec un soupir.

Jean sortit cette fois en courant et ne fut pas longtemps à revenir avec les couverts et Jeannot. Ce dernier osait à peine entrer et lever les yeux.

« N'aie pas peur, Jeannot, dit Kersac en riant; à tout péché miséricorde. J'ai eu tort de te confier un cheval un peu vif, à toi qui n'y entends rien. N'y pensons plus et mangeons bien et gaiement. C'est Jean qui nous sert, je suis hors de combat, moi. »

Jeannot prit courage; Jean était radieux; il regardait Kersac avec reconnaissance et affection. Kersac s'en aperçut, sourit et fut satisfait d'avoir bien agi et d'avoir accepté, lui, homme fait, les observations d'un enfant. Il en savait bon gré à Jean, qu'il aimait réellement de plus en plus.

JEAN.

Voici le couvert mis ; viens m'aider, Jeannot, à apporter les plats. Faut-il demander du cidre pour vous, monsieur ?

KERSAC.

Certainement, et du bon. Mais pas pour moi seul ; pour trois.

Jean et Jeannot sortirent.

JEAN.

Eh bien ! Jeannot, pas vrai qu'il est bon, M. Kersac ? Tu vas être gentil pour lui, j'espère ?

JEANNOT.

Je ferai de mon mieux, Jean ; mais tu sais que j'ai du malheur et qu'il ne m'arrive jamais rien de bon.

JEAN.

Laisse donc ! Du malheur ! Pas plus que moi ! Tu te figures toutes sortes de choses ; puis tu es triste, tu as l'air mécontent et maussade ; c'est ça qui repousse, vois-tu ?

JEANNOT.

C'est pas ma faute ; c'est mon caractère comme ça. Je ne peux pas toujours rire, toujours prendre les choses gaiement, comme tu le fais, toi. Tu es gai, je suis triste. Tu as confiance en tout le monde, moi je me méfie. Je ne peux pas faire autrement.

JEAN.

Défie-toi si tu veux, gémis tout bas, mais sois obligeant et agréable aux autres.... Portons nos plats ; les voici tout prêts sur le fourneau.

Jean prit la soupe aux choux et le cidre; Jeannot prit le fricot; Kersac les attendait avec impatience.

KERSAC.

Enfin! voilà notre souper; ne perdons pas de temps; j'ai une faim d'enragé.

Kersac prouva la vérité de ces paroles en mangeant comme un affamé. Jean et Jeannot lui tinrent bonne compagnie; quand le repas fut terminé, il ne restait plus rien dans les plats, rien dans les carafes. Jean et Jeannot desservirent la table et reportèrent le tout à la cuisine.

Lorsque Jean rentra, il dit à Kersac que Jeannot allait coucher dans l'écurie, sur de la paille qu'on allait lui donner.

« Et toi, Jean, avant d'aller te coucher, aide-moi à me dévêtir et à gagner mon lit. »

Jean l'aida de son mieux, avec beaucoup d'adresse et de soin. Lorsque Kersac fut couché, Jean s'assit sur une chaise.

KERSAC.

Eh bien! que fais-tu là? Tu ne vas pas te coucher comme Jeannot?

JEAN.

Je vais coucher près de vous, monsieur; je dormirai très-bien sur une chaise.

KERSAC.

Es-tu fou? Passer une nuit sur une chaise? Pour une foulure au pied? Va te coucher, je te dis.

JEAN.

Mais, monsieur, vous ne pouvez pas vous lever ni vous faire entendre. S'il vous prenait quelque chose la nuit.

KERSAC.

Que veux-tu qu'il me prenne? Je vais dormir jusqu'à demain. Bonsoir et va-t'en.

Jean ne dit rien, souffla la chandelle et fit semblant de sortir. Mais il rentra sans faire de bruit, s'étendit sur trois chaises, et ne tarda pas à s'endormir.

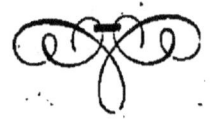

CHAPITRE VI.

JEAN, ESCULAPE.

Vers le milieu de la nuit, Jean fut éveillé par l'agitation extraordinaire de Kersac qui geignait, se retournait, soufflait comme un buffle, et qui finit par dire à mi-voix :

« Je n'aurais pas dû renvoyer Jean ; il m'eût soulagé, peut-être.

— Me voici, monsieur, dit Jean en s'approchant du lit de Kersac. Qu'avez-vous ?

KERSAC.

Comment ? Toi ici ? Depuis quand es-tu là ?

JEAN.

Je n'en suis pas sorti, monsieur ; j'ai seulement fait semblant. Mais vous souffrez, monsieur ; que puis-je faire pour vous soulager ?

KERSAC.

Je souffre horriblement de mon pied foulé, mon pauvre Jean. Et que faire, maintenant, au milieu de la nuit ? Tout le monde est couché ; il faut attendre au jour.

JEAN.

En attendant le jour, qui sera long à venir, monsieur, je vais pouvoir vous soulager, peut-être. Quand il y avait une foulure dans le village, c'est à maman qu'on venait et on était guéri en peu de temps. Vous allez voir ; je vais vous masser le pied foulé,

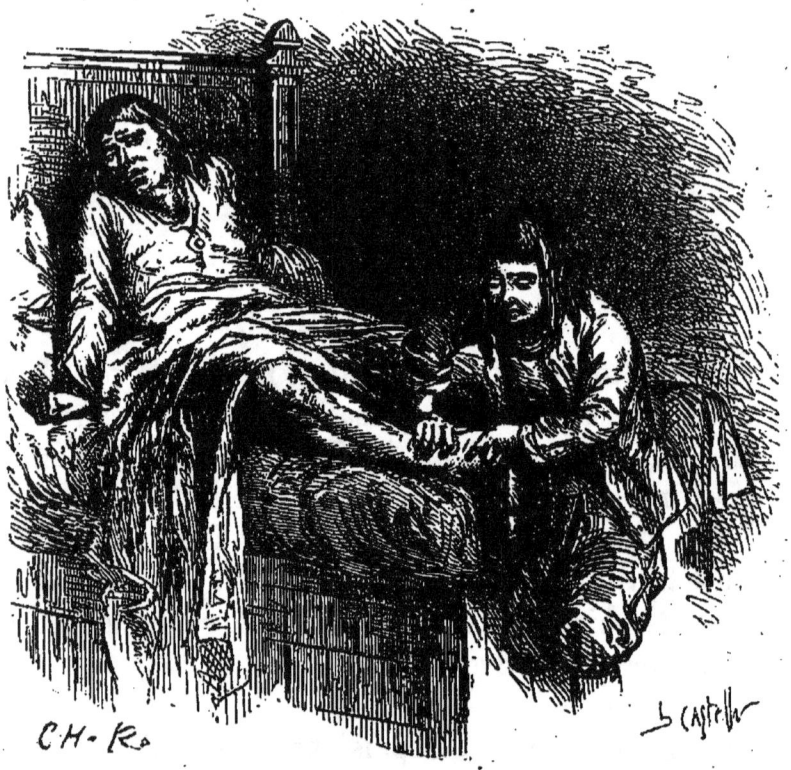

Il employa le massage avec le plus grand succès. (Page 78.)

comme faisait maman et comme elle m'a montré à le faire ; dans une demi-heure vous ne sentirez plus de mal. »

Malgré la résistance de Kersac qui n'avait pas foi dans ce remède, Jean s'empara du pied douloureux, et, quoiqu'ils fussent dans l'obscurité, il put employer le massage avec le plus grand succès, car au bout de trois quarts d'heure, le pied dégonflé n'occasionnait plus aucune souffrance, et Kersac dormait profondément. Lorsque Jean vit l'heureux effet qu'il avait obtenu, il recouvrit avec précaution le pied, presque entièrement dégonflé, se recoucha sur ses trois chaises et dormit si bien, qu'il ne s'éveilla qu'au bruit qui se faisait dans la maison.

Il faisait grand jour depuis longtemps; l'horloge de la salle sonna six heures. Jean sauta à terre et vit Kersac qui le regardait.

KERSAC.

J'avais hâte de te voir réveillé, mon ami, pour te remercier du bien que tu m'as fait; c'est que j'ai dormi tout d'un trait depuis que tu m'as enlevé mon mal!

JEAN.

Cela va-t-il réellement bien, monsieur?

KERSAC.

Ma foi oui! j'ai encore quelque chose, mais ce n'est rien auprès de ce que j'avais hier. Sais-tu que tu es un fameux médecin?

JEAN.

Il faut, monsieur, que vous me laissiez faire encore un massage, sans quoi l'enflure reviendrait.

KERSAC.

Tout ce que tu voudras; j'ai confiance en ta médecine.

Jean reprit le pied malade et recommença à le masser. Au bout d'un quart d'heure, Kersac voulut se lever, disant qu'il se sentait tout à fait guéri; mais Jean voulut continuer, et ne cessa que lorsque le pied, entièrement désenflé, ne fut plus du tout douloureux.

« A présent, monsieur, vous pouvez marcher. » (Page 81.)

Kersac se leva, posa le pied par terre avec crainte, avec hésitation; mais ne sentant rien que de la faiblesse, il voulut se chausser. Jean lui dit qu'il fallait bander le pied, sans quoi la cheville pourrait tourner et l'enflure reparaître. Il alla demander une bande de toile à la maîtresse de l'auberge, qui la lui donna avec empressement; Jean banda habilement le pied de Kersac.

JEAN.

A présent, monsieur, vous pouvez marcher.

KERSAC.

Tu crois? Cela me semble fort.

JEAN.

Essayez, monsieur; vous allez voir.

Kersac essaya, tout doucement d'abord, puis plus franchement; enfin il s'appuya sur son pied comme avant l'accident.

« C'est merveilleux ! C'est admirable ! C'est que je ne souffre plus du tout; du malaise seulement, pas autre chose. »

Il essaya de marcher; il descendit dans la cour, entra à l'écurie, et, à sa grande surprise, trouva Jeannot qui pansait le cheval et qui avait eu la bonne pensée de lui donner de l'avoine pour l'occuper agréablement pendant le pansement.

KERSAC.

Comment ! mais c'est très-bien, Jeannot ! Je ne m'attendais pas à te voir si empressé. Continue, mon garçon. Jean m'a si bien guéri avec son massage, que je vais repartir dans une heure pour ma ferme de Sainte Anne.

Puis se retournant vers Jean, il continua :

« Je regrette beaucoup, mon brave et excellent garçon, de ne pas t'emmener avec moi; mais je ne t'oublierai pas. Et toi, de ton côté, n'oublie pas Kersac, le fermier de Sainte-Anne, près de *Vannes*. Si jamais tu as besoin de gagner ta vie, ou s'il te faut quelque argent ou n'importe quoi, rappelle-toi que Kersac a de l'amitié pour toi, qu'il te veut du bien, et qu'il sera très-content de pouvoir te le témoigner. Je vais parler à l'aubergiste pour mon marché de porcs, et je reviens. »

Il y alla effectivement, mais il ne put rien conclure ; la marchandise était trop chère ; il trouva plus avantageux de prendre tout ce qui restait de petits cochons à vendre à Kermadio. Il revint trouver Jean et Jeannot.

« Voilà mon cheval fini de panser, dit-il ; déjeunons pendant qu'il achève son avoine ; puis nous le ferons boire et nous l'attellerons une demi-heure après. »

Kersac commanda trois cafés au lait, et il rentra dans sa chambre avec Jean ; tous deux étaient sérieux.

KERSAC.

Tu ne ris pas aujourd'hui, Jean ?

JEAN.

Non, monsieur : je n'ai pas envie de rire ; je ferais plus volontiers comme Jeannot, je pleurerais.

KERSAC.

Pourquoi cela ?

JEAN.

Parce que je suis triste de vous quitter, monsieur ; vous avez été bien bon pour moi et pour Jeannot. Vous reverrai-je jamais ? C'est ça ce qui me chagrine. Ce serait dur de ne jamais vous revoir.

Jean leva sur Kersac des yeux humides ; Kersac lui caressa la joue, le front, mais il garda le silence. Jeannot entra joyeusement avec le café, le lait, les tasses et le pain. Il semblait avoir changé d'humeur avec son cousin ; son visage était souriant, tandis que celui de Jean

Il recommanda Jean et Jeannot au chef du train. (Page 86.)

était triste. Ils se mirent à table; Jeannot seul parlait et riait. Quand le déjeuner fut achevé, Kersac se leva pour faire boire son cheval, mais Jean ne voulut pas le laisser faire, de peur qu'il ne fatiguât son pied encore sensible. En attendant le moment d'atteler, Jean se mit à causer avec Kersac.

« Monsieur, lui dit-il, si vous avez une occasion pour *Kérantré*, vous ferez donner de nos nouvelles à maman, n'est-ce pas? Cela me ferait bien plaisir.

KERSAC.

Non, certainement, mon ami, je ne lui en ferai pas donner, mais j'irai lui en porter moi-même.

JEAN.

Vous-même? Ah! monsieur que je vous remercie! Pauvre maman! Comme elle sera contente! Vous demanderez la femme HÉLÈNE DUTEC, on vous y mènera; c'est sur la route; une petite maison isolée entourée de lierre. Et puis, monsieur, voulez-vous dire à maman qu'elle m'écrive et qu'elle me donne de vos nouvelles: je serai bien aise d'en avoir. »

Il était temps d'atteler; Jean aida Kersac une dernière fois; au moment de se séparer, Kersac dit aux deux cousins :

« J'ai une idée : montez dans ma carriole; je vais vous mener à la gare du chemin de fer, cela vous abrégera votre voyage.

JEAN.

Comment cela, monsieur?

KERSAC.

Montez toujours; je vais t'expliquer cela tout en marchant. »

Quand le cheval fut au trot, Kersac prit la parole :

« Voilà ce que je veux faire. Tu te souviens que j'ai fait une bonne affaire de petits cochons à Vannes. Je vais prendre sur mon gain la petite somme nécessaire pour payer ta place et celle de Jeannot jusqu'à Paris ; de cette façon je serai plus tranquille. Je n'aimais pas, Jean, à te savoir sur les grandes routes, avec si peu d'argent, un si long voyage devant toi, et tant de mauvais garnements que l'on est exposé à rencontrer. Un pauvre enfant, ça n'a pas de défense. »

Jean remercia Kersac, sans trop comprendre le service qu'il lui rendait, mais devinant que c'en était un fort important. Kersac leur expliqua les temps d'arrêt du chemin de fer, les imprudences qu'il fallait éviter ; il s'assura qu'ils avaient de quoi manger dans leurs petits paquets de Kérantré et d'Auray, et que leurs bourses étaient suffisamment garnies. Ils arrivèrent à la gare ; Kersac donna son cheval à garder à un des garçons de l'auberge ; il prit des billets de troisième pour Jean et Jeannot, leur recommanda de ne pas les perdre, parce qu'il faudrait les payer une seconde fois. Il connaissait les employés ; il recommanda Jean et Jeannot au chef du train qui les emmenait ; il embrassa Jean, serra la main à Jeannot, et demanda au chef de train de les bien placer et de ne pas les oublier en route et à l'arrivée.

Jean, surpris et occupé de ce qu'il voyait et entendait, pensa moins au départ de Kersac. Le sifflet se fit entendre, et le train se mit en marche.

CHAPITRE VII.

VISITE A KÉRANTRÉ.

Pendant que Jean et Jeannot avançaient avec une vitesse dont ils n'avaient eu jusque-là aucune idée, Kersac roulait vers son domicile aussi vite que son cheval pouvait le traîner; il arriva à Vannes et s'y arrêta deux heures pour régler la livraison de ses petits cochons; il en chargea une partie dans sa carriole, et promit d'envoyer prendre le reste le lendemain.

« Puis, pensa-t-il, je pousserai jusqu'à Kermadio; je ferai affaire pour le reste de leurs petits cochons, et je reviendrai par *Kérantré* pour voir la mère de Jean. Si je pouvais trouver en route une fille de ferme, j'en serais bien aise; mon temps aura été bien employé de toutes manières. »

Kersac fit comme il l'avait dit, malgré l'enflure et la douleur au pied qui étaient un peu revenues et qui gênaient ses mouvements. Il fit des marchés avantageux à Kermadio; le propriétaire était large en affaire et se contentait d'un gain fort restreint. Il reprit ensuite le chemin de Kérantré, et ne tarda pas à y arriver et à trouver la maison d'Hélène, qu'il devina au premier coup d'œil, d'après la description que Jean lui en avait faite.

Voyant au bord de la route, près d'un bouquet d'arbres, une maisonnette entourée de lierre, il arrêta son cheval, et s'adressant à une jolie petite fille de cinq à six ans qui jouait devant la maison :

« N'est-ce pas ici que demeure la veuve Hélène Dutec ? »

La petite fille se releva, le regarda en souriant et répondit :

Je ne sais pas, monsieur.

KERSAC.

Comment tu ne sais pas ? Ne demeures-tu pas ici ?

LA PETITE.

Oui, monsieur; je suis très-contente; je ne pense plus à maman.

KERSAC.

Sais-tu où est la maison du petit Jean ?

LA PETITE.

Oui, monsieur : c'est ici ; je couche dans son lit : c'est la maman de Jean qui l'a dit.

KERSAC.

Mais c'est donc la femme Hélène Dutec qui demeure ici ?

LA PETITE.

Je ne sais pas, monsieur.

KERSAC.

C'est elle qui est ta maman, je suppose, puisque tu couches dans le lit de ton frère ?

LA PETITE.

Je n'ai pas de maman et Jean n'est pas mon frère ?

KERSAC.

Diantre de petite fille ! On ne comprend rien à ce

qu'elle dit. Ce doit être la maison de Jean; j'aurai plus tôt fait de descendre et d'y voir moi-même. »

Kersac descendit, alla attacher son cheval à un des arbres qui se trouvaient près de la maison, entra, ne vit personne, et sortit par une porte de derrière qui donnait sur un petit jardin. Il aperçut une femme qui sarclait une planche de choux.

KERSAC.

Ma bonne dame, savez-vous où demeure la femme Hélène Dutec?

La femme se releva vivement.

HÉLÈNE.

C'est moi, monsieur. Vous venez sans doute pour la petite fille?

KERSAC.

Pas du tout, c'est pour vous que je viens; je l'ai promis hier à mon bon petit Jean, et je viens vous donner de ses nouvelles.

HÉLÈNE.

Jean! Mon cher petit Jean! Mon bon petit Jean! Entrez, entrez, monsieur. Je suis heureuse de vous voir, d'entendre parler de mon enfant.

Et de grosses larmes roulaient de ses yeux pendant qu'elle faisait entrer Kersac, et qu'elle cherchait un escabeau pour le faire asseoir.

HÉLÈNE.

Excusez, monsieur, si je vous reçois si mal; je n'ai pas mieux que ce méchant escabeau à vous offrir.

KERSAC.

J'y suis très-bien, ma bonne dame; j'ai quitté Jean et Jeannot hier matin à Malansac, à quinze lieues d'ici; ils allaient à merveille.

— Quinze lieues! s'écria Hélène. Comment ont-ils pu faire tant de chemin dans leur journée? J'ai vu hier un monsieur qui les a quittés à Auray à dix heures du matin.

KERSAC.

Je les ai un peu aidés, pour dire vrai. J'ai une ferme près de *Sainte-Anne* ; j'allais à *Vannes*, je les ai fait monter dans ma carriole. De *Vannes*, j'allais à *Malansac* ; cela les a encore avancés de six lieues. Nous y avons couché ; je les ai embarqués en chemin de fer ; ils sont arrivés ce matin vers quatre heures à Paris.

HÉLÈNE.

Déjà ! Arrivés à Paris ! Comment c'est-il possible !

KERSAC.

Je vais vous expliquer cela, ma bonne dame Hélène. Ils sont avec Simon à l'heure qu'il est.

Kersac lui raconta tout ce qui s'était passé entre lui, Jean et Jeannot, sans rien omettre, rien oublier. Hélène écoutait avec avidité et attendrissement le récit de Kersac, il parlait de son petit ami Jean avec une chaleur, une amitié qui touchèrent profondément sa mère et la firent pleurer comme un enfant. Quand il arriva à la fin de son récit et qu'il expliqua comment il avait payé leurs places en chemin de fer jusqu'à Paris, Hélène n'y tint pas. Émue et reconnaissante, elle saisit la main de Kersac et la serra dans les siennes et contre son cœur.

HÉLÈNE.

Que le bon Dieu vous bénisse, mon cher monsieur ! Qu'il vous rende ce que vous avez fait pour mon bon petit Jean et pour Jeannot !

KERSAC.

Oh ! quant à celui-là, ma bonne dame, vous n'avez pas de remercîments à m'adresser, car ce n'est pas pour lui ni par charité que je l'ai traité comme notre petit

Jean, mais pour faire plaisir à Jean. C'est un brave enfant que vous avez là, madame Hélène, et j'ai bien envie de vous le demander.

HÉLÈNE.

Pourquoi faire, monsieur ?

KERSAC.

Pour le garder chez moi, à ma ferme.

HÉLÈNE.

Il est encore bien jeune, monsieur; son frère Simon l'a demandé pour un service plus avantageux et plus facile. Quand il sera plus grand et plus fort, je serai bien satisfaite de le voir chez vous, monsieur.

KERSAC.

S'il ne se plaît pas à Paris et qu'il préfère la campagne, vous m'avertirez, ma bonne dame ; j'ai dans l'idée qu'il a de l'amitié pour moi et qu'il n'aurait pas de répugnance à entrer à mon service.

HÉLÈNE.

Cela ne m'étonnerait pas, monsieur; et si son frère Simon n'avait pas compté sur lui et ne lui avait par avance assuré une place, je me serais trouvée bien heureuse de le savoir chez vous et si près de moi.

— Maman Hélène, j'ai faim, dit la petite fille qui entrait.

KERSAC.

Qu'est-ce donc que cette petite? Jean ne m'en a pas parlé.

HÉLÈNE.

Il ne la connaît, pour ainsi dire pas, monsieur.

Hélène donna un morceau de pain à l'enfant et raconta à Kersac sa rencontre avec la petite fille la veille du départ de Jean.

« J'étais bien désolée, monsieur, quand je me suis vue cette petite fille sur les bras; moi qui venais d'envoyer mon pauvre enfant, mon cher petit Jean, parce que nous n'avions plus de quoi vivre; il ne demandait qu'à travailler, mais, dans nos pays, il n'y a guère d'ouvrage pour les enfants. Quand je rentrai chez moi après avoir quitté mon petit Jean et Jeannot, je priai bien le bon Dieu de venir à mon secours. La petite s'éveillait, elle demandait à manger; je remis sur le feu le reste du lait de Jean; il n'avait guère mangé, pauvre enfant, malgré qu'il eût l'air résolu et riant. Je voyais bien de temps à autre une larme qui roulait sur sa joue; il me la cachait, et il croyait que je ne la voyais pas et que je n'en versais pas moi-même. »

Hélène cacha son visage dans ses mains; Kersac l'entendit sangloter.

« Voyons, ma bonne dame Hélène, dit-il, ayez courage.... L'enfant n'est pas malheureux! Le bon Dieu lui est venu en aide.

HÉLÈNE.

En vous envoyant près de lui comme un bon ange; c'est vrai, monsieur. Et puis, avant vous, un autre homme du bon Dieu l'avait pris en pitié; ce bon monsieur est venu me voir; il m'a apporté vingt francs de la part de mon pauvre Jean; comme si Jean avait jamais eu vingt francs dans sa bourse! Il m'a fallu les prendre, sous peine d'offenser ce bon monsieur.

KERSAC.

Jean m'a raconté cette rencontre du prétendu voleur.

HÉLÈNE.

Les vingt francs sont venus bien à propos, monsieur; pas pour moi, car j'ai l'habitude de vivre de peu....

KERSAC, *ému*.

Pauvre femme!

J'étais bien désolée, monsieur, quand je me suis vue cette petite fille sur les bras. » (Page 91.)

HÉLÈNE.

Mais c'était pour la petite fille, monsieur. Avec vingt francs j'ai de quoi la nourrir pendant six semaines, et il faut espérer que les parents viendront la réclamer avant que les vingt francs soient mangés.

KERSAC.

Ne vous inquiétez pas de la petite fille, ma bonne dame Hélène : j'y pourvoirai.

HÉLÈNE.

Vous, monsieur ! Mais vous ne me connaissez pas ! Vous pouvez croire....

KERSAC.

Si fait, si fait, je vous connais ! Je vous connaissais avant de vous avoir vue, et, à présent, je vous connais comme si nous étions de vieux amis. Je reviendrai vous voir. Je cours souvent le pays pour les besoins de ma ferme ; je passerai par chez vous toutes les fois que j'aurai du temps devant moi. A revoir donc et prenez courage. Je suis content de vous laisser calme ; cela me faisait mal de vous voir pleurer. »

Kersac fit un salut amical à Hélène, caressa la pauvre petite fille abandonnée à laquelle il s'intéressait déjà, et alla détacher son cheval. Il monta dans sa carriole et s'éloigna rapidement.

Hélène le suivit longtemps du regard ; puis elle rentra, soupira et leva les yeux au ciel.

« Merci, mon Dieu et ma bonne sainte Vierge ! dit-elle avec ferveur ; vous m'avez envoyé un protecteur pour mon petit Jean, et du pain pour cette malheureuse enfant ! »

Et elle se remit à son rouet.

CHAPITRE VIII.

RÉUNION DES FRÈRES.

Kersac pressait le pas de son cheval ; il était tard.

« Je suis resté trop longtemps chez cette pauvre femme, se dit-il. Je voyais que ma présence la consolait ; c'est comme si elle avait eu Jean auprès d'elle ! Pauvre mère ! C'est pourtant terrible d'envoyer son enfant faire cent vingt lieues à pied, seul, presque sans argent, pour arriver à Paris, où tant de jeunes gens se perdent et meurent de faim.... J'irai la consoler et lui parler de Jean quelquefois ; c'est une charité. Et je donnerai de ses nouvelles à.... Imbécile que je suis, s'écria-t-il, j'ai oublié de demander à Jean son adresse ! C'est-il bête ! Où le trouver dans ce grand diable de Paris ?... La mère doit le savoir ; je lui demanderai quand je la verrai. »

Rassuré par cette pensée, il songea à ses affaires, et calcula dans sa tête le gain de sa journée ; il était considérable.

Et Jean et Jeannot ? Où étaient-ils ? Que faisaient-ils ? Ils étaient arrivés vers quatre heures du matin à

Paris, reposés et enchantés. Descendus de wagon, ils ne savaient où aller; il faisait encore nuit. Le chef de train, qui était bon homme, les retrouva dans la salle des bagages, où ils avaient suivi les voyageurs, et leur demanda où ils allaient.

JEAN.

Chez mon frère Simon, monsieur, mais il est trop matin; et puis, il ne nous attend que dans un mois; et puis, nous ne savons pas le chemin.

LE CHEF DE TRAIN.

Savez-vous où il demeure?

JEAN.

Oui, monsieur, rue Saint-Honoré, n° 263.

LE CHEF DE TRAIN.

Eh bien! restez ici jusqu'à cinq heures, et vous irez alors chez Simon. Mais comme vous ne trouveriez jamais votre chemin tout seuls, voici trois francs que m'a donnés M. Kersac pour vous nourrir en route; vous ne les avez pas dépensés, puisque vous avez vécu de vos provisions et bu de l'eau; vous prendrez sur ces trois francs un franc cinquante centimes pour payer le fiacre dans lequel je vous ferai monter.... A présent, j'ai à faire, je vous quitte; attendez-moi là.

Jean et Jeannot s'assirent sur une banquette; Jean s'amusait beaucoup à regarder les allants et les venants; il remarquait tout et s'intéressait à tout. Jeannot bâillait et soupirait.

JEANNOT.

Qu'allons-nous devenir, Jean, au milieu de tout ce bruit? Nous ne trouverons peut-être pas Simon; alors, où irons-nous? Que ferons-nous?

JEAN.

Pourquoi donc ne trouverions-nous pas Simon, puisqu'il demeure rue Saint-Honoré, n° 263.

JEANNOT.

Mais si nous ne le trouvons pas?

JEAN.

Alors nous le chercherons.

JEANNOT.

Où le chercherons-nous? A qui le demander?

JEAN.

Il se trouvera bien quelque brave homme qui nous aidera à le trouver. D'ailleurs, Jeannot, ce que tu dis là est ingrat pour le bon Dieu. Vois comme il nous a protégés. Ce bon monsieur voleur qui nous donne de l'argent....

JEANNOT.

A toi, pas à moi.

JEAN.

Ce n'est-il pas la même chose? Tu sais bien que tant que j'en aurai, tu en auras. Après le bon monsieur, nous avons eu la chance de rencontrer cet autre brave M. Kersac, qui a fait pour nous comme aurait fait le bon Dieu.

JEANNOT.

Oui, joliment! Il m'a donné deux coups de fouet.

JEAN.

Bah! deux petits coups de rien du tout; et c'était par bonté, encore.

JEANNOT.

Comment par bonté? Tu appelles ça bonté, toi?

JEAN.

Certainement, puisque c'était pour te rendre plus gentil; et il y est arrivé, tout de même. Ce bon M. Kersac, qui nous fait faire douze lieues en carriole!

JEANNOT.

Parce que ça l'amusait de causer.

JEAN.

Pas du tout, ça ne l'amusait pas; c'était par bonté. Puis il nous fait souper avec lui, déjeuner avec lui; il paya notre coucher.

JEANNOT.

Coucher, pas cher! De la paille dans une écurie.

JEAN.

Est-ce que nous avons si bien que ça chez nous?... Puis il nous paye notre voyage. Il nous fait arriver à Paris dans vingt-quatre heures au lieu de trente jours. C'est à ne pas y croire!

JEANNOT.

Oui, quant à ça, il n'y a rien à dire. C'est véritablement une bonne chose.... Mais, que ferons-nous si nous ne trouvons pas Simon?

JEAN.

Allons! voilà que tu vas recommencer la même histoire. Je te l'ai déjà dit, nous le chercherons et nous finirons bien par le trouver.

Jeannot n'avait pas l'air bien rassuré, et il recommençait à geindre, lorsque le chef de train entra.

« Vous voilà! C'est bien! Venez et suivez-moi. Vite, je suis pressé. »

Il sortit précipitamment, suivi des enfants qui ne le quittaient pas des yeux, tant ils avaient peur de s'en trouver séparés. Ils arrivèrent à la place de la gare, sur le boulevard Montparnasse. Le chef de train les fit monter dans un petit fiacre et donna ordre au cocher de les mener rue Saint-Honoré, n° 263. Pour plus de précaution:

« Donnez-moi votre numéro, dit-il au cocher; s'il arrive quelque aventure aux enfants, c'est vous qui en serez responsable; ainsi, gare à vous.

LE COCHER.

Soyez tranquille, monsieur, je les débarquerai sans accident, j'espère bien.... Vous dites....

LE CHEF DE TRAIN.

Rue Saint-Honoré, n° 263. »

Le cocher remonta sur son siége.

« Adieu, monsieur, et merci, » cria Jean au chef de train.

Le fiacre s'ébranla et se mit en marche. Les enfants regardaient avec admiration; tout leur paraissait magnifique, malgré l'heure matinale, le silence des rues, l'absence de mouvement. Quand la voiture arrêta devant le n° 263 de la rue Saint-Honoré, ils croyaient être partis depuis quelques minutes seulement.

« Allons, messieurs, descendez, nous voici arrivés, » dit le cocher en ouvrant la portière.

Jean descendit, paya, comme le lui avait recommandé le chef de train, et ils se trouvèrent devant une porte fermée, ne sachant comment faire pour entrer.

« Frappe à la porte, » dit Jeannot.

Jean frappa, Jeannot frappa, la porte ne s'ouvrait pas.

« Appelle, dit Jeannot.

— Simon ! cria Jean; Simon, c'est nous, ouvre la porte ! »

Ils avaient beau crier, appeler, la porte ne s'ouvrait pas.

« Qu'allons-nous devenir, mon Dieu ? s'écria Jeannot prêt à pleurer.

JEAN.

Ne t'effraye donc pas. C'est qu'il dort encore ! Attendons; il faudra bien qu'il s'éveille et qu'il nous ouvre. »

Après avoir attendu cinq minutes qui leur parurent

cinq heures, ils recommencèrent à taper et à appeler Simon.

Enfin, la porte s'entr'ouvrit ; un gros homme à cheveux gris passa la tête.

« Quel diantre de tapage faites-vous donc là, vous autres? Ça a-t-il du bon sens, d'éveiller le monde si matin! Qui demandez-vous? Que voulez-vous?

JEAN.

Je vous demande bien pardon, monsieur, nous ne voulions pas vous déranger. Nous appelions mon frère Simon qui demeure ici.

LE PORTIER.

Et comment voulez-vous qu'il vous entende, puisqu'il demeure au cinquième?

JEAN.

Je ne savais pas, monsieur; je vous demande bien pardon. Nous attendrons si vous voulez, monsieur.

LE PORTIER.

A présent que me voici éveillé et levé, je n'ai pas besoin que vous attendiez. Entrez et montez. »

Le portier ouvrit, fit entrer Jean et Jeannot, et referma la porte.

« Au fond de la cour, l'escalier à droite, au cinquième, » grommela le portier.

Et il rentra dans le trou noir qui lui servait de chambre.

Jean avait le cœur un peu serré ; l'aspect sombre, sale et délabré de la cour et de la maison lui inspirait une certaine répugnance. Jeannot était consterné ; tous deux montèrent sans parler l'escalier qu'on leur avait indiqué; ils montaient, montaient toujours. Arrivés au haut de l'escalier, ils virent trois portes devant eux : à droite, à gauche, en face.

« Frappe donc! dit Jeannot.

JEAN.

Où frapper? Comment faire? J'ai peur de fâcher quelqu'un si je frappe à une autre porte qu'à celle de Simon.

JEANNOT.

Mon Dieu! mon Dieu! qu'allons-nous devenir? recommença Jeannot de son ton larmoyant.

JEAN.

Ne t'effraye donc pas; je vais appeler Simon!... Simon! » appela-t-il à mi-voix.

Une porte s'ouvrit; un jeune homme s'y montra.

« Simon! » s'écria Jean.

Et il se jeta à son cou.

SIMON.

C'est toi, Jean! Et toi, Jeannot! Dieu soit loué! J'avais tant besoin de revoir quelqu'un du pays! Entrez, entrez; nous allons causer pendant que je m'habille. Je ne vous attendais pas sitôt. Maman avait écrit que vous seriez ici dans un mois.

JEAN.

Certainement; nous ne devions pas arriver avant; mais nous avons voyagé comme des princes! En voiture! Je te raconterai ça.

Ils entrèrent dans une petite chambre propre, claire et assez gaie. Tout en furetant partout et en regardant Simon se débarbouiller et s'habiller, Jean et Jeannot lui donnèrent des nouvelles du pays et lui racontèrent toutes leurs aventures.

SIMON, *riant*.

Il paraît que Jeannot n'a pas la chance; et toi, Jean, je crois bien que c'est toi qui fais venir la chance par ton caractère gai, ouvert et serviable. Tu as toujours été comme ça; je me souviens que, dans le pays tout le monde t'aimait.

« Quelle figure tu fais! » (Page 106.)

Quand ils eurent bien causé, bien ri, et qu'ils se furent embrassés plus de dix fois, Jean demanda :

« Et que vas-tu faire de nous, Simon? Tu ne vas pas nous garder à rien faire, je pense.

SIMON.

Non, non, sois tranquille, vous êtes placés d'avance; toi, Jean, tu entres comme garçon de café dans la maison où je suis. Et toi, Jeannot, tu vas entrer de suite chez un épicier.

JEANNOT.

Tiens, pourquoi pas garçon de café comme Jean?

SIMON.

Parce qu'il n'y avait qu'une place de libre. Tout le monde ne peut pas faire le même travail.

JEANNOT.

Serons-nous dans la même maison?

SIMON.

Non; toi, Jeannot, tu seras tout près d'ici, dans la rue de Rivoli, et près de Jean, qui demeurera ici avec moi, dans cette maison, où nous sommes en service.

JEAN.

Quel service ferons-nous?

SIMON.

Le service d'un café ; c'est un bon état, mais fatigant.

JEAN.

En quoi, fatigant!

SIMON.

Parce qu'il faut être actif, alerte, toujours sur pied, adroit pour ne rien briser, ni accrocher, ni répandre. Tu feras bien l'affaire, toi.

JEANNOT.

Je l'aurais bien faite aussi.

SIMON.

Non, tu n'es pas assez vif, assez en train ; tu te serais fait renvoyer au bout de huit jours. »

Jeannot ne dit plus rien ; il prit son air boudeur.

SIMON.

Ah! ah! ah! quelle figure tu fais! Ça ferait bon effet dans un café. Toutes les pratiques se sauveraient pour ne plus revenir!

Jeannot prit un air encore plus maussade. Simon leva les épaules en riant.

« Toujours le même! dit-il. Ah çà! voici bientôt sept heures. Il faut descendre au café, Jean ; et toi, Jeannot, je vais te présenter à ton maître épicier ; sois bien poli et déride-toi, car l'épicier doit être gai et farceur par état. »

Simon tira un pain de son armoire, en coupa trois grosses tranches, en donna une à Jean et à Jeannot, et mit la troisième dans sa poche ; ils descendirent les cinq étages et entrèrent dans un café très-propre, très-joli. Jean et Jeannot restèrent ébahis devant les glaces, les chaises de velours, les tables sculptées, etc. Pendant qu'ils admiraient, Simon alla parler au maître du café et revint peu de temps après avec un morceau de fromage, des verres et une bouteille de vin. Il versa du vin dans les trois verres.

« Déjeunons, dit-il, avant que le monde arrive. Et vite, car il y a de la besogne ; il faut tout nettoyer et ranger. »

CHAPITRE IX.

DÉBUTS DE JEANNOT ET DE M. ABEL.

Ils mangèrent et burent; le déjeuner mit Jeannot en belle humeur, et il se mit gaiement en route avec Simon et Jean, pour commencer son service chez l'épicier. Le chemin ne fut pas long; cinq minutes après il entrait dans le magasin.

SIMON.

Pontois, voici mon cousin Jeannot, le garçon que vous attendiez; arrivé de ce matin, il est tout prêt à se mettre à la besogne.

PONTOIS.

Bien, bien; approche, mon garçon, approche. Prends-moi ce bocal de cornichons et va le poser près du comptoir, là-bas.

JEANNOT.

Où ce que c'est, m'sieur?

PONTOIS, *riant*.

Bien parlé, mon ami. Le français le plus pur! *Où ce que c'est?* Là-bas, sur le comptoir.

JEANNOT.
Où ce que c'est, le comptoir?

PONTOIS.
En face de toi, nigaud. Devant madame, qui est là, qui écrit.

Tout le monde riait ; Jeannot, pas trop content, avance vers le comptoir, butte contre une caisse de pruneaux, et tombe avec le bocal de cornichons.

« Maladroit ! crie Pontois.

— Maladroit ! répète la dame du comptoir.

— Maladroit ! s'écrient les garçons épiciers.

— Malheureux ! s'écrie Simon.

— Pauvre Jeannot !. » s'écrie Jean en courant à lui.

Jeannot s'était relevé irrité et confus. Il avait eu du bonheur, le bocal ne s'était brisé que du haut ; la moitié des cornichons était par terre, mais les garçons se précipitèrent pour les ramasser, et il n'y en eut guère que le quart de perdu.

PONTOIS.
Dis donc, petit drôle, pour la première fois, passe ; mais une seconde fois, tu payes. J'ai promis à Simon que tu aurais dix francs par mois, nourri, vêtu, logé, blanchi. Prends garde que les dix francs ne filent à payer la casse. Qu'en dites-vous, Simon ? Mauvais début ! Ça promet de l'agrément.

SIMON.
Non, non, Pontois ; c'est l'embarras, la timidité. Il ne fallait pas lui faire transporter un bocal pour commencer. A revoir ; je m'en vais, moi, avec mon débutant.

PONTOIS.
Il est gentil, celui-ci ! Dites-donc, Simon, voulez-vous changer ? Reprenez l'autre et donnez-moi celui-ci.

« Maladroit! » s'écrient les garçons épiciers. (Page 108.)

SIMON.

Non, non, Pontois, gardons chacun le nôtre; celui-ci est mon frère, Jeannot est mon cousin. A revoir. Je viendrai demain savoir comment ça va. Courage, Jeannot; ne te trouble pas pour si peu. A demain.

Jeannot ne répondit pas; il était mécontent de la différence que faisait Simon entre le frère et le cousin. Pontois le mit de suite à l'ouvrage; il lui fit porter un paquet d'épicerie à l'hôtel *Meurice*, qui se trouvait quelques portes plus loin; et il le fit accompagner pa un des garçons.

Les premiers jours, Jeannot ne fit pas autre chose que des commissions et des courses avec les garçons qu'on envoyait dans tous les quartiers de Paris, de sorte qu'il commençait à connaître les rues et aussi les habitudes du commerce.

Jean faisait de son côté l'apprentissage de garçon de café; son intelligence, sa gaieté, sa bonne volonté, sa prévenance le mirent promptement dans les bonnes grâces des habitués du café; on aimait à le faire jaser, à se faire servir par lui; il recevait souvent d'assez gros pourboires qu'il remettait fidèlement à Simon. Celui-ci était fier du succès de son frère; tous deux, en rentrant le soir dans leur petite chambre, remerciaient Dieu de les avoir réunis. Jean était heureux. Ses seuls moments de tristesse étaient ceux où le souvenir de sa mère venait le troubler; quelquefois une larme mouillait ses yeux, mais il chassait bien vite cette pensée, et il retrouvait son courage en regardant son frère si heureux de sa présence.

Un jour, vers midi, un monsieur entra dans le café.

« Une nouvelle pratique, » dit la dame du comptoir à Simon qui se trouvait près d'elle.

Simon regarda et vit un jeune homme de belle taille,

de tournure élégante, qui examinait le café, les garçons, les habitués. Ses yeux s'arrêtèrent sur Simon avec un léger mouvement de surprise. Il s'assit à une petite table et appela :

« Garçon! »

Un garçon s'empressa d'accourir.

« Non, ce n'est pas vous, mon ami, que je demande; je veux être servi par Simon. »

Le garçon s'éloigna un peu surpris, et avertit Simon qu'un étranger le demandait.

SIMON.

Monsieur me demande? Qu'y a-t-il pour le service de monsieur?

L'ÉTRANGER.

Oui, Simon, c'est vous que j'ai demandé; apportez-moi deux côtelettes aux épinards et un œuf frais.

Simon partit et revint un instant après, apportant les côtelettes commandées.

SIMON.

Monsieur me connaît donc?

L'ÉTRANGER.

Très-bien, mon ami. Simon Dutec, fils de la veuve Hélène Dutec.

SIMON, *surpris*.

Pardon, monsieur; je ne me remets pas le nom de monsieur.

L'ÉTRANGER.

Rien d'étonnant, Simon; vous ne l'avez jamais entendu et vous ne m'avez jamais vu.

SIMON.

Mais alors.... Comment ai-je l'honneur d'être connu de monsieur?

L'ÉTRANGER.

Ah! c'est mon secret. Je viens de votre pays; j'ai vu

Kérantré. (*Simon fait un geste de surprise.*) J'ai vu la bonne Hélène, et je veux voir mon petit ami Jean.

SIMON.

Mais, monsieur.... veuillez m'expliquer....

Jean entrait dans ce moment ; il apportait un potage et un œuf frais à un habitué.

L'ÉTRANGER.

Le voilà, ma foi, le voilà ! Sac à papier comme il est déluré ! Joli garçon, ma parole ! Tais-toi, mon ami Simon, tais-toi ! Amène-le de mon côté, et dis-lui de m'apporter une bouteille de bière.

Simon, fort intrigué, donna à Jean l'ordre d'apporter de la bière à la table n° 6.

Jean apporta la bière, la posa sur la table, regarda le monsieur et poussa un cri.

« Monsieur le voleur ! Quel bonheur ! le voilà. »

A ce cri, les garçons se retournèrent, la dame du comptoir répéta le cri de Jean, les habitués se levèrent, le plus résolu courut à la porte pour la garder ; Simon resta stupéfait, et Jean saisit la main du voleur qui se leva en riant aux éclats.

« Très-bien, mon petit Jean, c'est ce que j'attendais ! Oui, messieurs, je suis, comme le dit Jean, un voleur.... mais un voleur pour rire, ajouta-t-il en voyant les garçons et les habitués s'avancer vers lui avec des visages et des poings menaçants. J'ai fait le voleur pour donner de la prudence à ces enfants, qui comptaient leur argent sur la grande route, le long d'un bois. A propos, Jean, où est donc le pleurard que je n'aimais pas, ton cousin Jeannot ?

JEAN.

Chez un épicier ici à côté, monsieur, dans la rue de Rivoli.

8

L'ÉTRANGER.

Un épicier ! Quelle chance ! Moi, tout juste, qui déteste les épiciers !... Eh bien ! Simon, me connais-tu maintenant !

SIMON.

Je crois bien, monsieur, sauf que je ne sais pas votre nom. Jean m'a tout conté, et je suis bien content de vous voir, monsieur.

Les habitués s'étaient remis à manger et les garçons à servir; tous riaient plus ou moins de leur méprise. La dame du comptoir comptait son argent pour s'assurer que, dans la bagarre, sa caisse n'avait subi aucun déficit. Rassurée sur ce point, elle écouta avec intérêt la conversation de Jean et de l'étranger.

« Comment as-tu fait pour arriver si tôt? demanda M. Abel. Vous deviez être un mois en route.

JEAN.

Oui, monsieur; mais nous avons rencontré un excellent M. Kersac, fermier près de Sainte-Anne; il nous a menés en carriole jusqu'à VANNES, puis jusqu'à MALANSAC, puis il nous a payé nos places au chemin de fer jusqu'à Paris, de sorte que nous y étions avant vous, monsieur.

L'ÉTRANGER, *souriant*.

Et ce brave Kersac, avait-il pris goût pour Jeannot?

JEAN, *souriant*.

Pas trop, monsieur. Ce pauvre Jeannot a continué à se lamenter de son guignon.

L'ÉTRANGER.

Guignon! Il devrait dire maussaderie, humeur! C'est étonnant comme ce pleurard me déplaît.... Pourquoi n'as-tu pas dit mon nom à Simon?

JEAN.

C'est que je ne le savais pas, monsieur.

« Je suis un voleur, mais un voleur pour rire. » (Page 113.)

L'ÉTRANGER.

Comment? Je l'avais écrit sur un papier que je t'ai mis dans ta bourse.

JEAN.

Et moi qui ne l'ai pas vu!... Il est vrai que je n'ai pas eu occasion d'ouvrir ma bourse depuis que je vous ai quitté. Mais que je suis donc content de vous revoir, monsieur? Et où logez-vous?

L'ÉTRANGER.

A l'hôtel *Meurice*, à deux pas d'ici.

JEAN.

Tant mieux! Nous nous verrons souvent.

L'ÉTRANGER.

Tous les matins; je viendrai déjeuner ici. »

L'étranger avait fini son repas; il paya, donna à Jean une pièce de vingt sous en guise de pourboire, donna à Simon son nom et son adresse : M. ABEL, hôtel *Meurice*, et sortit.

Il se dirigea vers la rue de Rivoli, et marcha jusqu'à ce qu'il eût aperçu la boutique d'un épicier; il y jeta un coup d'œil, reconnut Jeannot, continua son chemin, puis il revint sur ses pas, mit son chapeau en Colin, comme un Anglais, allongea sa figure, prit un air roide et compassé, marcha les pieds un peu en dedans, les genoux légèrement pliés, et entra chez l'épicier. Il resta immobile.

PONTOIS.

Monsieur veut quelque chose?

M. ABEL, *avec un accent anglais très-prononcé et très-solennel*.

Hôtel.... *Meurice?*

PONTOIS.

Hôtel *Meurice*, milord? C'est ici près, milord; suivez les arcades.

M. ABEL, *même accent.*

Hôtel.... *Meurice?*

PONTOIS.

Ici, monsieur! Là! tout près d'ici. La douzième porte.

Hôtel.... *Meurice.* (Page 118.)

M. ABEL, *de même.*

Hôtel.... *Meurice?*

PONTOIS.

Il ne comprend donc pas, ou bien il est sourd. Là, monsieur, là! Vous voyez bien! là! là! devant vous!

M. ABEL.

Hôtel.... *Meurice?*

PONTOIS.

Ces diables d'Anglais, c'est bête comme tout! Ils ne comprennent même pas le français! Dis donc, Jeannot, mène-le à son hôtel *Meurice*; ce sera plus tôt fait.

Jeannot sortit faisant signe à l'Anglais de le suivre. L'Anglais suivit; aux questions que lui adressa Jeannot, il répondait avec le même flegme :

« Hôtel.... *Meurice?* »

Ils y arrivèrent promptement; l'Anglais le dépassa, marchant droit devant lui.

Jeannot courut après lui.

JEANNOT.

Par ici, m'sieu! Par ici! Vous l'avez dépassé.

M. ABEL.

Hôtel.... *Meurice?*

JEANNOT.

C'est ici, votre hôtel *Meurice*. Vous ne voyez donc pas? Vous êtes en face, en plein! Là! sous votre nez!

M. ABEL, *reprenant sa voix naturelle*.

Merci, épicier.

En même temps il lui enfonça à deux mains sa casquette sur les yeux; de sorte qu'il put entrer à l'hôtel et disparaître avant que sa victime se fût dépêtrée de sa casquette. Jeannot regarda autour de lui et retourna à l'épicerie, fort en colère d'avoir été joué par un mauvais plaisant. Quand il rentra et qu'il raconta son aventure, tout le monde se moqua de lui, ce qui ne lui rendit pas sa belle humeur; il se trouva malheureux et mal partagé.

« Quand je pense à Jean, quelle différence entre lui et moi! Comme sa position est agréable! Et quels pourboires on lui donne! Et moi, personne ne me donne rien! Mon ouvrage est sale, désagréable et fatigant! Je suis bien malheureux! Rien ne me réussit! »

Jean et Simon ne voyaient pas souvent Jeannot, parce qu'ils avaient beaucoup à faire dans la journée; c'était la belle saison; il faisait chaud; on venait déjeuner de bonne heure et prendre des rafraîchissements matin et soir jusqu'à une heure assez avancée;

« Merci, épicier! » (Page 119.)

ensuite, il fallait tout laver, essuyer, ranger. Souvent à minuit, Simon n'était pas encore couché. Quant à Jean, vu sa grande jeunesse, Simon avait obtenu qu'on l'envoyât se coucher à dix heures, de sorte que, sans être trop fatigué, il n'avait que bien rarement la possibilité d'aller voir Jeannot.

Le dimanche, Simon et Jean se levaient de grand matin et allaient à la messe de six heures. Ils avaient proposé à Jeannot d'aller le prendre; il les accompagna à la messe les premiers dimanches; puis il trouva que c'était trop matin; il préférait dormir et aller à la messe de dix heures, de midi ou même pas du tout; de sorte qu'il vit de moins en moins Simon et Jean.

Au café, il n'y a pas de dimanche pour les garçons; c'est au contraire le jour où il y a le plus à faire, le plus de monde à servir. Pourtant, Simon ayant mis pour condition de son entrée et de celle de son frère, qu'ils iraient à l'office du soir de deux dimanches l'un, Jean y allait une fois et Simon la fois d'après. Cette condition, demandée, presque imposée par Simon, avait d'abord surpris et mécontenté le maître du café, mais en voyant le service régulier, consciencieux de Simon, ensuite de Jean, il prit les deux frères en grande estime, il eut confiance en eux, et il comprit que, pour avoir des serviteurs honnêtes et sûrs, il était bon d'avoir des serviteurs chrétiens.

En outre, Simon et Jean plaisaient beaucoup aux habitués et même aux allants et venants, ils exécutaient les ordres qu'on leur donnait, sans bruit, sans agitation; chacun était servi comme il l'aimait, comme il le désirait; quelquefois les habitués faisaient causer Jean, dont l'entrain, l'esprit et la bonne humeur excitaient la gaieté de ceux qui le questionnaient.

CHAPITRE X.

SUITE DES DÉBUTS DE M. ABEL ET DE JEANNOT.

De tous les habitués, celui que Jean servait et entretenait avec le plus de plaisir, était M. Abel, qui avait son cabinet particulier, et qui était servi tout particulièrement à cause de sa consommation régulière et largement payée.

Un jour, M. Abel le questionna sur Jeannot.

« Est-il content chez son épicier? dit-il.

JEAN.

Pas toujours, monsieur; la semaine dernière, il était en colère contre un prétendu Anglais qui l'a fait promener et enrager, et qui n'était pas plus Anglais que vous et moi, monsieur. Son maître et les garçons se sont moqués de lui; Jeannot s'est mis en colère; on l'a turlupiné, il s'est fâché plus encore; le patron l'a houspillé et taquiné, Jeannot leur a dit des sottises; le patron s'est fâché tout de bon; il lui a tiré les cheveux et les oreilles, et l'a renvoyé d'un coup de pied, avec du pain sec pour souper.

M. ABEL.

Ah! ah! ah! la bonne farce! Et sait-on qui était ce faux Anglais?

JEAN.

Non, monsieur; personne ne le connaît.

M. ABEL.

Bon! Il faudra tâcher de le retrouver, pourtant.

JEAN.

Il vaut mieux le laisser tranquille, monsieur. Il n'a fait de mal à personne; il s'est un peu amusé, mais il n'y avait pas de quoi se fâcher.

M. ABEL.

Tu n'en veux donc pas à ce farceur?

JEAN.

Oh! pour ça non, monsieur!

M. ABEL.

Allons, tu es un bon garçon; tu comprends la plaisanterie. Pas comme Jeannot, qui rage pour un rien. »

Peu de jours après, M. Abel se dirigea encore vers l'épicerie de Jeannot; il n'avait pas la même apparence que les jours précédents; sur sa redingote, il avait une blouse à ceinture, autour du visage un mouchoir à carreaux; sur la tête une casquette d'ouvrier et son chapeau à la main. Il tenait une grande marmite. Il s'arrêta devant l'épicerie, entra et demanda, avec l'accent auvergnat :

« Du raishiné, ch'il vous plaît?

UN GARÇON.

Pour combien, monsieur?

— De quoi remplir la marmite, mon garchon.

LE GARÇON.

Voilà, m'sieur; un franc cinquante.

L'AUVERGNAT.

Marshi! Voishi l'argent. »

124 JEAN QUI GROGNE ET JEAN QUI RIT.

Le garçon alla au comptoir et tournait le dos à la porte. Jeannot bâillait à l'entrée.

L'AUVERGNAT.

Vlan! s'hest pour toi, sha.

Et l'Auvergnat coiffe Jeannot de la marmite pleine; le raisiné coule sur la figure, le dos, les épaules de

Du raishiné ch'il vous plaît. (Page 123.)

Jeannot. Avant qu'il ait eu le temps de crier, d'enlever sa coiffure, M. Abel avait disparu; en deux secondes il s'était débarrassé de son mouchoir, de sa blouse, de sa casquette; il avait mis son chapeau sur sa tête; il avait roulé la blouse et le reste, et avait jeté le tout dans une allée au tournant de la rue. Il fit quelques pas encore, retourna du côté de l'épicier, s'arrêta devant la boutique et demanda la cause du tumulte et du rassemblement qu'il y voyait.

UN BADAUD.

C'est un mauvais garnement qui a coiffé un des garçons d'une terrine de raisiné, monsieur; le pauvre

V'lan, s'hest pour toi sha. (Page 124.)

garçon est dans un état terrible; tout poissé et aveuglé, les cheveux collés, les habits abîmés!

— Oh! oh! c'est grave, ça! dit M. Abel en entrant.

Les garçons, le maître, la dame du comptoir, entouraient le malheureux Jeannot, le débarbouillaient, l'arrosaient, l'inondaient, l'épongeaient. Les garçons riaient sous cape, la dame du comptoir leur faisait de gros yeux, M. Pontois n'oubliait pas ses intérêts et gardait l'entrée, afin que quelque filou ne pût se glisser dans l'épicerie.

M. Abel entra en conversation avec la dame du comptoir, qui lui expliqua ce qui s'était passé.

MADAME PONTOIS.

Le pis de l'affaire, monsieur, c'est que les vêtements du pauvre garçon ne peuvent plus resservir, et qu'il lui faudra trois mois de gages pour les remplacer.

M. ABEL.

En vérité ! Ses gages sont donc bien misérables ?

MADAME PONTOIS.

Dix francs par mois, monsieur.... Dame ! des enfants de cet âge, ça ne sait rien, ça brise tout.

Jeannot ayant été suffisamment arrosé, dépoissé, essuyé et rhabillé avec une blouse qui ne lui allait pas, un gilet qui croisait d'un pied sur son estomac, une chemise qui en eût contenu deux comme lui, Jeannot, disons-nous, leva les yeux et acheva de reconnaître M. Abel, que sa voix lui avait déjà fait deviner à moitié.

« Monsieur le voleur ! » s'écria-t-il.

L'effet produit par cette exclamation fut exactement le même que dans le café de Jean. M. Pontois ferma et garda la porte ; les garçons levèrent les mains pour saisir M. Abel au collet ; la dame du comptoir se réfugia près de sa caisse en poussant un cri perçant. M. Abel croisa les bras et resta immobile, regardant Jeannot, qui, d'un mot, aurait pu justifier M. Abel, mais qui gardait le silence et le regardait à son tour d'un air moqueur et triomphant.

Les cris de la dame du comptoir attirèrent des ser-

« Monsieur le voleur ! » s'écria-t-il. (Page 126.)

gents de ville; ils se firent ouvrir la porte, s'informèrent de la cause des cris de madame. M. Pontois et les garçons expliquèrent si bien l'affaire, que les sergents de ville se mirent en devoir d'arrêter le *voleur*. Jeannot se pavanait dans son triomphe.

M. ABEL.

Laissez donc, mes braves amis, je ne suis pas plus voleur que vous. Le voleur prend, et moi je donne. Ainsi, vous voyez ce mauvais garnement, nommé Jeannot?

M. PONTOIS.

Comment, vous connaissez Jeannot?

M. ABEL.

Si je le connais, ce pleurnicheur, ce hérisson! Je lui ai donné un bon déjeuner à AURAY et des provisions pour sa route. Mais, finissons cette plaisanterie. J'étais entré pour payer les vêtements perdus de Jeannot. Tenez, monsieur Pontois, voici quarante francs; une blouse, un gilet et une chemise ne valent pas plus de vingt francs, le reste sera pour Jeannot en compensation de l'arrosement qu'il a dû subir. Et, à présent, je me retire.

— Mais, monsieur, dit un sergent de ville, je ne sais si je dois vous laisser en liberté; car enfin, ce garçon, qui vous a reconnu pour un voleur, ne dit rien, et....

M. ABEL.

Et c'est le tort qu'il a; je vais parler pour lui.

M. Abel raconta en peu de mots sa rencontre avec les enfants, la leçon de prudence qu'il leur avait donnée, et l'ignorance où étaient ces enfants de son nom.

« Au reste, ajouta-t-il, venez m'accompagner et me tenir compagnie jusqu'au café Métis, vous verrez si j'y suis connu. »

9

Les sergents de ville voulurent se retirer en faisant leurs excuses, mais M. Abel exigea qu'ils l'accompagnassent jusqu'au café. Il y fit son entrée avec cette escorte, mena ses gardiens improvisés à Simon, qui, en l'apercevant ainsi accompagné, s'élança vers lui pour avoir des explications.

M. ABEL, *riant.*

Halte-là, mon ami Simon, je pourrais te compromettre! Ces messieurs me prennent pour un voleur! J'ai vu Jeannot qui a crié *au voleur*, comme mon petit Jean, et je viens à toi pour me disculper.

SIMON.

Comment, sergents, vous ne connaissez pas monsieur, qui est du quartier? Je le garantis, moi. C'est un de nos habitués, et j'en réponds comme de moi-même.

M. ABEL.

Merci, Simon. Je me réclamerai de toi dans tous les embarras où je me mets sans cesse par amour de la farce. Et vous, messieurs les sergents de ville, vous allez accepter un café.

Et, sans attendre leur réponse :

« Trois cafés et un flacon de cognac! » cria-t-il.

Simon sortit en riant; quand il rentra, il trouva M. Abel attablé avec les sergents de ville; ils paraissaient fort contents de la fin de l'aventure; ils savourèrent le café et le cognac jusqu'à la dernière goutte; ils saluèrent M. Abel en lui renouvelant leurs excuses et leurs remercîments, et ils retournèrent à leur poste qu'ils avaient abandonné pour affaire de service.

CHAPITRE XI.

LE CONCERT.

Un matin, M. Abel trouva Jean plus agité, plus empressé que de coutume.

M. ABEL.

Il paraît qu'il y a du nouveau, Jean; tu as l'air de vouloir éclater d'un accès de bonheur.

JEAN.

Je crois bien, monsieur! Il y a de quoi. M. Pontois, l'épicier de Jeannot, donne une soirée, un concert; il nous a invités Simon et moi, et M. Métis veut bien nous permettre d'y aller.

M. ABEL.

Tant mieux, mon ami, tant mieux. Et as-tu de quoi t'habiller?

JEAN.

Je crois bien, monsieur; Simon me prête un habit et un gilet qui lui sont devenus trop étroits, et un pantalon auquel Mme Métis veut bien faire un rempli de six pouces pour le mettre à ma taille.

M. ABEL, *riant*.

Mais, mon pauvre garçon, tu flotteras dans tes habits comme un goujon dans un baquet.

JEAN.

Ça ne fait rien, monsieur. Il vaut mieux être trop à l'aise que trop à l'étroit. Je m'amuserai bien tout de même. De la musique! Jugez donc! moi qui n'en ai jamais entendu. Et puis des rafraîchissements! moi qui n'en ai jamais bu. Et des échaudés! des macarons! du vin chaud!

M. ABEL, *souriant*.

Écoute, Jean; sais-tu que ce que tu m'en dis me fait venir l'eau à la bouche. C'est que j'ai bien envie d'y aller! Ne pourrais-tu pas me faire inviter avec un de mes amis, M. Caïn?

JEAN.

Mais je pense bien qu'oui, monsieur. Je vais demander à Simon: Dis donc, Simon, peux-tu faire inviter M. Abel à la soirée de M. Pontois?

SIMON.

Je suis bien sûr que M. Pontois ne demandera pas mieux; qu'il sera fort honoré d'avoir M. Abel.

JEAN.

C'est qu'il faut aussi faire inviter son ami, M. Caïn.

SIMON.

M. Caïn!

Simon regarda d'un air surpris M. Abel, qui souriait de l'étonnement de Simon; mais, reprenant son sérieux :

M. ABEL.

Oui, Simon, mon ami Caïn; cela te paraît drôle que Caïn soit ami d'Abel? C'est pourtant vrai. Je ne vais pas dans le monde sans lui. C'est un grand musicien; nous faisons de la musique ensemble.

Les invités commencèrent à arriver. (Page 135.)

SIMON.

Bien, monsieur; je donnerai réponse à monsieur demain; elle est facile à deviner. C'est un grand honneur que nous fait monsieur.

M. Abel, très-content de l'invitation promise, questionna beaucoup Jean sur la soirée projetée, le monde qui y serait, etc.

Le lendemain, Simon annonça à M. Abel que M. et Mme Pontois se trouvaient fort honorés d'avoir M. Abel et son ami M. Caïn, et que, s'il voulait mettre le comble à ses bontés, ce serait de leur chanter quelque chose.

« Nous verrons, nous verrons, répondit M. Abel d'un air assez indifférent. Peut-être, si je suis en voix. »

Simon fut aussi enchanté que Jean de cette demi-promesse, qu'il communiqua le soir même à M. et à Mme Pontois.

La soirée devait avoir lieu le surlendemain dimanche. A huit heures, l'appartement de l'entre-sol était éclairé, illuminé *à giorno*; il se composait d'une petite entrée, d'une salle ou salon avec deux fenêtres donnant sur la rue de Rivoli, et d'une chambre à coucher où étaient les rafraîchissements; deux lampes Carcel éclairaient le côté de la cheminée; quatre bougies illuminaient le côté opposé; un quinquet de chacun des côtés restants complétait l'éclairage.

Les rafraîchissements se composaient d'eau sucrée, d'eau rougie, de bière, de tartines de pain et de beurre, d'échaudés, de macarons, de pruneaux et raisins secs, d'amandes, de noisettes, de pâte de réglisse et de guimauve, de sucre d'orge et de sucre candi.

Les invités commençaient à arriver. Simon et Jean avaient été des premiers. Jean flottait (comme l'avait dit M. Abel) dans les habits de Simon. Et Simon, au contraire, était ficelé dans les siens, achetés depuis longtemps et avant qu'il eût pris du corps. Jeannot avait une veste, un gilet, un pantalon loués pour la soirée; mais ils étaient si heureux des plaisirs de cette réunion, qu'ils ne songeaient pas à l'effet que produisaient leurs vêtements.

M. Abel arriva et présenta son ami, M. Caïn; tous deux étaient en grande tenue de soirée, gants paille, cravates blanches, gilets blancs, vêtements noirs. On les attendait pour commencer le concert. Quelques dames miaulèrent quelques romances; quelques messieurs hurlèrent quelques grands airs; on mangea, on but; Jean et Jeannot s'en donnaient, et ne s'éloignaient pas de la table des rafraîchissements.

La soirée était fort avancée, et Caïn et Abel n'avaient pas encore chanté.

« Monsieur, dit Mme Pontois en s'approchant de M. Abel, on nous avait fait espérer que vous voudriez bien chanter quelque chose.

M. ABEL, *avec hésitation.*

Oui, madame.... Mais, je ne chante jamais seul.... Caïn m'accompagne toujours.... et.... je dois vous prévenir que nous avons des voix si puissantes.... que.... ce ne serait peut-être pas prudent.... de tenir les fenêtres fermées.... Les vitres pourraient se briser....

— Mais qu'à cela ne tienne, monsieur. Pontois, ouvre les fenêtres.

— Comment? Pourquoi? »

L'explication que donna Mme Pontois courut tout le salon; la curiosité était vivement excitée. M. Abel s'approcha du piano; M. Caïn s'assit pour accompagner. Après quelques minutes de préparatifs, de gammes préludantes, de petites notes brillantes, un accord

« Gredin ! Assassin ! A la garde ! » (Page 139).

formidable se fit entendre; un cri puissant y répondit, et alors commença un duo comme on n'en avait jamais entendu. Les deux chanteurs hurlèrent d'un commun accord, de toute la force de leurs poumons et en s'accompagnant d'un tonnerre d'accords :

« Au voleur! au voleur! A la garde! à l'assassin! On m'égorge! Au secours! Oh! là! là! Oh! là! là!... Tu périras! tu périras! Gredin! Assassin! A la garde! A la garde! Oh! là! là! Oh! là! là! »

Des cris du dehors répondirent aux hurlements du dedans; M. et Mme Pontois, éperdus, criaient aux chanteurs d'arrêter; les cris du dehors devenaient menaçants; M. Pontois courut fermer les fenêtres; des coups frappés à la porte d'entrée, des ordres impérieux d'ouvrir, les cris des invités qui demandaient du silence, les hurlements obstinés des chanteurs, mirent en émoi tous les habitants de la maison; ils se joignirent aux gens du dehors pour forcer l'entrée, et lorsque enfin M. Pontois, effrayé du tumulte extérieur et craignant une invasion par les fenêtres, se décida à ouvrir la porte d'entrée, une avalanche d'hommes, de femmes, d'enfants se précipita dans l'appartement; le tumulte, le désordre furent à leur comble; Abel et le prétendu Caïn en profitèrent pour quitter le champ de bataille, et se trouvèrent dans la rue, riant aux éclats de leurs chants improvisés et discordants. En arrivant dans la rue, ils arrêtèrent une escouade de sergents de ville qui accouraient au secours des victimes égorgées; ils leur expliquèrent la cause de tout ce bruit.

« C'est une plaisanterie qui aurait pu devenir fâcheuse, dit un des sergents de ville.

— N'est-ce pas? Ça n'a pas de bon sens, dirent en chœur Caïn et Abel. Aussi nous avons quitté la partie; les salons sont pleins, on y étouffe. C'est à n'y pas tenir. »

Les deux amis s'en allèrent enchantés de leur succès.

« Je déteste les épiciers, dit Abel.

CAÏN.

Pourquoi les détestes-tu? Qu'est-ce qu'ils t'ont fait?

ABEL.

Rien du tout; mais leurs airs goguenards, impertinents, leur aisance, leur sans-gêne, leur esprit et leur langage épicé, tout cela m'impatiente, et j'ai toujours envie de leur jouer des tours.

CAÏN.

Je t'assure, mon cher, que tu as tort; les épiciers sont comme les autres hommes, il y en a de bons, il y en a de mauvais.

ABEL.

C'est possible! Mais, que veux-tu? je ne les aime pas. »

L'ami leva les épaules en riant, et ne dit plus rien sur ce sujet.

CHAPITRE XII.

LA LEÇON DE DANSE.

Quelque temps après, Jean dit un matin à M. Abel, en lui servant son déjeuner :

« Monsieur aurait-il envie d'aller au bal?

M. ABEL.

Au bal? Eh! ce ne serait pas de refus. Quelle espèce de bal? Chez qui?

JEAN.

Un très-beau bal, monsieur. On dansera, et Simon m'a déjà fait voir comment on dansait ; nous dansons le soir dans notre petite chambre là-haut ; c'est bien amusant, monsieur, allez. Savez-vous danser?

M. ABEL, *avec une feinte tristesse.*

Hélas! non. Si tu voulais me montrer comment on fait?

JEAN.

Très-volontiers, monsieur ; mais où danserons-nous?

M. ABEL, *avec empressement.*

Ici, entre les tables. Il n'y a personne.

JEAN.

Mais, monsieur, on pourrait nous voir du dehors.

M. ABEL.

Et quand on nous verrait? Il n'est pas défendu de danser; quel mal y a-t-il à danser?

JEAN.

Aucun, monsieur.... certainement.... mais ce sera tout de même un peu drôle de nous voir danser tous les deux.

M. ABEL.

Bah! je prends tout sur mon dos. Si on n'est pas content, c'est moi qui répondrai; et si on rit de nous, nous nous moquerons d'eux. Allons, commençons. »

M. Abel se leva, se plaça au milieu du café et se mit en position. Jean se mit en face et commença à sauter ou plutôt à ruer, en lançant ses pieds en avant, en arrière, à droite et à gauche.

« Commencez donc, monsieur. Sautez plus fort.... Plus haut encore!.... C'est bien! Lancez le pied droit.... le pied gauche.... en avant.... en arrière.... Très-bien. »

M. Abel, qui avait commencé en souriant et avec une gaucherie affectée, finit par rire et par s'animer de telle façon, que les passants s'attroupèrent près des portes et fenêtres; les croisées étaient obstruées par les têtes collées contre les vitres. Jean vit bientôt qu'il avait affaire à son maître en fait de danse; M. Abel faisait des entrechats, des pirouettes, des pas mouchetés, des pas de Zéphyr, des pas de Basque, que Jean cherchait vainement à imiter.

Jean s'animait et ne se lassait pas; M. Abel riait à se tordre, et redoublait de vigueur, de souplesse et de légèreté. Le public du dehors applaudissait et riait; ceux de derrière, qui ne voyaient pas, cherchaient à

M. Abel faisait des pas de Basque. (Page 142.)

voir en poussant ceux de devant. La foule devint si compacte, que les sergents de ville arrivèrent pour en connaître la cause.

« Voyez, sergent, voyez vous-même. Tenez, tenez, voyez donc comme le grand est leste ; le voilà qui a sauté par-dessus le petit.... Et le petit qui s'essaye ; le pataud ! Le voilà par terre ! Ah ! ah ! ah ! »

Et la foule de rire. Les sergents de ville riaient aussi.

UN SERGENT.

Messieurs, vous encombrez le passage ; passez, messieurs, mesdames ; passez.

AUTRE SERGENT, *cherchant vainement à dissiper la foule.*

Il faut faire finir ces danseurs ; tant qu'ils seront là à faire leurs gambades, nous ne viendrons pas à bout de la foule. Tiens, vois donc, en voici qui reviennent, et en voilà d'autres qui s'arrêtent. Entre dans le café, Scipion, et dis-leur de finir leurs évolutions. »

Scipion ouvrit la porte, entra, toucha son chapeau, et, s'adressant à M. Abel en souriant :

« Monsieur, bien fâché de vous déranger, mais je vous prie de vouloir bien vous reposer, car la foule s'est amassée, comme vous voyez ; elle gêne la circulation, et nous sommes obligés de faire circuler, ce qui est difficile tant que vous serez en représentation.

M. ABEL.

Très-volontiers, mon brave sergent ; aussi bien j'en ai assez ; j'ai chaud et soif. »

Et, s'asseyant à une table :

« Garçon, deux cafés et du cognac.... Asseyez-vous donc, sergent ; je régale.

LE SERGENT.

Mais, monsieur, mon camarade m'attend dehors.

M. ABEL.

Eh bien! chassez la foule, donnez-leur des coups de pied, des coups de poing, n'importe, tapez avec tout ce qui vous tombera sous la main, et revenez avec votre camarade prendre une tasse de café et un petit verre.

LE SERGENT.

Mais, monsieur, je ne sais pas si nous pourrons.

M. ABEL.

On peut toujours! C'est si vite fait d'avaler une tasse et un petit verre. Je vous attends. »

Le sergent de ville sortit fort content, et rentra plus content encore amenant son camarade.

Pendant ce temps, Jean avait apporté, d'après l'ordre de M. Abel, deux autres tasses et du kirsch.

M. ABEL.

Allons, messieurs, en place; je régale.

Le second sergent fit une exclamation de surprise.

« Comment, monsieur, encore vous? »

M. Abel le regarda.

« Tiens, c'est vous, sergent! »

Et, s'adressant au premier :

« Votre camarade et moi nous sommes de vieux amis; il m'avait pris au collet comme voleur chez un épicier, il y a quelque temps, et je l'ai régalé d'un café.

PREMIER SERGENT.

Voleur! Voleur! Et tu as laissé aller monsieur?

M. ABEL.

C'est que j'étais un voleur pour rire; soyez tranquille, votre camarade est un brave des braves; il ne manquera jamais à son devoir; il arrêterait plutôt dix innocents que de relâcher un seul coupable! »

Les sergents rirent de bon cœur.

« Monsieur est un farceur, dit le premier sergent;

mais il faut tout de même prendre garde, monsieur; il y en a parmi nous qui n'aiment pas qu'on les mystifie, et qui pourraient bien, par humeur, vous emmener au poste.

M. ABEL.

Eh bien! le grand malheur! Je régalerais le poste! Je le griserais! Je lui ferais faire la manœuvre! Ce serait charmant!

DEUXIÈME SERGENT.

Et la correctionnelle au bout de tout ça, monsieur? Pour le soldat, c'est pis encore; le cachot et le code militaire.

M. ABEL.

Nous n'irions pas si loin, sergent! Je connais mon code, et je sais jusqu'où on peut aller. Allons, à revoir, sergents! et au café, c'est plus agréable que le poste; et c'est toujours moi qui régale. »

Les sergents remercièrent et sortirent.

PREMIER SERGENT.

On voudrait avoir tous les jours à faire à des gens comme cet original!

DEUXIÈME SERGENT.

Oui, mais quel farceur! Cette idée de nous régaler! Il est bon garçon tout de même.

PREMIER SERGENT.

Je crois bien que c'est lui qui a fait l'autre soir la farce du concert chez l'épicier. D'après ce qu'en disait l'épicier, ce devait être lui.

DEUXIÈME SERGENT.

Et quand ce serait lui, il n'y a pas eu grand mal.

PREMIER SERGENT.

Ma foi! il les a tous mis sens dessus dessous. L'épicière s'est trouvée mal; les femmes criaient. C'était une vraie comédie.

DEUXIÈME SERGENT.

Et assez drôle, tout de même. L'épicier était-il en colère! Et le petit épicier, qui pleurait comme un imbécile!

PREMIER SERGENT.

Ah! oui; cette espèce de Jocrisse qu'on appelle *Jeannot*.

Pendant que les sergents causaient dehors, M. Abel faisait boire à Jean une tasse de café, dans laquelle il avait versé du kirsch. Jean avait chaud. Le café et le kirsch lui firent grand bien et surtout grand plaisir. Le café commençait à se remplir; les habitués arrivaient.

M. ABEL.

Dis donc, Jean, tu ne m'as pas dit chez qui nous aurions un bal?

JEAN.

Monsieur, c'est chez des gens très-comme il faut; des marchands de meubles d'occasion, amis de M. Pontois, qui ont un grand appartement dans la rue Saint-Roch.

M. ABEL.

Beau quartier! Belle rue!

JEAN.

Le quartier est beau, c'est vrai, mais je demande pardon à monsieur si je ne suis pas de son avis quant à la rue. Je ne la trouve pas belle, moi.

M. ABEL.

C'est que tu n'as pas de goût, mon ami; vois donc quels avantages on y trouve. D'un côté à l'autre de la rue on peut se donner des poignées de main sans se déranger; le soleil ne vous y gêne jamais; dans l'été, on y a frais comme dans une cave; il fait tellement sombre dans les appartements, que les yeux s'y conservent jusqu'à cent ans. Ce sont des avantages, de grands avantages, qu'on trouve de moins en moins dans Paris.

Jean le regardait moitié étonné, moitié souriant.

« Vous vous moquez de moi, monsieur, dit-il enfin.

M. ABEL, *souriant*.

De toi, mon garçon? jamais. De la rue, je ne dis pas; c'est une sale rue que je ne voudrais pas habiter pour un empire. Et comment s'appelle notre richard qui nous fera danser dimanche?

JEAN.

M. Amédée, monsieur. Un gros marchand! Du haut commerce, celui-là? Qui a une dame et deux jolies demoiselles; l'aînée surtout est bien bonne, bien aimable.

M. ABEL.

Comment les connais-tu?

JEAN.

Parce que Simon y va quelquefois le dimanche après vêpres, ou bien quand le café est fermé, et que les Amédée ont du monde chez eux. Il m'y a mené; c'est bien beau, monsieur!

M. ABEL.

Quel âge a la demoiselle aînée? Et la petite?

JEAN.

L'aînée approche de dix-neuf ans, monsieur; l'autre, de seize à dix-sept.

M. ABEL.

L'aînée irait bien à Simon.

JEAN.

Oh! monsieur, Simon n'a que vingt-trois ans; il ne se mariera pas avant quatre ou cinq ans d'ici. Il faut qu'il amasse un peu d'argent pour avoir de quoi entrer en ménage; on ne lui donnerait pas Mlle Aimée sans cela.

M. ABEL.

Combien lui faut-il?

JEAN.

Il lui faut bien deux à trois mille francs, monsieur. Mais il a maman à soutenir; maintenant que nous voilà deux à gagner, cela ira plus vite.

M. ABEL.

Est-ce que tu ne gardes pas ce que tu gagnes?

JEAN.

Pour ça non, monsieur; je donne tout à Simon, qui fait comme il veut. Il envoie à maman là-dessus. »

Il y avait beaucoup de monde au café. Simon appela Jean pour aider au service; la conversation avec M. Abel fut interrompue. Celui-ci resta encore quelque temps au café; il regardait sans voir, et il n'entendait pas ce qui se disait autour de lui. Il se retira enfin, et sortit tout pensif, se dirigeant vers les Tuileries, où il acheva d'arranger dans sa tête l'avenir de Simon.

« Il faut qu'il paraisse au bal à son avantage, se dit-il, et mon petit Jean aussi. »

CHAPITRE XIII.

LES HABITS NEUFS.

Le lendemain, quand M. Abel vint déjeuner au café, Jean accourut tout joyeux :

« Monsieur, monsieur, savez-vous le bonheur qui nous arrive à Simon et à moi?

M. ABEL.

Non; comment veux-tu que je le sache?

JEAN.

Hier dans l'après-midi, monsieur, il est venu un beau monsieur qui nous a demandés, Simon et moi; il nous attendait chez le portier. On n'avait pas besoin de nous au café, c'est l'heure où il y a le moins de monde. Nous y sommes allés; le beau monsieur nous a dit qu'il venait prendre mesure pour nous faire des habits neufs; Simon a refusé....

M. ABEL, *contrarié*.

Pourquoi cela? Il devait accepter.

JEAN.

Mais, monsieur, il ne voulait pas dépenser tant d'argent.

M. ABEL, *de même.*

Mais puisqu'on les lui donnait.

JEAN.

Tiens ! Comment avez-vous deviné ça ? Ce monsieur nous dit qu'il avait ordre de nous habiller, qu'il était payé d'avance.... et je ne sais quoi encore.... Simon hésite ; le monsieur lui dit que ses ordres sont de faire les habits, sous peine de perdre la pratique. Simon demande qui c'est et pourquoi c'est. Le monsieur dit que c'est un grand artiste, un peintre, qui est très-bon et très-original ; qu'il nous a vus un jour mal vêtus, et qu'il veut que nous soyons bien habillés. Et il ajoute que si nous ne le laissons pas faire, nous lui faisons perdre sa meilleure pratique. Simon a enfin consenti ; le monsieur nous a pris mesure, et il nous apportera nos habits demain, et nous serons comme des princes le jour du bal de M. Amédée. Il ne manquera qu'une chose, c'est la chaussure, la cravate et le linge ; mais, quant au linge, Simon m'a dit que nous boutonnerions nos habits pour cacher la chemise et dissimuler la cravate. Ce sera très-bien comme ça.

M. ABEL.

Cet imbécile de tailleur ! Comment n'a-t-il pas pensé au linge et aux bottines.

JEAN.

Il ne faut pas injurier ce pauvre homme, monsieur, ce n'est pas sa faute ; il a fait comme on lui a commandé.

M. ABEL.

Tu as raison ; c'est l'autre qui est un sot, un imbécile.

JEAN.

Oh ! monsieur ! Un si bon Monsieur ! qui prend intérêt à nous sans nous connaître, et qui fait une si grande charité et avec tant de bonté et de grâce !

M. ABEL.

Je te dis que c'est un animal. Quand on fait une bonne action, il ne faut pas la faire à demi. La jolie figure que vous ferez avec des habits élégants, des chaussures de porteurs d'eau et une cravate de coton à carreaux.... Et le chapeau, y a-t-on pensé ?

JEAN.

Je ne crois pas, monsieur; mais on ne garde pas son chapeau dans une maison comme il faut, où l'on danse. Nous irons sans chapeau Simon et moi. C'est si près? Avec ça qu'il fera nuit.

M. ABEL.

Et que la rue Saint-Roch n'est déjà pas si éclairée.»

M. Abel déjeuna vite ce jour-là. Il dit à Jean de servir promptement, qu'il était pressé. Jean fit de son mieux, M. Abel aussi, de sorte qu'un quart d'heure après, ce dernier était parti.

Simon et Jean voyaient Jeannot de moins en moins; mais ils savaient qu'il devait aller au bal de M. Amédée.

JEAN.

Pauvre Jeannot, il sera mal habillé, tandis que nous, nous serons si beaux !

SIMON.

Ah bien, il s'amusera tout de même. Nous pourrions lui prêter mes vieux habits que tu avais à la soirée de M. Pontois; ils sont très-bien encore.

JEAN.

Et ils lui iront bien, comme à moi, puisque nous sommes de la même taille.... Si j'allais le lui dire !

SIMON.

Oui, va, mon bonhomme, et ne sois pas longtemps ; il pourrait venir du monde encore, et il y en a déjà pas mal.

JEAN.

Je ne resterai que le temps de lui dire la chose et d'avoir un oui ou un non.

Jean sortit et arriva en courant. En ouvrant la porte, il entendit qu'on se disputait; et il ne tarda pas à voir que c'était M. Pontois qui grondait Jeannot.

M. PONTOIS.

Je te dis que j'en suis sûr; ma femme t'a vu prendre une poignée de dattes et de figues; elle a vu que tu les mangeais.

JEANNOT.

Mais, m'sieur, je les ramassais pour les mettre à la montre.

— Menteur! Voleur! s'écria M. Pontois.

Et, se jetant sur Jeannot, il lui tira une poignée de cheveux, lui donna des claques et des coups de pied, et l'envoya à l'autre bout de la chambre.

M. PONTOIS.

C'est la dixième, la centième fois que tu me voles, petit gueux. Que je t'y prenne encore une fois, et je te mets à la porte comme un voleur.

M. Pontois s'en alla sans avoir aperçu Jean, et laissa Jeannot pleurant et se désolant.

Jean s'approcha de son cousin.

« Jeannot, lui dit-il affectueusement, prends courage; ne pleure pas. Je viens te proposer quelque chose qui te fera plaisir. Simon t'offre de te prêter, pour le bal de M. Amédée, les habits que j'avais à votre soirée. »

Jeannot essuya ses larmes et prit un air moins malheureux.

JEANNOT.

Je veux bien ; je n'avais rien à mettre. Je te remercie bien et Simon aussi. Mais toi-même, que mettras-tu ?

JEAN.

Je mettrai autre chose; je ne suis pas embarrassé avec Simon.

JEANNOT.

Tu es bien heureux d'être avec Simon ; tu es tranquille là-bas, et toujours gai et content. Il n'en est pas de même pour moi. Je pleure plus souvent que je ne ris. Peu de gages, beaucoup d'injures, du travail par-dessus la tête....

JEAN.

Il ne faut pas croire que nous n'avons rien à faire au café ; je suis sur pied du matin au soir; toi, tu as tes dimanches, au moins.

JEANNOT.

Jolis dimanches ! C'est à qui ne m'emmènera pas. Je m'ennuie et je pleure. Ça fait un beau dimanche !

JEAN.

Et pourquoi ne viens-tu jamais nous voir ? Simon et moi nous sortons chacun notre tour le dimanche ; nous t'emmènerions.

JEANNOT.

Merci ! Pour aller à vêpres, au sermon ! Grand plaisir ! Jolie distraction ?

JEAN.

Ça fait du bien d'aller quelquefois prier le bon Dieu dans l'église, chez lui, dans sa maison.

JEANNOT.

J'aime mieux me promener.

JEAN.

Pauvre Jeannot! Tu ne disais pas comme ça au pays.

JEANNOT.

Au pays, j'étais un sot ; mes camarades m'ont formé à Paris.

JEAN.

Déformé, tu veux dire. Qu'y gagnes-tu ? Tu n'en es pas plus heureux ! Tu ne t'en amuses pas davantage, et tu n'as plus la consolation de prier.

JEANNOT.

Comment veux-tu que je sois heureux, que je m'amuse, avec des méchants maîtres comme les miens ?

JEAN.

Méchants ! Qu'est-ce que tu dis donc ? Simon m'a dit qu'ils étaient bons et qu'ils traitaient très-doucement leurs garçons.

JEANNOT.

Les autres, c'est possible ; mais pas moi, toujours.

JEAN.

Jeannot, Jeannot, prends garde d'être ingrat !

JEANNOT.

Tiens ! Jean, tu m'ennuies avec tes sermons ; c'est pour ça que je ne viens plus vous voir Simon et toi.... Envoie ou apporte-moi les habits que tu m'as promis, et ne me fais pas de morale. Aussi bien, je suis mal ici ; je crois bien que je n'y resterai pas.

JEAN.

Où veux-tu aller ? Que veux-tu faire ? Jeannot, je t'en prie, ne fais rien de grave sans consulter Simon ; il est si bon, si sage !

JEANNOT.

Envoie-moi tes habits ; je ne te demande pas autre chose.

Jean soupira et s'en alla lentement en répétant :

« Pauvre Jeannot ! »

Simon, auquel il raconta le soir sa conversation avec Jeannot et la scène dont il avait été témoin, alla lui-même porter les habits promis à Jeannot, et causa longuement avec M. Pontois. Quand il rentra, il était soucieux, et au premier moment où ils se trouvèrent seuls au café son frère et lui, il dit à Jean :

« Je ne suis pas content de Jeannot, et M. Pontois en est fort mécontent. Jeannot ne veut pas y rester, et M. Pontois ne veut pas le garder. C'est malheureux pour Jeannot ; il aura de la peine à se placer. M. Pontois l'accuse de voler un tas de choses qui se mangent ; mais, ce qui est pis, c'est que M. Pontois est presque certain que lorsqu'il vend, il ne met pas dans la caisse tout l'argent qu'on lui donne. Ceci me chagrine, car c'est le fait d'un voleur. Et comment puis-je le placer ailleurs avec un pareil soupçon ?

JEAN.

Pauvre Jeannot ! Mais, Simon, si tu en parlais à M. Abel ? Il est si bon ! Il te donnerait un bon conseil, j'en suis sûr.

SIMON.

Oui.... tu as raison, cela pourrait être utile à Jeannot. M. Abel connaît tant de monde ! et je pense comme toi qu'il est de bon conseil. »

Peu de temps après, le tailleur vint leur apporter leurs habits, auxquels il avait ajouté des chemises fines, des cravates blanches et en taffetas noir, des chaussettes, des gants ; il était accompagné d'un cordonnier qui apportait un paquet de brodequins de soirées à essayer, et d'un chapelier qui apportait des chapeaux. Jean était dans une joie folle ; Simon contenait la sienne, mais elle était aussi vive que celle de son frère. Tout allait parfaitement ; on trouva des brodequins qui chaussaient admirablement sans gêner le pied, des chapeaux qui allaient on ne peut mieux, et des gants qui se mettaient sans effort, car Simon et Jean ne voulurent pas avoir les mains serrées. Le tailleur avait poussé l'attention jusqu'à mettre des mouchoirs dans les poches des habits. Simon et Jean ne savaient comment exprimer leur reconnaissance ; ils chargèrent le tailleur des remercîments les plus tendres, les plus respectueux, pour le bienfaiteur inconnu.

Quand M. Abel arriva, Jean, qui l'attendait avec une grande impatience, lui servit son déjeuner.

JEAN.

Oh ! monsieur, si vous saviez comme ce M. Peintre est bon, vous seriez bien fâché de ce que vous en disiez l'autre jour. Ce bon, cet excellent M. Peintre a pensé à tout ; nous avons tout ce qu'il nous faut Simon et moi, tout, jusqu'à des mouchoirs blancs et fins pour nous moucher. Chapeaux, chaussures, linge, gants, rien n'y manque, rien. N'est-il pas d'une bonté à faire pleurer ? Oui, monsieur, c'est vrai ce que je vous dis. Quand nous avons monté nos effets dans notre chambre, nous nous sommes mis à genoux, Simon et moi, pour prier le bon Dieu de bénir cet excellent M. Peintre, et nous avons pleuré tous deux dans les bras l'un de l'autre ; pleuré de joie, de reconnaissance ! Oh ! oui, le bon Dieu le bénira, monsieur ; ce qu'il a fait là, n'est pas une charité ordinaire ! Non, non ; il y a quelque chose dans cette bonne action que je ne puis pas définir, mais qui me va au cœur, qui me touche, qui m'attendrit, qui annonce un cœur tout d'or. Ah ! que la femme et les enfants de cet excellent homme sont heureux ! S'il est si bon, si attentif, si généreux pour deux pauvres garçons étrangers qu'il a à peine aperçus et qui ne le connaissent seulement pas, que doit-il être pour sa famille, pour ses enfants ?...

Jean couvrit son visage de ses mains ; M. Abel le regardait.

Après un instant de silence, Jean continua :

« Il n'y a qu'une chose qui nous peine, Simon et

moi, c'est de ne pouvoir lui témoigner notre reconnaissance, notre vive affection. Cela fait vraiment de la peine, monsieur ; c'est comme un poids pour le cœur. »

M. Abel ne mangeait pas ; il avait écouté avec un attendrissement visible l'élan passionné de la reconnaissance de Jean. Il ne l'avait pas quitté des yeux un instant. Il admirait cette jolie figure, embellie encore par l'expression d'enthousiasme qui éclairait son regard. Il était surpris du langage devenu presque éloquent de ce pauvre petit paysan qui, peu de mois auparavant, avait le langage commun de la campagne.

Jean ne parlait plus, et M. Abel le regardait encore. Jean, de son côté, ne pensait plus ni au café ni à son service ; dominé tout entier par sa reconnaissance, il restait immobile, les yeux humides, et toute son attitude exprimant un profond sentiment de gratitude et d'affection.

« Tu es un bon garçon ; tu as un bon cœur, et tu sais reconnaître ce qu'on fait pour toi, Jean, dit enfin M. Abel en lui serrant fortement la main. Et maintenant, mon enfant, apporte-moi mon café bien chaud. »

Jean alla chercher le café.

« Monsieur, dit-il en l'apportant, ne pourriez-vous savoir, par ce tailleur, le nom de notre généreux bienfaiteur ; je serais si heureux de pouvoir le remercier.

M. ABEL.

Peut-être pourrai-je le savoir, mon ami ; je m'en informerai. A ce soir chez M. Amédée ; j'arriverai un peu tard, vers dix heures, car j'ai à faire avant.... Adieu, Jean, ajouta-t-il avec un sourire particulièrement bienveillant.

— Adieu, monsieur, dit Jean en le suivant des yeux. Je l'aime, pensa-t-il ; je l'aime beaucoup. »

La journée se passa lentement ; l'impatience de Simon et de Jean surtout augmentait à mesure qu'approchait l'heure du bal. M. Métis leur donna congé de bonne heure ; ils dînèrent à la hâte et grimpèrent leurs cinq étages, lestes et légers comme des écureuils. Ils se débarbouillèrent et se peignèrent avec soin. Puis commença la grande toilette ; linge, habits, furent encore examinés, retournés, admirés ; Jean embrassait toutes les pièces dont il se revêtait. Ils étaient convenus de ne se faire voir l'un à l'autre que lorsque la toilette serait complétement achevée.

« As-tu fini ? demanda Jean le premier.

SIMON.

Pas encore ; attends un instant, je passe mon habit. »

A un signal convenu, les deux frères se retournèrent et poussèrent une exclamation joyeuse.

JEAN.

Que tu es beau, Simon ! Tu as l'air d'un vrai monsieur.

SIMON.

Et toi donc ! Un prince ne serait pas mieux.

JEAN.

Comme tes cheveux sont lissés et bien arrangés !

SIMON.

Et quelle jolie tournure tu as !

JEAN.

Et comme tes pieds paraissent petits ! Et comme ta taille paraît élégante ! Ce bon, excellent M. Peintre ! Si je le voyais, je crois que je ne pourrais m'empêcher de l'embrasser.

SIMON.

Et moi, je lui serrerais les mains à lui briser les os !

JEAN, *riant*.

Pour ça non, par exemple ! Je ne veux pas que tu lui

brises les os. Ce serait une jolie manière de lui prouver notre reconnaissance !

SIMON, *riant.*

C'est une manière de dire, tu penses bien ; seulement pour exprimer combien je suis heureux et reconnaissant !

JEAN.

Mlle Aimée va te trouver joliment beau !

SIMON.

Oui ; elle ne m'a jamais vu bien habillé ; tout juste, ça me chiffonnait de paraître à son bal en habits étriqués et usés.

JEAN.

Et grâce à notre cher bienfaiteur, nous allons être superbes.

SIMON.

Oui, nous ferons l'effet de deux gros bourgeois avec nos gants et nos chapeaux !

JEAN.

Et nos brodequins et nos cravates !

SIMON.

Et nos chemises fines et nos mouchoirs !...

JEAN.

Dis donc, Simon, il faudra nous moucher souvent.

SIMON.

Oui, j'y ai déjà pensé ; mais, au lieu de nous moucher, ce qui salirait nos mouchoirs, il faudra seulement les tirer souvent de nos poches et nous essuyer le front. Je l'ai vu faire à M. Abel, l'autre soir chez M. Pontois.

JEAN.

Comment fait-on ? Tu me feras voir.

SIMON.

Oui, je te préviendrai et tu me regarderas faire.

JEAN.
Tu choisiras le moment où Mlle Aimée te regarde.
SIMON.
Toujours, chaque fois qu'elle me regardera, elle verra mon beau mouchoir.

CHAPITRE XIV.

L'ENLÈVEMENT DES SABINES.

Il était temps de partir, huit heures et demie venaient de sonner; Simon et Jean eurent soin de traverser le café pour se faire voir avec leurs beaux habits neufs. Quand ils parurent, la dame du comptoir fit une exclamation de surprise, et les garçons de café entourèrent les deux frères.

PREMIER GARÇON.

Eh bien! excusez un peu! On ne se gêne pas! Habillés comme des princes!

DEUXIÈME GARÇON.

Et rien n'y manque, ma foi! De la tête aux pieds tout est neuf, tout est du premier grand genre.

TROISIÈME GARÇON.

Et regarde donc la coupe des habits, des pantalons, des gilets! On dirait d'Alfred, le tailleur de l'Empereur.

QUATRIÈME GARÇON.

Et le linge! Vois donc la finesse de la toile! Une vraie chemise de tête couronnée.

Jean tira son mouchoir d'un air triomphant.

PREMIER GARÇON.

Et le mouchoir! La plus fine toile.

DEUXIÈME GARÇON.

Vous n'êtes pas gênés, mes amis, de vous faire habiller par de pareils fournisseurs!

TROISIÈME GARÇON.

Et combien que ça vous coûte, tout ça? Une année de gages, pour le moins?

SIMON.

Bien moins que ça! Rien du tout.

PREMIER GARÇON.

Comment, rien? Pas possible! Tu plaisantes?

JEAN.

Non, c'est vrai! C'est un excellent monsieur Peintre qui nous a tout donné.

QUATRIÈME GARÇON.

Farceur, va! Les peintres sont des artistes, et les artistes ne sont pas des Rothschild.

SIMON.

Ils sont mieux que ça! Ils sont les amis de ceux qui souffrent.

PREMIER GARÇON.

Ce n'est pas ça qui donne de l'argent, camarade. Et il faut en avoir de reste pour des vêtements comme les vôtres.

JEAN.

Notre monsieur Peintre est riche, nous a dit le tailleur.

PREMIER GARÇON.

Alors, c'est un Vernet, un Delaroche, un Flandrin?

JEAN.

Je n'en sais rien; on n'a pas voulu nous dire son

« A revoir, monseigneur. » Page 167.)

nom. Mais ce que nous savons, c'est qu'il est pour nous un bienfaiteur, un ami, un ange du bon Dieu.

PREMIER GARÇON.

C'est bien, ça, Jean ! C'est bon d'être reconnaissant ; il y a tant d'ingrats de par le monde.

JEAN.

Ce n'est pas Simon et moi qui le serons jamais ; tant que nous vivrons, nous prierons pour ce monsieur Peintre et nous l'aimerons.

SIMON.

Avec tout ça, il faut partir, Jean ; puisque M. Métis a eu la bonté de nous donner congé, ce serait bête de ne pas en profiter. A revoir, camarades ; à demain !

TOUS LES GARÇONS, *riant et saluant profondément.*

A revoir, monseigneur ! Que Vos Altesses daignent s'amuser, daignent danser, daignent manger, etc.

SIMON.

Soyez tranquilles, camarades ; nous serons bons princes, et nous ne serons les derniers pour rien.

Simon et Jean sortirent pleins de joie.

JEAN.

D'après l'effet produit au café, juge de celui que nous produirons chez M. Amédée. Mlle Aimée va-t-elle te regarder ! Va-t-elle t'admirer !

SIMON.

Si elle me regarde, je la regarderai bien aussi ; elle n'est pas désagréable, tant s'en faut.

Ils arrivèrent, et ils firent leur entrée avec tout le succès désiré ; il y avait déjà beaucoup de monde. Le petit commerce était arrivé ; les épiciers, les merciers, les bottiers, etc. On attendait le haut commerce et le faubourg Saint-Germain, toujours en retard. Chacun se retourna pour voir les deux frères, qu'un chuchotement général du côté des demoiselles signala à l'attention des messieurs. Simon et Jean saluèrent M. et Mme Amédée, puis ils s'avancèrent vers le groupe des demoiselles qui regardaient, qui souriaient, qui minaudaient, témoignant ainsi leur admiration pour leurs futurs danseurs et l'espoir d'une invitation.

Simon salua et resalua particulièrement Mlle Aimée, qui fit révérence sur révérence, qui se détacha du groupe et s'avança vers Simon et Jean.

« Vous arrivez bien à propos, monsieur Simon ; on va commencer à danser ; les messieurs vont faire leurs invitations.

SIMON.

Alors, mademoiselle, voulez-vous danser avec moi la première contredanse ?

MLLE AIMÉE.

Très-volontiers, monsieur. Et monsieur Jean va danser avec ma sœur Yvone.

JEAN.

Très-volontiers, mademoiselle. »

Il courut à Yvone, qui accepta avec plaisir un danseur si bien habillé ; toutes les demoiselles envièrent le bonheur des deux sœurs.

« Aimée et Yvone ont toujours de la chance, dit une grosse, laide fille rousse, qui dansait peu en général, et qui avait une robe en crêpe rose fanée, sur un jupon de percale blanche plus court que la robe.

— C'est qu'elles sont les filles de la maison, dit Mlle Clorinde (robe de mousseline blanche, corsage en pointe, bouquet piqué au bas de la pointe qui la gênait pour s'asseoir) ; c'est par politesse qu'on les invite.

— C'est plutôt parce qu'elles sont bonnes et aimables, » dit une troisième, petite blonde de dix ans.

Les salons se remplissaient ; toutes les industries y

Toutes les industries y étaient représentées. (Page 168.)

étaient représentées ; fumistes, bouchers, serruriers, épiciers, fleurs artificielles, papetiers, modistes, lingères, cordonniers, etc. Les toilettes étaient, les unes simples et jolies, les autres recherchées, fanées, prétentieuses ; des turbans, des bouquets de plumes, de fleurs, des étoffes fanées, riches, des couleurs éclatantes, tranchaient sur des visages jeunes, frais, ou vieux, ridés et plus fanés que leurs robes et leurs coiffures. La musique se faisait entendre, les dames commencèrent ; dans les intervalles des contredanses, on courait aux rafraîchissements. Jean et les plus jeunes danseurs virent avec une vive satisfaction l'abondance des gâteaux, des sirops, des fruits glacés. Jean avait bien dit ; c'était, croyait-il, genre haut commerce, grand genre. La musique se composait d'un violon, d'une clarinette et d'un piano. M. Abel arriva à dix heures, comme il l'avait annoncé ; Simon le présenta à M. et Mme Amédée et aux jeunes personnes. Patronné par un si élégant danseur, M. Abel eut le plus grand succès. Ses habits étaient aussi beaux que ceux de Simon, faits sur le même modèle ; il semblait qu'ils fussent de la même fabrique. Simon recommanda M. Abel aux soins tout particuliers de Mlle Aimée et de Mlle Yvone. Abel dansa avec l'une et avec l'autre, puis encore avec Mlle Aimée, à laquelle il fit un éloge éloquent et touchant de son ami Simon ; Mlle Aimée trouva que M. Abel était un homme charmant.

« Et puis si bien habillé ! Tout semblable à Simon ; ce qui indique, dit-elle à ses amies, que ce sont des hommes d'ordre et de bon goût. »

M. Abel causa beaucoup avec M. et Mme Amédée, qui l'écoutaient avec un intérêt visible. Le bal languissait ; on mangeait plus qu'on ne dansait. M. Abel communiqua cette observation aux danseurs et leur proposa d'animer la soirée.

Mais comment? Personne ne trouvait le moyen.

« Je l'ai, moi, messieurs, dit M. Abel; mais il faut de l'ensemble pour que ce soit vraiment amusant.

— Qu'est-ce donc? dirent les danseurs.

M. ABEL.

D'abord, il faut nous réunir tous danseurs; personne autre ne doit être dans le secret.

— Et nous, et nous? s'écrièrent les demoiselles.

M. ABEL, *riant.*

Vous moins que les autres, mesdemoiselles; c'est un divertissement d'hommes. »

M. Abel passa dans la salle à côté, suivi de plusieurs jeunes gens.

M. ABEL.

Vous promettez, messieurs, de garder le silence jusqu'après l'exécution de mon divertissement.

— Nous le promettons, nous le jurons, répondirent les jeunes gens en étendant leurs mains.

M. ABEL.

C'est bon. Nous allons exécuter l'*Enlèvement des Sabines*, figure très-à la mode et du plus grand genre. Vous choisissez votre danseuse; la contredanse commence; vous faites comme si de rien n'était; au dernier chassé-croisé, je fais *Hop*. Chacun de nous saisit immédiatement une des danseuses et lui fait faire, de gré ou de force, un tour de valse. Le dernier arrivé à sa place paye un punch aux autres danseurs.

UN DANSEUR.

Mais si la demoiselle ne sait pas valser?

M. ABEL.

Tant pis pour le danseur; il faut qu'il la fasse tourner tant bien que mal, jusqu'à ce qu'il lui ait fait faire

Jeannot l'engagea. (Page 115.)

le tour du salon. Rentrons et soyons discrets. Rappelez-vous bien que, quoi qu'il arrive, qu'on crie, qu'on résiste, il faut avoir fait en valsant un tour de salon pour avoir droit au punch ; et que le dernier arrivé paye le punch.

On rentra au salon ; chacun des jeunes gens espérait prendre part au punch ; aucun ne croyait avoir à le payer. Ils firent leurs invitations. Il y avait plus de danseurs que de gentilles danseuses, de sorte que les laides furent engagées aussi bien que les jolies. Jeannot trouva toutes les demoiselles déjà retenues ; il ne restait que la grosse rousse, Jeannot l'engagea.

« Qu'importe, se dit-il, aussitôt le signal donné, je prendrai une des demoiselles minces et légères ; je laisserai ma grosse rousse à celui qui aura la force de la faire tourner. »

On se mit en place. Dzine, dzine, la musique commence et la contredanse aussi. Les demoiselles, qui s'attendaient à quelque chose d'extraordinaire, ne voyant rien venir, s'étonnent et deviennent sérieuses et contrariées ; le dernier chassé-croisé allait commencer.

« Hop ! » fait M. Abel. Les danseurs se précipitent sur les danseuses qu'ils voulaient avoir et que d'autres avaient déjà enlevées ; les demoiselles s'effrayent et résistent ; les danseurs insistent ; les demoiselles cherchent à s'échapper, les mères veulent intervenir ; la mêlée devient générale, le tumulte est à son comble ; la plupart des demoiselles comprennent à demi et se résignent ; l'ordre commence à se rétablir ; quelques tours de valse sont terminés, un seul couple continue à se démener ; c'est Jeannot et la grosse rousse. Abandonnée par Jeannot, personne n'en avait voulu ; et Jeannot s'étant présenté trop tard partout, et frémissant à l'idée d'avoir le punch à payer, fut trop heureux de retrouver la grosse rousse, qu'il saisit pour la faire tourner; mais la rousse, furieuse de l'abandon de Jeannot, cherchait à se sauver; la crainte du punch triplant les forces de Jeannot, il parvint à l'enlever, à la faire tourner malgré sa résistance, malgré les coups de poing qu'elle lui assénait avec la vigueur d'un colosse pesant deux cents livres; l'infortuné Jeannot, plus petit qu'elle, les recevait sur la tête, criait et n'en continuait pas moins à tourner, accroché aux plis de la robe de la grosse rousse, qui, de son côté, criait et vociférait mille injures. Hélas! le pauvre Jeannot eut beau supporter avec un mâle courage cette grêle de coups, eut beau s'épuiser en efforts pour accomplir son tour de valse, la danseuse l'obligea à lâcher prise et le laissa seul, immobile près d'un groupe d'hommes au milieu desquels Mlle Clorinde chercha secours et protection.

Pendant cette scène, Jean, au milieu de ses rires, dit à M. Abel :

« Pauvre Jeannot, il va avoir le punch à payer; quel dommage que le monsieur peintre ne soit pas ici. »

M. Abel se trouva tout près de Jeannot au moment où il fut obligé de lâcher sa danseuse. Il mit une pièce de vingt francs dans la main de Jeannot, lui dit tout bas : « Pour payer le punch, » et disparut. Son nom commençait à circuler et à exciter l'indignation des mères; à mesure que le calme se rétablissait, il voyait des regards irrités se porter sur lui. Il voulut prévenir l'orage et sortit.

Avant de passer le seuil de la porte, au bas de l'escalier, il resta un instant à réfléchir sur la soirée; pendant qu'il récapitulait les événements auxquels il avait pris part, il entendit la voix de Jean et de Jeannot.

JEANNOT.

Je suis obligé de payer le punch. C'est mon guignon

Il parvint à l'enlever, à la faire tourner malgré sa résistance. (Page 176.)

qui me poursuit. M. Abel imagine quelque chose d'absurde; tout le monde s'en tire heureusement; tous ils rient, ils sont contents. Moi seul j'ai le malheur de tomber sur une grosse fille pesant plus de deux cents livres, qui m'assomme de coups de poing et qui me fait payer ce maudit punch.

JEAN.

Ne paye pas tout, pauvre Jeannot; je t'en payerai la moitié.

JEANNOT.

Je veux bien : combien cela coûtera-t-il ?

JEAN.

Dix francs à peu près, pour tant de monde.

JEANNOT.

Comment faire pour l'avoir ?

JEAN.

Veux-tu que je coure au café, chez nous, pour le demander ?

JEANNOT.

Oui, je veux bien, et dis qu'on me fasse payer le moins cher possible; je suis pauvre, moi.

JEAN.

Sois tranquille, je ferai pour le mieux.

Jean sortit en courant et ne tarda pas à rentrer avec un énorme bol de punch fumant et bouillant. Aucun des deux ne s'aperçut que M. Abel était près d'eux, caché par l'obscurité.

JEANNOT.

Eh bien ! Jean, combien coûte le punch ?

JEAN.

Il y en a pour huit francs au lieu de douze, parce que c'est pour nous.

JEANNOT.

Ainsi, je te dois quatre francs, puisque tu en payes la moitié.

JEAN.

Oui ; et je donnerai les quatre francs qui restent, mon pauvre Jeannot.

Jeannot fouilla dans son gousset, en retira son argent, compta et remit quatre francs à Jean, oubliant de le remercier de sa générosité ; M. Abel, indigné et voulant punir Jeannot de sa tromperie et de son avidité, avança la main, la passa dans la poche de l'habit de Jeannot sans qu'il le sentît, occupé qu'il était par le punch, et en retira la pièce d'or qu'il l'avait vu remettre dans cette poche.

Puis, voyant Jeannot et Jean remonter avec leur punch, il sortit en disant :

« Je n'ai plus rien à faire ici ; j'ai vu la petite Aimée ; je lui ai fait de Simon un éloge qu'elle n'oubliera pas. J'ai recommencé avec la mère ; j'ai glissé au père que Simon avait déjà trois mille francs de placés.... et ils le sont, ajouta-t-il en souriant, et en son nom.... Cette petite est gentille ; elle paraît bonne, douce, bien élevée. Il faut qu'elle soit Mme Simon Dutec.... Jeannot est un fripon, un gueux, un gredin. Faire payer quatre francs à ce pauvre Jean, quand je lui en avais donné vingt. Coquin !... »

En disant tout haut ce mot qui fit retourner quelques passants, M. Abel hâta le pas et ne tarda pas à arriver à son hôtel *Meurice*.

Il voyait des regards irrités se porter sur lui. (Page 176.)

CHAPITRE XV.

FRIPONNERIE DE JEANNOT.

Tous les matins M. Abel quittait l'hôtel, faisait une promenade à son atelier tout près de là, déjeunait au café Métis, retournait à son atelier, y restait jusqu'à la chute du jour, y recevait beaucoup d'amis, dînait en ville et allait à un cercle ou dans le monde ; jamais il ne rentrait plus tard que minuit. Il travaillait à quatre tableaux de chevalet qui devaient figurer à l'exposition; l'un devait être au livret sous le titre de : *une Soirée d'épicier;* l'autre, *la Leçon de danse ;* le troisième, *les Habits neufs ;* le quatrième, *une Contredanse.* Ses amis admiraient beaucoup ces quatre petits tableaux; aucun n'était fini, mais tous étaient en train et assez avancés.

Dans chacun de ces tableaux, on voyait les deux mêmes figures principales. Un jeune homme à belle figure, yeux noirs, physionomie intelligente et gaie; et un autre plus jeune, mais portant une ressemblance si frappante avec le premier, qu'on ne pouvait douter qu'ils ne fussent frères ; dans *les Habits neufs,* le plus jeune était admirablement beau d'expression ; son regard exprimait le bonheur, la tendresse, la reconnaissance.

« Sais-tu, lui dit un jour celui qui avait pris le nom de Caïn à la soirée de M. Pontois, sais-tu que cette seule figure ferait la réputation d'un peintre.

ABEL.

Elle est belle, en effet; elle a surtout le mérite de la ressemblance.

CAÏN.

Celui qui aura ces quatre tableaux aura une des plus belles et des plus charmantes choses qui aura été faite en peinture.

ABEL.

Personne ne les aura jamais; c'est pour moi que je travaille.

CAÏN.

Tu es fou! Tu vendrais ces quatre tableaux quarante ou cinquante mille francs!

ABEL.

On m'en offrirait quatre cent mille francs que je ne les donnerais pas. Ils me rappellent de charmants moments de ma vie; tu connais l'histoire de ces tableaux, et tu sais le bonheur que m'a donné cette suite de bonnes actions que m'a inspirées mon bon petit Jean. Excellent enfant! Quel cœur reconnaissant! Quel beau et noble regard! Il est parfaitement rendu dans mon tableau; c'est ce qui en fait la beauté et en fera le succès.

CAÏN.

Quarante mille francs ne sont pas à dédaigner.

ABEL.

Que me font quarante mille francs ajoutés à tout ce que j'ai déjà gagné et à ce que je puis gagner encore, moi qui vis comme un artiste et qui ai à peine vingt-huit ans.

CAÏN.

Tu as raison; mais c'est dommage! »

Quand Jeannot rentra chez lui, il s'empressa de retirer et de compter l'argent qu'il avait mis dans sa poche; il eut beau compter et chercher, il ne trouva pas la pièce d'or que lui avait donnée l'inconnu; son désespoir fut violent; il avait compté sur ces vingt francs pour acheter à Simon les habits qu'il lui avait prêtés et dont il avait besoin. Il pleura, il se tapa la tête de ses poings, mais ce grand désespoir ne lui rendit pas ses vingt francs.

Après avoir réfléchi sur ce qu'il devait faire, il résolut d'aller le lendemain raconter l'affaire à Jean, pour chercher à l'apitoyer et à se faire rendre les quatre francs de punch qu'il avait payés. Cet espoir le calma, et il s'endormit paisiblement.

Le lendemain de bonne heure, Jeannot profita d'une course que son maître lui fit faire, pour entrer au café Métis et pour parler à Jean.

Simon était avec son frère, ce qui contraria Jeannot : il craignait que Simon ne se laissât pas prendre comme Jean à ses pleurnicheries et à ses supplications. Après avoir vainement attendu quelques minutes que Simon le laissât seul avec Jean, il se décida à parler.

« Je suis malheureux, mon bon Jean, commença-t-il; j'ai fait hier une bien grande perte.

JEAN.

Une perte ? Toi ? Qu'as-tu donc perdu ?

JEANNOT.

Je voulais acheter à Simon les habits qu'il m'a prêtés hier soir, et j'avais mis dans ma poche une pièce de vingt francs pour les payer, et lorsqu'en rentrant j'ai voulu la retirer, elle n'y était plus. »

Simon fit un geste comme pour se lever de dessus sa

chaise, mais il se rassit et ne dit rien. C'était M. Abel qui venait d'entrer et qui lui faisait signe de se rasseoir et de laisser parler Jean et Jeannot; ils lui tournaient le dos et ne pouvaient pas le voir.

JEAN.

Vingt francs! Tu as perdu vingt francs? Pauvre Jeannot! Je te plains de tout mon cœur.

Ce n'était pas ce que voulait Jeannot; il espérait mieux que cela du bon cœur de Jean. Il continua:

JEANNOT.

Et encore, si je n'avais pas été obligé de payer ce punch maudit, j'aurais pu vous donner ce mois-ci la moitié du prix des habits et achever de les payer le mois qui vient... Je suis bien malheureux, Jean!

JEAN.

Mon pauvre Jeannot, je suis bien triste pour toi; mais ne t'afflige pas tant. Tu sais que Simon est très-bon; je suis bien sûr qu'il te prêtera ses habits chaque fois que tu en auras besoin.

JEANNOT.

Mais ce punch que j'ai dû payer! Tu sais que c'est huit francs.

JEAN.

Comment, huit francs? J'en ai payé la moitié; ce n'est que quatre francs.

JEANNOT, *embarrassé*.

C'est vrai! Je n'y pensais plus... Quatre francs, qui sont peu pour toi, sont beaucoup pour moi. Je gagne si peu!

JEAN.

Écoute, pauvre Jeannot; si tu as réellement besoin d'argent, Simon me permettra bien de te donner encore ces quatre francs.

—Jean, je te le défends, dit M. Abel d'un ton décidé.

Son apparition fit sauter Jeannot; il avait peur de M. Abel, et il n'aimait pas à le rencontrer.

Son apparition fit sauter Jeannot. (Page 187.)

« Je ne veux pas que tu donnes un sou à ce mauvais garnement, continua M. Abel avec une sévérité que Jean ne lui avait jamais vue. Il te trompe; il ment; il n'a rien perdu; et, s'il n'a plus d'argent, tant mieux, il l'emploie trop mal. »

Jeannot avait eu le temps de reprendre courage; il essaya de tenir tête à M. Abel.

JEANNOT.

Pourquoi me dites-vous des injures, monsieur ? Je ne vous ai rien fait, et vous m'accusez sans savoir si ce que je dis est vrai ou non.

M. ABEL.

Je dis que tu mens, parce que je sais que tu mens. Je t'empêche de tromper Jean parce que je sais que tu l'as déjà trompé.

JEANNOT.

Non, monsieur, je ne l'ai pas trompé.

M. ABEL.

Silence, menteur ! Hier soir, tu as extorqué quatre francs à Jean pour payer la moitié du punch; et tu venais de recevoir vingt francs pour le payer.

JEANNOT.

Moi, vingt francs ! Jamais, monsieur ! Vous voulez tromper Simon et Jean pour les empêcher de me venir en aide. Qui aurait pu me donner vingt francs ? Je ne connaissais personne à ce bal.

M. ABEL.

Mais quelqu'un te connaissait ; ce quelqu'un a eu pitié de toi et n'a pas voulu que tu souffrisses de la farce inventée par moi ; ce quelqu'un t'a glissé vingt francs dans la main pour payer ton punch et faire passer ton chagrin.

JEANNOT.

Non, monsieur, personne n'a eu pitié de moi et personne ne m'a rien donné. D'ailleurs, vous n'étiez pas là dans ce moment, et vous n'avez rien pu voir, par conséquent.

M. ABEL.

Puisque tu m'obliges à parler, je dis que j'étais si bien près de toi, que c'est moi qui ai glissé cette pièce d'or dans ta main en te disant tout bas : « Pour payer le punch; » et si tu n'as plus retrouvé ces vingt francs, c'est que je les avais moi-même retirés de ta poche quand tu as eu l'indignité de faire payer quatre francs à ce pauvre Jean, auquel tu as fait accroire que tu

Il le mit dehors d'un coup de pied. (Page 190.)

n'avais pas assez d'argent. J'étais dans un coin obscur au bas de l'escalier, et j'ai tout entendu.

M. Abel se tut. Jeannot était consterné; il tremblait de tous ses membres. Jean le regardait avec surprise et chagrin. Indigné d'une si basse supercherie, il avait peine à y croire. Simon s'efforçait de maîtriser sa colère; il aimait tendrement son frère, et il ne pouvait supporter qu'on se jouât de sa bonté, de sa générosité. Personne ne parlait.

M. ABEL.

Hors d'ici, vil trompeur! Va-t'en, et ne te trouve plus sur mon chemin.

Jeannot hésitait; M. Abel le saisit par l'oreille, le traîna jusqu'à la porte, et le mit dehors d'un coup de pied.

« Effronté coquin! Misérable! » dit M. Abel en rentrant tout ému et en se mettant à table.

CHAPITRE XVI.

M. LE PEINTRE EST DÉCOUVERT.

Cette fois-ci, ce ne fut ni Jean, ni Simon qui lui servirent son déjeuner. Simon était atterré de la hardiesse, de l'effronterie et de la fourberie de son cousin; Jean en était fort affligé, et, pour la première fois, il pleura. M. Abel regardait les deux frères, Jean surtout, avec une compassion et un intérêt visibles. Quand son déjeuner fut fini et desservi, il appela Simon.

M. ABEL.

Viens, mon pauvre Simon; j'ai quelque chose à te dire.

Simon s'approcha.

« Simon, tâche de distraire Jean du chagrin que lui donne l'indigne conduite de Jeannot. Et toi-même, mon brave garçon, j'ai une bonne nouvelle à t'apprendre. Tu plais beaucoup à M. et à Mme Amédée, et beaucoup aussi à Mlle Aimée.

SIMON.

Oh! monsieur, c'est impossible! Un pauvre garçon comme moi!

M. ABEL.

C'est pourtant vrai. Hier, toute la soirée, je me suis occupé de toi, et ce que je te dis est positif. Les parents vous trouvent tous les deux un peu jeunes pour vous marier de suite, mais ils m'ont dit qu'ils te verraient avec plaisir venir chez eux le plus souvent possible.

SIMON.

Monsieur, je ne puis croire à un pareil bonheur ! Moi qui n'ai rien....

M. ABEL, *souriant*.

Quant à la fortune, mon ami, on ne sait pas ce qui peut arriver ; tu peux avoir tes gages augmentés ; tu peux arriver à être premier garçon ou surveillant ; associé, même.

SIMON.

Il faudrait pour cela, monsieur, que je fusse dans la maison depuis dix ans pour le moins.

M. ABEL.

On ne sait pas.... on ne sait pas les idées qui passent par la tête d'un maître de café. M. Métis n'est plus jeune ; il t'aime beaucoup ; il a grande confiance en toi. On aime à avoir un associé intelligent, honnête.

SIMON.

Mais ça ne suffit pas, monsieur ; il faut avoir de l'argent, de quoi faire un cautionnement.

M. ABEL.

Qu'à ça ne tienne, mon ami ; je suis là pour t'épauler, pour te servir de caution. Et je ne craindrai pas de perdre mon argent.

SIMON.

Oh ! monsieur, serait-il possible ? »

Simon resta les mains jointes devant M. Abel, ne sachant comment le remercier, n'osant pas se laisser aller à toute sa reconnaissance et à son bonheur. Le café était encore vide à cause de l'heure matinale; la dame du comptoir même n'était pas encore descendue; M. Abel, d'ailleurs, mangeait seul dans un cabinet réservé aux privilégiés.

Jean avait écouté et tout entendu; il regardait M. Abel avec une expression toute particulière. Tout à coup il s'avança vers lui, tomba à ses genoux, les lui baisa avec ardeur et s'écria :

« C'est vous, c'est vous qui êtes monsieur le peintre; c'est vous qui êtes notre bienfaiteur, le cœur d'or qu'aimait le mien. Je vous devine. J'en suis sûr, c'est vous; oui, c'est vous! Oh! laissez-moi baiser vos mains et vos genoux, vous dire que je vous aime, combien je vous aime, combien je vous respecte, avec quelle tendresse je songe à vous, avec quel bonheur je vous retrouve. Cher, cher monsieur Abel, dites-moi votre nom, votre vrai nom, que je le répète dans mon cœur, dans mon esprit. Cher bienfaiteur! Simon sera heureux par vous! Que le bon Dieu vous bénisse! Que le bon Dieu vous protége! Que le bon Dieu vous récompense! »

Et le pauvre Jean éclata en sanglots.

M. Abel, fort ému lui-même, le releva, le serra dans ses bras, baisa son front, ses joues baignées de larmes, et tendit la main à Simon, qui la serra dans les siennes, et, cédant à un attrait irrésistible, la baisa en s'inclinant profondément.

M. ABEL.

Allons, je suis découvert! Pas moyen de résister à la pénétration de mon bon petit Jean. Cher enfant, et toi, mon bon Simon, vous m'avez donné plus de bonheur que je ne pourrai jamais vous en rendre, en me découvrant les trésors de deux belles âmes bien chrétiennes, bien honnêtes. Depuis plus d'un an que je vous connais, j'ai passé quelques heures bien heureuses, dont je conserverai le souvenir. J'ai toujours vécu seul; orphelin dès mon enfance, élevé ou plutôt tyrannisé par une tante méchante, sans foi et sans cœur; sachant par expérience combien les cœurs dévoués sont rares, ayant fait moi-même ma fortune avec le talent de peintre que le bon Dieu m'a donné, j'ai éprouvé à ma première rencontre avec toi, Jean, une impression qui ne s'est pas effacée; tu étais bon, reconnaissant, affectionné, je désirais te revoir; j'avais, d'ailleurs, à expier la frayeur et la peine que je t'avais causées en te dépouillant. Ta joie en me revoyant m'a touché, m'a attiré; Simon, que j'ai reconnu de suite à sa ressemblance avec toi, m'a paru digne d'être ton frère; je me suis de plus en plus attaché à vous, j'ai voulu vous faire du bien sans me découvrir; votre reconnaissance à propos des habits neufs m'a extrêmement touché et augmenté mon amitié pour vous. Je n'ai pas de parents; je n'ai ni femme ni enfants; je suis seul dans ce monde; je puis donc, sans faire de tort à personne, me donner le plaisir de vous faire du bien. Mais.... voici du monde qui arrive; lève-toi, mon petit Jean, mon cher enfant. Nous nous voyons tous les jours.... Simon, tu me tiendras au courant de *tes affaires*, ajouta M. Abel en souriant et en lui serrant la main. Et si on te parle de ta fortune, sache que tu as déjà trois mille francs placés en obligations de chemin de l'Est.

SIMON.

Oh! monsieur!

M. ABEL.

Chut! il y a du monde.... A demain, mes enfants. Adieu, mon petit Jean; c'est bien toi qui es un cœur d'or.... Silence!... A demain, de bonne heure.

M. Abel sortit presque aussi heureux que ses deux protégés.

Quand la journée fut finie, Simon et Jean montèrent chez eux pour écrire à leur mère, mais non sans s'être bien embrassés et félicités. Ils prièrent ensemble le bon Dieu; ils le remercièrent et lui demandèrent de bénir leur bienfaiteur et de lui faire rencontrer un cœur qui l'aimât pour qu'il fût bien heureux. Puis ils se mirent à écrire chacun de leur côté.

CHAPITRE XVII.

SECONDE VISITE A KÉRANTRÉ.

Depuis plus de deux ans qu'Hélène Dutec s'était séparée de son enfant, elle avait reçu bien régulièrement des nouvelles, tantôt de Jean, tantôt de Simon. Elle se réjouissait de les voir heureux, et elle recevait très-souvent des sommes d'argent qui dépassaient ses espérances. C'était tantôt Jean, tantôt Simon qui lui envoyaient vingt francs, quelquefois même quarante francs. L'aisance, le bien-être régnaient dans son petit ménage. Le bon Kersac y était pour quelque chose ; il avait tenu sa promesse ; il se passait rarement une quinzaine sans qu'il vînt lui faire une visite; chaque fois il apportait *de quoi se contenter*, disait-il.

« Car, ma bonne dame Hélène, tel que vous me voyez, je suis diablement égoïste; ainsi, l'autre jour, je vous ai apporté une couple de chaises ; aujourd'hui ne voilà-t-il pas qu'il me faut un fauteuil; j'en ai apporté un dans la carriole.... Vous ne m'en voulez pas, n'est-ce pas, ajouta-t-il, de ce que je me soigne comme une petite maîtresse. Je deviens douillet en prenant

Chaque fois il apportait de quoi se contenter, disait-il. (Page 196.)

des années; mais vous êtes bonne et vous n'en penseserez pas plus mal de moi, n'est-ce pas?

HÉLÈNE.

Mal? Que je pense mal de vous? Comme si je ne voyais pas pourquoi vous apportez tout cela! Cette table, c'est pour vous, n'est-ce pas?

KERSAC.

Certainement! Je déteste de manger sur le pouce.

HÉLÈNE.

Et l'armoire? C'est pour vous encore?

KERSAC.

L'armoire c'est pour serrer les petites provisions que je vous apporte et que je viens manger chez vous; je n'aime pas que les choses traînent; ça me taquine, ça me gêne.

HÉLÈNE.

Et le lit de la petite?

KERSAC.

Le lit est pour savoir ma protégée bien couchée. Je n'aime pas à voir un lit brisé, malpropre.

HÉLÈNE.

Et le linge? Et la vaisselle? Et le bois? Et tant d'autres choses?

KERSAC.

Le linge c'est pour avoir de quoi m'essuyer quand j'arrive chez vous tout en transpiration. La vaisselle c'est pour manger dedans; le bois c'est pour mettre une bûche au feu sans me gêner quand j'arrive transi de froid. Enfin, écoutez donc, je suis comme ça, moi. J'aime mes aises. Ce ne serait pas bien à vous de prendre mauvaise opinion de moi parce que je suis un peu.... un peu.... allons, il faut s'exécuter et lâcher le mot, un peu *égoïste.* »

Hélène sourit. « Que le bon Dieu nous donne à tous des égoïstes de votre façon, monsieur Kersac.

KERSAC.

Et quelles nouvelles des enfants ?

HÉLÈNE.

Très-bonnes, merci bien. Jean me parle de vous dans toutes ses lettres ; il dit toujours en me parlant de ce bon M. Abel, qu'il le fait penser à vous, qu'il est bon comme vous, obligeant et gai comme vous, et que comme vous il ne peut souffrir le pauvre Jeannot.

KERSAC.

Ha ! ha ! ha ! C'est bon, ça ! Eh bien, cela me donne bonne opinion de ce M. Abel. Ce Jeannot me déplaît plus que je ne puis dire. Je parie qu'il finira par filouter et par se faire pincer.

HÉLÈNE.

Oh ! monsieur Kersac ! Ne dites pas ça. Ce serait terrible ! Pensez donc ! l'enfant de ma sœur !

KERSAC.

Oui, mais le père était un gueux, un gredin ! Excusez, ma bonne dame Hélène, je ne voulais pas vous peiner ; seulement, pour vous dire mon impression, ce garçon est jaloux de Jean ; il est envieux, ingrat, paresseux ; il n'aime personne. Pas comme notre petit Jean ! Celui-là est tout l'opposé. Mais, ajouta-t-il en se levant, j'oublie que j'ai quelques provisions dans ma carriole ; si nous dînions ! J'ai l'estomac creux, il me semble que j'avalerais un pain de six livres. »

Kersac et Hélène sortirent et allèrent sous le hangar où étaient le cheval et la carriole. Kersac donna à boire au cheval qui finissait son avoine, lui arrangea sa litière ; Hélène lui apporta une botte de foin ; après quoi Kersac se mit à décharger la carriole de ses provisions. Hélène reçut un bon gigot tout cuit, trois livres de beurre, un kilo de sucre, un kilo de café tout brûlé et moulu, un kilo de chandelle, un gros fromage, une bouteille d'huile à manger et une autre de vinaigre, un paquet d'épiceries de toutes sortes; et enfin, il retira un paquet qu'il semblait vouloir cacher.

« Ceci, dit-il, ce n'est pas pour vous, ma bonne dame Hélène, c'est pour moi.

HÉLÈNE.

Ah! qu'est-ce que c'est, sans indiscrétion?

KERSAC.

Voilà! C'est qu'il faut encore m'accuser d'un vilain défaut, et ce n'est pas agréable. Et pourtant il faut que je m'exécute, car tout de même quand vous verriez la chose, vous devineriez bien mon défaut. Tel que vous me voyez, Hélène, je suis un peu coquet; j'aime à être bien tenu, bien peigné, bien attaché. Et chez vous, il n'y a pas de glace. Cela m'ennuie, parce qu'en arrivant, voyez-vous, le vent, la sueur, la poussière, tout ça vous ébouriffe, vous dérange; avec ma glace je verrai de suite si je suis présentable. Vous n'êtes pas fâchée, n'est-ce pas? »

Hélène ne répondit qu'en lui serrant les mains dans les siennes; sa bouche resta muette, mais ses yeux exprimèrent sa reconnaissance; elle rentra et se mit à ranger les provisions dans l'armoire que lui avait value l'*égoïsme* de Kersac.

KERSAC.

Un clou, s'il vous plaît, Hélène, pour attacher la glace. Où faut-il l'accrocher?

HÉLÈNE.

Elle sera bien partout où vous la mettrez, monsieur Kersac. Voici un clou.

En prenant le clou, Kersac s'aperçut qu'elle avait les yeux pleins de larmes.

KERSAC.

Pourquoi pleurez-vous, Hélène?... Pourquoi?... Je veux que vous me le disiez.

HÉLÈNE, *souriant*.

Je pleure sur votre *égoïsme;* je remercie le bon Dieu de vous avoir donné un si beau défaut, et je le prie de vous en récompenser dans ce monde et dans l'autre.

KERSAC.

Oh! dans ce monde, je n'y tiens guère; dans l'autre je ne dis pas; et à mon tour je prie le bon Dieu de vous y retrouver avec mon petit Jean après ma mort.

HÉLÈNE.

Merci, monsieur Kersac; c'est la meilleure prière que vous puissiez faire pour moi.

KERSAC.

C'est qu'il y a longtemps que je vous connais.

HÉLÈNE.

Il y a plus de deux ans.

KERSAC.

Et la petite, où est-elle donc?

HÉLÈNE.

Elle n'est pas encore revenue de l'école; elle va venir dîner avec nous tout à l'heure.

KERSAC.

Elle est gentille, cette petite, je l'aime bien.

HÉLÈNE.

Elle vous aime bien aussi. Rien que d'entendre parler de vous, ses yeux brillent, sa bouche sourit.

KERSAC.

Qui entend-elle parler de moi? Personne ne me connaît ici.

HÉLÈNE.

Et moi donc? Est-ce que je puis oublier notre bienfaiteur et le protecteur de mon petit Jean; tout ce qui est ici vous rappelle à notre souvenir; tout vient de votre charité, de votre bonté.

KERSAC.

Vous pouvez bien ajouter : et de mon amitié. Je me suis attaché à votre petit Jean, que j'en suis quelquefois étonné. De Jean cet attachement a passé à vous; et ça me fait plaisir de venir vous voir et de vous aider un peu avec ce que j'ai de trop.

HÉLÈNE.

Je ne suis pas une ingrate, monsieur Kersac, croyez-le bien.

KERSAC.

Je le sais bien; je le vois bien; et ça repose le cœur, voyez-vous, quand on n'a personne à aimer dans ce monde; je veux dire des créatures humaines, car on a toujours le bon Dieu à aimer. Je dis donc que ça repose le cœur quand on voit une brave et honnête femme qui vous remercie du peu qu'on a fait pour elle, qui en est reconnaissante comme si c'était une belle et grande chose, et qui prie pour vous, qui pense à vous, qui vous aime. C'est une grande récompense, ma bonne Hélène, trop grande pour ce que je vaux. Et que vous écrit Jean dans sa dernière? ajouta-t-il après quelques instants.

HÉLÈNE.

Ils m'écrivent tous deux, monsieur Kersac. M. Abel a été bien bon pour eux; en voilà encore un qui est un vrai cœur d'or, comme dit mon petit Jean.

Et Hélène raconta à Kersac tout ce que M. Abel avait fait et promis, et comment il avait assuré à Simon un excellent mariage.

KERSAC.

Peste! Il n'y va pas de main morte, ce bon Abel! Plaise à Dieu qu'il n'ait pas son Caïn. Il va falloir que vous alliez à la noce, d'ici à un an ou deux.

HÉLÈNE.

Moi, monsieur! A une noce à Paris! Qu'y ferais-je, mon Dieu! et quelle figure apporterais-je?

KERSAC.

Il faudra bien que vous y alliez. La mère doit être présente de par la loi.

HÉLÈNE.

La mère, mais pas la belle-mère, monsieur.

KERSAC.

Comment, la belle-mère?

HÉLÈNE.

Oui, monsieur; je n'ai d'enfant que mon petit Jean. Quand j'ai épousé mon mari, Simon avait déjà près de neuf ans.

KERSAC.

En voilà-t-il une belle découverte! Quel âge avez-vous donc?

HÉLÈNE.

J'ai trente-trois ans, monsieur. Jean a seize ans et demi : je me suis mariée à dix-sept ans.

KERSAC.

C'est donc ça que je me disais toujours : Cette femme est diantrement bien conservée! Qui croirait qu'elle a un grand garçon de vingt-quatre ans! Ah! mais ce que vous me dites là me fait plaisir; voici pourquoi. Je suis garçon, vous savez. J'ai besoin d'une femme à la ferme, une femme qui fasse marcher le ménage, qui fasse la cuisine, qui fasse enfin ce que fait une fermière. J'ai eu du malheur jusqu'ici. Je ne peux pas tomber sur une femme honnête, active, intelligente, qui prenne mes intérêts, qui sache mener une ferme. J'avais bien pensé à vous, mais je me disais : Elle a un grand garçon de vingt-quatre ans; elle a pour le moins quarante et un à quarante-deux ans. C'est trop âgé pour commencer. Et voilà que vous en avez trente-trois! Mais c'est superbe! Tiens! c'est le bon Dieu qui exauce votre prière; vous lui demandez de me donner du bonheur dans ce monde. Et le voilà qui vient, le bonheur! Suis-je donc heureux! Je ne vais plus avoir à me méfier, à surveiller, à gronder. Tout ira comme sur des roulettes; quand je serai malade vous me soignerez, quand je serai absent vous prendrez la direction de tout.

— Mais, monsieur, dit Hélène en riant, vous arrangez tout ça sans savoir si je puis faire l'affaire, si je connais le travail d'une ferme, si je sais traire une vache, élever des volailles. Une femme de ferme doit savoir tout cela à fond.

Kersac s'arrêta consterné. « C'est vrai, pourtant!... Et vous ne savez pas?... Dites vite, ajouta-t-il avec vivacité, voyant qu'elle hésitait.

HÉLÈNE.

Si fait, monsieur, je sais; je suis fille de fermier, j'ai travaillé à la ferme depuis que je me souviens de moi-même; je n'ai quitté qu'à la mort de mon père et de mon mari.

KERSAC.

Alors, pourquoi diable m'effrayez-vous? Je ne vous demande pas si vous voulez, puisque vous pouvez. Du moment qu'il s'agit de me rendre service, vous n'hésiterez pas, j'en suis sûr. Quand faut-il vous envoyer une charrette pour déménager?

HÉLÈNE.

Quand vous voudrez, monsieur. Rien ne me retient

ici. Vous avez pensé juste, en étant si sûr de mon consentement; tout ce que je pourrai faire pour vous, je le ferai avec bonheur en remerciant le bon Dieu de m'offrir les moyens de vous témoigner ma reconnaissance.

KERSAC.

La semaine prochaine alors; nous sommes à jeudi aujourd'hui; lundi prochain vous déménagez.

HÉLÈNE.

Je serai prête, monsieur.

KERSAC.

Bien! tout est convenu; je suis content. Je ne vous parle pas de gages; il vous passera assez d'argent dans les mains, plus que vous n'en pourriez dépenser; vous prendrez ce qu'il vous faudra, ce que vous voudrez. Je n'ai pas besoin de vous fixer la somme et je ne crains pas que vous en preniez trop.

HÉLÈNE.

Et la petite Marie, monsieur, qu'en ferons-nous?

KERSAC.

Marie viendra avec vous.

HÉLÈNE.

Ce sera peut-être un embarras pour vous, monsieur?

KERSAC.

Embarras? Pas le moindre. Quand elle aura vingt et un ans je l'adopterai et je la marierai à mon petit Jean. J'ai déjà fait mon plan, allez. Vous savez, je suis égoïste. J'arrange ma vie pour moi-même.

HÉLÈNE.

Et sans oublier les autres, monsieur. Mon Dieu, que c'est donc beau et bon d'être égoïste au point où vous l'êtes!

« Le diable, qui est très-méchant, et qui vous rend malheureux. » (Page 210.)

KERSAC.

Mais oui; vous voyez! On se fait une bonne petite vie; on se fait des amis.

HÉLÈNE.

Bien dévoués et bien reconnaissants, monsieur.

KERSAC, *souriant*.

Toujours! Les amis sont toujours dévoués et reconnaissants; sans cela ce ne sont plus des amis.... Et le dîner que nous oublions; Marie va rentrer, et si je n'ai pas quelque chose à mettre dans mon pauvre estomac, je la mange à la croque au sel. »

Hélène remit du bois dans le feu, tira de l'armoire aux provisions de quoi faire une omelette et de quoi assaisonner une salade. Quand les œufs furent battus et prêts à mettre sur le feu, Kersac lui offrit de tenir la poêle pendant qu'elle mettrait le couvert. Ce fut bientôt fait, et au moment où Hélène versait l'omelette dans une assiette, la petite Marie arriva rouge et joyeuse.

Elle courut à Kersac, qui l'embrassa sur les deux joues; elle lui rendit ses baisers en disant:

« J'ai été bien des jours sans vous voir, mon bon ami; pourquoi êtes-vous resté si longtemps sans venir?

KERSAC.

Parce que c'est le temps de la moisson, ma petite Marie, et que dans ces moments-là, hommes et chevaux ont bien à faire.

MARIE.

Mais vous, bon ami, vous ne travaillez pas?

KERSAC.

Tout comme les autres et plus que les autres; pendant qu'ils se reposent, je vais voir de tous côtés si chacun est à son affaire, si l'ouvrage se fait comme il faut; je suis le premier levé et le dernier couché.

MARIE.

Mais c'est très-fatigant, cela!

KERSAC.

Sans doute, c'est fatigant; mais tant qu'on vit dans ce monde, il faut se fatiguer pour faire son devoir.

MARIE.

Et si l'on ne veut pas se fatiguer?

KERSAC.

Si on ne veut pas se fatiguer on est un lâche et un méchant, parce qu'on offense le bon Dieu; on mécontente les hommes et on est puni dans ce monde et dans l'autre monde.

MARIE.

Comment est-on puni?

KERSAC.

Dans ce monde, personne ne vous aime, ne vous estime et ne veut de vous; on ne gagne plus rien et on devient misérable; et dans l'autre monde, le bon Dieu vous renvoie au diable qui est très-méchant et qui vous rend malheureux; mais malheureux comme tu ne peux pas te figurer.

MARIE.

Comme vous faites bien alors de vous fatiguer, bon ami. Mais tâchez de vous fatiguer beaucoup, assez pour que le bon Dieu soit content et qu'il ne vous envoie pas à ce méchant diable.

KERSAC.

Oh! je me fatigue assez, sois tranquille.

HÉLÈNE.

Monsieur Kersac, Marie va croire qu'il suffit de

« Dieu qui te garde et te protège jour et nuit. » (Page 213.)

se fatiguer pour contenter le bon Dieu. Il faut d'autres choses encore.

KERSAC.

Comment donc! Certainement! Écoute, Marie, il faut aussi beaucoup aimer le bon Dieu.

MARIE.

Je l'aime bien aussi, mais je ne le vois pas; alors je ne peux pas l'aimer comme ceux que je connais.

KERSAC.

Si fait, tu le connais; tu sais que c'est le bon Dieu qui t'a créée, qui te donne tout ce que tu as.

MARIE.

Je le sais bien, mais je ne vois pas les choses qu'il me donne. Pas comme vous, qui me soignez et qui me donnez beaucoup de choses que je vois. Aussi je vous aime de tout mon cœur.

KERSAC.

Dites donc, Hélène, entendez-vous ce qu'elle dit? Je crains qu'elle ne soit plus forte que moi. Je suis à bout de raisonnements. Faites-lui comprendre que je ne vaux pas le bon Dieu.

HÉLÈNE.

Marie, c'est le bon Dieu qui m'a fait venir à ton secours quand ta bonne t'a abandonnée; c'est le bon Dieu qui te fait vivre, qui a permis que le bon M. Kersac te connaisse et t'aime; c'est le bon Dieu qui te garde et te protége jour et nuit; il t'aime, il veut que tu sois heureuse toujours; tu vois bien que tu dois l'aimer plus que tout le monde.

MARIE.

C'est vrai, mère, c'est vrai; je l'aime et je l'aimerai plus encore, je vous le promets.

KERSAC, *riant*.

Et moi, Marie, comment m'aimeras-tu assez pour m'empêcher d'être jaloux?

MARIE.

Vous? Oh! vous savez bien que je vous aime bien, que je vous aimerai toujours (elle l'embrasse et lui dit à l'oreille : plus que tout le monde.... vous comprenez). Et puis c'est vilain d'être jaloux; et vous ne ferez jamais rien de vilain. »

Le dîner était prêt; ils se mirent à table; Kersac rit longtemps de la promesse de sa fille adoptive et mangea comme un homme qui vient de faire sept lieues et qui est encore à jeun à une heure de l'après-midi. Marie dévorait; le gigot était cuit à point, l'omelette était excellente, la salade était bien assaisonnée, le beurre était frais, le pain était tendre, les convives étaient heureux; Kersac était particulièrement enchanté de s'être assuré une femme sûre et intelligente à sa ferme, et de trouver en elle et en la petite Marie une société et une distraction agréable.

Quand Marie sut qu'elle allait demeurer à la ferme de Kersac, elle ne se posséda pas de joie.

« Partons tout de suite, mon bon ami, emmenez-nous tout de suite, répétait-elle avec instance.

HÉLÈNE.

C'est impossible, Marie; il me faut le temps de payer les petites choses que je dois, de faire mes adieux à M. le curé, à ma sœur Marine, de ranger mes effets; car, dit-elle en souriant et se tournant vers Kersac, j'ai des effets maintenant et je ne veux rien laisser de ce que vous m'avez donné, monsieur Kersac.

KERSAC.

Vous emporterez tout ce que vous voudrez, Hélène; je vous enverrai ma plus grande charrette.

HÉLÈNE.

Merci, monsieur, je laisserai la maison à ma sœur qui n'aura plus de loyer à payer de cette façon. »

Kersac avait fini de dîner; il se leva pour aller atteler son cheval; Hélène l'accompagna et il partit en répétant:

« A lundi! »

CHAPITRE XVIII.

M. ABEL CHERCHE A PLACER JEAN.

Hélène attendit au soir pour écrire à son petit Jean et lui annoncer l'heureux changement qui se faisait dans sa vie. Après avoir raconté ce que nous venons de lire, elle ajouta : « Tu vois, mon enfant, que je ne vais manquer de rien ; le bon M. Kersac me paye tout mon entretien et je n'abuserai pas de sa trop grande bonté. Il prend la petite Marie à sa charge ; il ne sera donc plus besoin que vous vous priviez Simon et toi pour me venir en aide. Gardez ce que vous gagnez, mes bons enfants ; j'ai reçu plus de huit cents francs depuis ton départ, mon petit Jean ; c'est trop pour vous, chers enfants ; il faut songer à votre avenir. Pour moi, j'ai payé toutes les petites dettes qu'on ne me réclamait pas, mais que je savais devoir depuis cinq ans, du temps de ton pauvre père. J'ai fini de payer le médecin il y a trois jours avec les soixante francs de gratification que vous aviez reçus et que vous m'avez envoyés tout d'un bloc. Quant à ma vie elle ne me coûte pour ainsi dire rien, grâce aux bontés de M. Kersac, qui m'apporte tous les quinze jours des provisions pour la quinzaine. Il est bien bon, mes enfants, priez pour lui afin que le bon Dieu le bénisse et le récompense de ce qu'il fait pour moi. Je pars lundi pour Sainte-Anne, je crois que j'y serai heureuse. C'est là qu'il faudra m'écrire. »

Lorsque Simon et Jean reçurent cette lettre, ils furent plus heureux encore que ne l'était leur mère ; ils bénirent le bon Kersac, et Jean lui écrivit le soir même une lettre pleine de reconnaissance et d'affection.

« Simon, dit Jean, une chose qui me revient, dans la lettre de maman, c'est ce qu'elle dit des huit cents francs qu'elle a reçus et des soixante francs de gratification. De quelle gratification veut-elle parler ? En as-tu reçu une de M. Métis ?

SIMON.

Pas la moindre ! Ce n'est pas son genre, tu sais ; il est bien bon pour nous, il donne des permissions, il nous permet, par exemple, d'aller souvent le soir chez M. Amédée, mais, quant à donner de l'argent, ce n'est pas son habitude.

JEAN.

Et les huit cents francs ? Avons-nous envoyé tant que ça ?

SIMON.

Non, certainement non. Mais c'est facile à voir : j'ai tout écrit à mesure. »

Simon regarda sur son livre, fit son total, et trouva quatre cent vingt francs.

SIMON.

C'est singulier ! D'abord, comment aurions-nous pu envoyer en deux ans huit cents francs, puisque j'en reçois quatre cents et toi deux cents ? Et nous avons à payer notre entretien, notre blanchissage, les vêtements et les chaussures.... Je n'y comprends rien !

JEAN.

Je crois que je comprends, moi. C'est notre bon M. Abel.... ce doit être lui !... Ceci, par exemple, c'est d'une bonté qui surpasse tout ce qu'il a fait; y penser, envoyer comme si c'était de notre part et par petites sommes, pour qu'on ne le devine pas! Mon Dieu, qu'il est bon ! Que je l'aime, que je le bénis !... Et de penser que je ne puis rien faire pour lui montrer ma reconnaissance ! Je ne puis même le lui dire comme je le voudrais; je n'oserais pas l'embrasser, lui baiser les mains.... Quoiqu'il soit bien bon, je n'ose pas.

SIMON.

Ce que tu peux faire, mon ami, c'est de prier pour lui, plus encore que tu ne l'as fait jusqu'ici.

JEAN.

Je ferai de mon mieux; mais c'est si peu de chose !

Le lendemain, lorsque Jean servit le déjeuner de M. Abel, celui-ci lui trouva un air tout embarrassé.

« Qu'y a-t-il, mon enfant? lui dit M. Abel; tu n'as pas ton air gai et riant, aujourd'hui. T'arriverait-il quelque contrariété?

JEAN.

Au contraire, monsieur; et c'est ce qui me gêne.

M. ABEL.

Qu'est-ce que tu dis donc? Depuis quand le bonheur donne-t-il de la gêne?

JEAN.

Ce n'est pas précisément le bonheur qui me gêne, monsieur, c'est d'être obligé de le garder pour moi.

M. ABEL.

Et pourquoi le gardes-tu, nigaud ? Pourquoi ne me le dis-tu pas?

Simon regarda sur son livre. (Page 217.)

JEAN.

Vous permettez, monsieur?

M. ABEL, *riant*.

Si je le permets! Tu sais que nous sommes une paire d'amis et que nous nous disons tous nos secrets.

JEAN.

Pas vous, monsieur, pas vous ; et la preuve, c'est que mon secret vous regarde. »

M. Abel le regarda avec surprise.

JEAN.

Oui, monsieur, c'est de vous qu'il vient, et vous me l'avez caché; et, ce qui me gêne, c'est de ne pouvoir vous dire tout ce que j'éprouve pour vous d'affection et de reconnaissance depuis que je sais comme vous avez soigné pauvre maman. Oui, oui, monsieur, vous n'avez pas besoin de faire l'étonné; vous lui avez envoyé, comme venant de Simon et de moi, depuis plus de deux ans, et par petites sommes, plus de cinq cents francs.... Tout se découvre, vous voyez bien, monsieur, tout, excepté les sentiments qui remplissent le cœur de ceux qu'on a obligés et qui ne savent comment les exprimer.

M. Abel sourit et tendit sa main à Jean qui la couvrit de baisers, et qui reprit toute sa gaieté et son entrain quand M. Abel l'eut assuré qu'il comprenait ses sentiments.

« Je t'assure, mon enfant, que je vois dans ton cœur comme dans le mien ; et je suis très-content de ce que j'y vois.

JEAN.

Alors, monsieur, je n'ai plus besoin de parler pour que vous deviniez.

M. ABEL.

Non, non, tes yeux parlent assez clair; un regard de toi et je devine tout.... Mais j'ai à te parler, Jean; voilà Simon qui va bientôt se marier; il n'est plus seul déjà, puisqu'il va presque tous les soirs chez Mlle Aimée. Je crois bien que le père va faire le mariage au printemps prochain, dans quelques mois d'ici. Une fois Simon marié et établi chez son beau-père, qu'il aidera dans son commerce, je ne veux pas que tu restes ici. Tes camarades ne sont pas bons; ils chercheraient à te mener à mal, et tu n'aurais peut-être pas la force de résister; tu perdrais tes habitudes chrétiennes, tes bons sentiments, ce qui me causerait un vif chagrin.

JEAN.

Oh! monsieur, que puis-je faire pour vous épargner cette inquiétude? Quant au chagrin, j'espère, avec l'aide du bon Dieu, ne jamais vous le donner. Mais, faites de moi ce que vous voudrez, monsieur : je vous obéirai en tout.

M. ABEL.

Je te remercie, mon enfant. Voilà donc mon idée. Je te retirerai d'ici et je te placerai comme domestique chez des amis très-chrétiens, très-bons; le mari et la femme sont très-pieux, leurs enfants sont bien élevés et charmants; c'est une famille excellente, charitable, quoique riche, et c'est là où je voudrais te faire entrer; tu serais second domestique sous les ordres d'un homme excellent qui ne te rendrait pas la vie dure, et ton emploi principal serait de soigner et distraire le pauvre petit garçon de dix ans, qui est un vrai petit saint. Il est couché depuis plus d'un an, il souffre sans cesse, et jamais il ne se plaint, jamais il ne s'impatiente; il est réellement touchant et attachant.

JEAN.

Merci, monsieur, merci ; voyez, je ne dis plus rien, je vous regarde. »

M. Abel se mit à rire, donna une petite tape amicale sur la joue de Jean et se leva de table.

M. ABEL.

Je vais m'occuper de toi ; je te donnerai réponse définitive demain.

Jean courut raconter à Simon ce que lui avait dit M. Abel. Simon partagea la satisfaction de son frère.

« Puisque je dois quitter le café, dit-il, je suis content que tu en sortes aussi et que notre bon M. Abel se charge de te placer. »

Il finissait à peine de parler, que Jeannot entra dans le café et alla droit à Simon.

« Je viens te demander un service, Simon, dit-il d'un ton fort décidé.

SIMON.

Lequel ? Que veux-tu ?

JEANNOT.

Je te demande de me chercher une place. Je quitte décidément l'épicerie ; je veux me mettre en maison.

SIMON.

Je connais peu de monde, et toute ma journée est occupée à servir les allants et venants ; je n'ai donc pas le temps de te chercher une place.

JEANNOT.

Demande à M. Métis de me prendre.

SIMON.

M. Métis cherche ses garçons lui-même ; il n'aime pas qu'on s'en mêle.

JEANNOT.

Tu es bien aimable ; je te remercie de ton obligeance.

Simon ne répondit pas.

JEANNOT.

Je vois ce que c'est: tu ne *veux* pas me recommander.

SIMON.

C'est possible; je ne recommande que ceux que je connais; et toi, je ne te connais plus, tu ne viens plus nous voir.

JEANNOT.

C'est ce gueux de Pontois qui t'a dit du mal de moi?

SIMON.

C'est possible, et d'après la manière dont tu parles de ton bourgeois, il n'aurait pas tort.

JEANNOT.

Qu'est-ce qu'il t'a dit?

SIMON.

Je n'ai pas besoin de te le raconter, et tu n'as pas besoin de le savoir.

JEANNOT.

Je veux le savoir et tu me le diras.

SIMON.

Je ne te le dirai pas et tu ne le sauras pas.

JEANNOT.

Prends garde à toi! Je pourrais te faire du mal.

SIMON.

Fais ce que tu voudras et va-t'en.

JEANNOT.

Si jamais je te rencontre sur mon chemin et que je puisse te barrer le passage à toi et à ton Jean, je ne vous manquerai pas.

SIMON, *vivement*.

Méchant drôle! Avise-toi de toucher à Jean, et je te ferai empoigner par la police.

Jeannot se retira lentement. (Page 227.)

JEANNOT.

Je ne la crains pas, ta police. Une dernière fois je te demande, veux-tu me recommander pour une place de domestique?

SIMON, *avec force.*

Non, non; je t'ai déjà dit non, et je te répète non, et va-t'en.

Jeannot se retira lentement en menaçant du poing.

JEAN.

Mon bon Simon, pardonne-lui; il était hors de lui; je suis sûr qu'il regrette déjà de t'avoir parlé si rudement.

SIMON.

Non, mon ami, il ne le regrette pas, et il ne regrettera sa mauvaise conduite que lorsqu'il sera trop tard. Pontois m'a encore parlé de lui dernièrement, et, d'après ce qu'il m'a dit, Jeannot est perdu.

JEAN.

Mon Dieu! mon Dieu! pauvre Jeannot! Peut-être qu'en le mettant dans une bonne maison bien pieuse et bien honnête, il redeviendrait bon.

SIMON.

Je ne crois pas, mon ami. En tout cas, je ne puis le recommander comme un garçon honnête ni rangé.

Jean ne dit plus rien, mais il forma un projet.

CHAPITRE XIX.

M. ABEL PLACE JEANNOT.

Le lendemain, Jean attendit avec impatience M. Abel; dès qu'il l'aperçut, il courut à lui.

JEAN.

J'ai à vous parler, monsieur, d'une chose très-importante; mais n'en dites rien, c'est un secret.

M. ABEL.

Ah! tu as un secret. Je serai muet comme la tombe; tu peux me dire ce que tu voudras.

JEAN.

Bien, monsieur; vous voyez, je vous regarde.... Et puis je cours vous chercher votre déjeuner.

— Ce bon garçon! se dit Abel en souriant. Il n'oublie jamais la reconnaissance qu'il croit me devoir.... et qu'il me doit, au fait. Car je lui ai fait du bien tout en me faisant plaisir.... et du bien à l'âme.

Jean revint apportant un bifteck aux pommes tout fumant, bien cuit à point, un petit pain mollet et une bouteille de vin de premier choix.

JEAN.

Là! mangez, monsieur! Pendant que vous déjeunerez, je vais vous raconter quelque chose, et je vous demanderai un service, un très-grand service.

M. ABEL.

Parle, mon ami; je t'écoute.

Jean lui raconta ce qui s'était passé la veille, et finit par lui demander instamment de placer Jeannot.

M. ABEL.

Mais, mon ami, je trouve que Jeannot s'est très-mal conduit avec Simon, et qu'il ne mérite pas du tout mon intérêt ni le tien.

JEAN.

Cher monsieur Abel, pensez donc que M. Pontois va le renvoyer, et que ce malheureux Jeannot mourra de faim et de froid, car voici l'hiver qui approche.

M. ABEL.

C'est vrai, mais comment veux-tu que je recommande ce garçon que je ne voudrais pas pour moi-même.

JEAN.

Oh! monsieur, vous avez été pour Simon et pour moi si bon, si bon, que si je ne craignais de vous fâcher, je dirais (ce que je pense, au reste) qu'il n'y a pas de saint meilleur que vous. Et vous seriez méchant pour Jeannot? C'est impossible! Mon bon, cher bienfaiteur, ayez pitié de lui, pardonnez-lui; sauvez-le.

M. ABEL.

Écoute, mon enfant, pour toi, par amitié pour toi, je ferai ce que tu me demandes, mais....

JEAN, *en joignant les mains.*

Vraiment! Oh! monsieur! Oh! monsieur! Je ne dis rien, mais voyez ce que vous dit mon cœur.

M. ABEL, *souriant*.

Je vois et je te remercie, mon enfant; mais entendons-nous. Pour le placer, il faut que je sache tout. Parle-moi bien franchement, comme à un ami que tu ne veux pas tromper; réponds seulement aux questions que je vais te faire. Le crois-tu honnête?

JEAN, *hésitant et baissant les yeux*.

Non, monsieur.

M. ABEL, *souriant*.

Bon! Et d'un! Le crois-tu actif, laborieux?

JEAN, *de même*.

Non, monsieur.

M. ABEL.

Et de deux! Le crois-tu religieux?

JEAN.

Non, monsieur.

M. ABEL.

Et de trois! Le crois-tu serviable, obligeant?

JEAN.

Non, monsieur.

M. ABEL.

Quatre! Le crois-tu sincère, loyal?

JEAN.

Non, monsieur.

M. ABEL.

Le crois-tu bon camarade, d'un caractère agréable?

JEAN.

Non, monsieur.

M. ABEL.

Le crois-tu propre, rangé, intelligent?

JEAN.

Non, monsieur.

M. Abel se mit à rire de si bon cœur, que Jean lui-même ne put s'empêcher de rire avec lui. Quand l'accès de gaieté fut calmé, M. Abel reprit :

« Mon pauvre enfant, que veux-tu que je fasse d'un pareil garnement ?... Ne t'effraye pas ; je t'ai promis de le placer, et je tiendrai parole..... Mais comment vais-je faire ? A qui et comment demander de prendre à son service un garçon voleur, menteur, irréligieux, paresseux, grognon, maussade, désobligeant, sale, désordonné, bête, et je ne sais quoi encore ? Sac à papier ! Quelle tâche tu me donnes ! Quel service absurde tu me demandes ! C'est bête comme tout ! Je ne sais comment m'y prendre ! »

M. Abel se remit à rire de plus belle. Jean commença à s'inquiéter ; il sentait l'absurdité de sa demande ; il craignit d'avoir abusé de la bonté de M. Abel.

« Monsieur ! Monsieur ! dit-il d'un air suppliant ; pardonnez-moi ; ne m'en veuillez pas ! Je sens que je vous ai demandé une chose impossible ; mais ce pauvre Jeannot me fait une telle pitié ! Plus il est mauvais, et plus je le plains !

M. ABEL.

Et tu as raison, mon enfant ; le méchant est réellement à plaindre. Ne crains pas de m'avoir mécontenté ; je comprends très-bien ta pensée.... Et, qui sait ? Peut-être pourrai-je le ramener, lui faire du bien.

JEAN.

Si vous y parvenez, monsieur, comme le bon Dieu vous bénira !

M. ABEL, *riant*.

Et comme tu me regarderas ! Mieux encore que tu ne me regardes maintenant.... A propos, ton affaire, à toi, est arrangée ; tu entreras chez mes amis de Grignan ; il y a monsieur, madame, mademoiselle et le pauvre petit garçon bien malade dont je t'ai parlé, un vrai petit saint, celui-là. Demande à Simon s'il désire que tu y entres. Il est ton frère aîné, le chef de ta famille ; c'est lui qui doit décider de ton sort. Et à présent que nos affaires intimes sont terminées, je vais aller faire les miennes.... et celles de M. Jeannot, voleur, menteur, etc. Ah! ha! ha! »

Et, après avoir serré la main de Jean, qui baisa celle de M. Abel, il s'échappa riant encore.

Jean raconta à son frère ce que lui avait promis M. Abel pour Jeannot, et ce qu'il avait arrangé pour lui-même, Jean, sauf l'avis de Simon.

SIMON.

Dans ces conditions, et puisque tu as tout dit à M. Abel, il n'y a pas d'inconvénient à ce qu'il place Jeannot; et ce sera un vrai tour de force. Et quant à toi, frère, je voudrais bien que tu puisses attendre que l'époque de mon mariage fût décidée, et que M. Métis ait le temps de nous trouver deux bons remplaçants.

JEAN.

Comme tu voudras, mon bon Simon. Je suis plus heureux près de toi que je ne le serai jamais avec personne; ainsi, plus nous resterons ensemble, et plus je serai satisfait.

Lorsqu'Abel entra dans son atelier, il y trouva son ami, que nous continuerons à appeler Caïn. Et l'air riant d'Abel attira l'attention de son ami.

CAÏN.

Qu'as-tu donc vu de si gai aujourd'hui? On dirait que tu retiens un éclat de rire.

ABEL.

Ah! ha! ha! Tu devines juste; j'ai ri au café, j'ai ri en route, je ris encore, et je rirai toutes les fois que j'y penserai. Figure-toi que, cédant aux sollicitations de mon petit ami Jean, je me suis engagé.... oui, engagé, à placer comme domestique un garçon voleur, menteur, sale, paresseux, maussade, négligent, insolent, etc., etc.

CAÏN, *riant*.

Toutes les qualités réunies, à ce que je vois; et ce domestique voleur, menteur, etc., qui est-il, comment s'appelle-t-il?

ABEL.

Jeannot, le Jeannot qui m'est antipathique.

CAÏN.

Et à qui destines-tu ce trésor?

ABEL.

Ma foi, je n'en sais rien; il faut que tu m'aides à tenir ma parole.

CAÏN.

Très-volontiers! De même que toi, j'aime ce qui est bizarre. Et je ne vois rien de plus original que de s'intéresser à un Jeannot.

ABEL.

Bon! Je vais me mettre à la besogne; et, tout en me regardant peindre, tu tâcheras de trouver une idée, et une bonne. Dépêche-toi, pour que je l'apporte demain à mon petit Jean.

CAÏN.

Je crois que tu n'attendras pas longtemps; j'ai en vue un coquin qui fera notre affaire.

Le lendemain, Abel arrivait au café avec empressement.

« Jean, dit-il, vite mon déjeuner, que je te raconte ce que j'ai fait. »

Jean s'empressa d'apporter le déjeuner et resta debout en face de M. Abel, attendant avec impatience qu'il parlât. Il n'attendit pas longtemps.

M. ABEL.

Eh bien! mon ami, j'ai une place pour Jeannot.

JEAN.

Déjà, monsieur !

Et ses yeux brillèrent comme des escarboucles.

JEAN.

Déjà! Que vous êtes bon!

Abel le regarda et sourit.

M. ABEL.

Bien, bien, je comprends. C'est une très-bonne place; des gens fort riches, qui payent bien, qui ne sont pas méchants; Jeannot sera bien nourri, bien habillé, bien payé. Tu vois qu'il sera bien.

JEAN.

Mais, monsieur.... sera-t-il bien traité?

M. ABEL.

Ma foi, je n'en sais rien; cela dépendra de lui.

JEAN.

Monsieur, est-ce une maison dans laquelle vous me feriez entrer?

M. ABEL.

Diantre! non. Pas toi! Jamais toi! Je te renverrais plutôt au village.

JEAN.

Mais alors, monsieur, Jeannot y sera très-mal?

M. ABEL.

Jeannot y sera très-bien. Jeannot est un mauvais drôle, voleur, menteur, etc.; une maison honnête et tranquille ne lui irait pas; il n'y resterait pas deux jours. Toi, mon enfant, je te place dans une excellente maison, avec de bons maîtres, bien charitables, qui savent que tous les hommes sont frères et qui les traitent comme des frères. Tu seras sous les ordres d'un valet de chambre qui est un vrai modèle. Et, à propos de ta position, que t'a dit Simon?

JEAN.

Il désire, monsieur, que je donne à M. Métis le temps de me remplacer.

M. ABEL.

Très-bien; rien de plus juste. Je veux parler à M. Métis; le trouverai-je chez lui en sortant d'ici?

JEAN.

Oui, monsieur; il ne sort jamais avant midi.

M. Abel acheva son déjeuner et monta chez le maître du café. Il en descendit au bout d'un quart d'heure.

M. ABEL.

Jean, je viendrai te prendre demain pour te mener chez tes futurs maîtres; habille-toi proprement.

JEAN.

Oui, monsieur, je serai prêt.

Quand Abel fut parti, Jean, toujours si gai, s'assit tristement sur une des chaises qui entouraient les tables. Simon entra, et, le voyant sérieux et immobile, il s'approcha de lui.

SIMON.

Es-tu souffrant, mon ami? Comme tu es triste!

JEAN.

M. Abel doit me mener demain chez mes futurs maîtres, Simon, et je ne serai plus avec toi.

SIMON.

Mais tu me verras souvent, mon ami; surtout quand je serai marié; mon nouveau commerce me laissera bien plus de liberté.

Jean lui serra la main, tâcha de reprendre sa gaieté, et finit par y réussir.

M. Abel avait été chez l'épicier en sortant du café. Il trouva Jeannot seul dans la boutique, suçant du sucre candi.

M. ABEL.

Viens ici, drôle ! D'après les sollicitations de Jean, je t'ai trouvé une place, une bonne place, bien meilleure que tu ne le mérites. Tu iras demain à midi rue de *Penthièvre,* 28 ; tu monteras au premier ; tu demanderas M. Boissec, le maître d'hôtel de M. le comte de Fufières, et tu lui diras que tu viens de la part de M. Caïn. On t'expliquera le reste là-bas.

JEANNOT.

Merci bien, monsieur ; je suis bien reconnaissant.

M. ABEL.

C'est bon, c'est bon. Au reste, ce que j'en fais, ce n'est pas pour toi, c'est pour Jean. Va me chercher Pontois.

JEANNOT, *humblement.*

Oui, monsieur. Je remercie bien monsieur ; je ne suis pas comme monsieur croit ; Simon et Jean m'ont sans doute fait du tort dans l'esprit de monsieur....

M. ABEL, *vivement.*

Tais-toi ! Pas un mot de plus, ou je t'assomme.

Jeannot s'empressa de sortir.

« Misérable ! Ingrat ! dit Abel se parlant à lui-même. Au moment où Jean lui rend un service qu'aucun autre ne lui aurait rendu, il ose l'accuser de calomnie !... Si ce n'était ma promesse à Jean, j'irais défaire ce qu'a fait Caïn. Le gueux ! Le gredin ! »

Pontois entra ; il reconnut M. Abel, *le chanteur.*

PONTOIS, *avec insolence.*

C'est vous, monsieur le chanteur ? Que me voulez-vous ?

M. ABEL, *sèchement.*

Je veux vous parler, monsieur l'épicier, au sujet du garçon que vous appelez Jeannot. Vous n'y tenez pas, il ne tient pas à vous ; je vous en débarrasse. Envoyez-le demain là où je lui ai dit d'aller. Il *faut* qu'il y aille ;

Il sortit, laissant Pontois stupéfait. (Page 239.)

entendez-vous? *il le faut*. Il vous devra une indemnité pour les huit jours que vous auriez le droit de lui demander ; la voici.

Il jeta sur le comptoir une pièce de vingt francs et sortit, laissant Pontois stupéfait.

« Qui est donc ce monsieur? On dirait d'un prince! Quel air! Quelle hauteur!... Et comme il a jeté cette pièce d'or! comme on ferait d'un sou.... Il me débarrasse de Jeannot, qui est un mauvais drôle, et il me paye encore! Bonne affaire pour moi.... Mais qui est donc ce M. Abel? »

Il ramassa la pièce d'or, la mit dans son gousset, appela un garçon et remonta dans son entre-sol.

CHAPITRE XX.

JEAN CHEZ LE PETIT ROGER.

M. Abel vint déjeuner au café, comme d'habitude. Jean lui sourit, mais ce sourire était triste; il le regarda, mais ses yeux étaient humides.

M. ABEL.

Courage, mon enfant! Je vois bien ce qui t'afflige : c'est de quitter ton frère. Mais tu restes près de lui, tu le verras souvent; et puis, il eût bien fallu le quitter un peu plus tard, quand lui-même, étant marié, aurait pris le commerce de son beau-père.

JEAN.

C'est vrai, monsieur. Je me suis dit tout cela bien des fois. Mais.... j'aime Simon! Il est mon frère.... et il a été si bon pour moi! Je le verrai, mais ce ne sera pas la même chose, monsieur. Et vous! Je vous verrai sans doute aussi, mais pas tous les jours, pas régulièrement comme je vous voyais ici; je pouvais tout vous dire ici, vous confier toutes mes joies, toutes mes peines; vous aimer à mon aise.

M. ABEL.

Pauvre enfant! Tu m'aimes donc bien?

JEAN.

Si je vous aime! si je vous aime! Comme un père, comme un bienfaiteur.

Jean ne dit plus rien; M. Abel acheva son déjeuner en silence. Il se leva, chercha Simon des yeux.

« Amène-moi Simon, mon enfant; j'ai quelque chose à lui dire. »

Jean l'amena de suite.

« Simon, dit-il, j'ai vu hier M. Amédée; j'ai obtenu de lui que ton mariage aurait lieu vers le Carême, et qu'en attendant, tu entrerais chez lui pour te mettre au courant de son commerce. Il te loge et te reçoit chez lui dès demain.. M. Métis consent à ce brusque départ.... Je te renverrai Jean dans une heure. A revoir, Simon; et toi, Jean, viens avec moi et prends courage; tu seras heureux chez Mme de Grignan.

JEAN.

Je n'en doute pas, monsieur. Ce n'est pas ce qui m'inquiète; c'est ce que je vous disais au café, monsieur.

M. ABEL.

Oui, oui, mon ami, je le sais bien; mais vois donc si ce n'est pas de même pour tous, partout et toujours. On se sépare sans cesse de ceux qu'on aime. »

Tout en marchant et causant, ils arrivèrent devant un bel hôtel de l'avenue Gabrielle.

M. ABEL.

Voilà ta maison, mon ami; montons, je te présenterai à tes maîtres.

M. Abel monta suivi de Jean, entra dans un premier salon, puis dans un second, où se tenait la maîtresse de la maison. Elle était à son bureau; elle écrivait.

« Vous voilà, mon cher Abel, dit-elle en se levant; et ce jeune homme est sans doute votre ami Jean. Vous voyez, Jean, que nous vous connaissons.... Vous avez l'air effrayé, mon pauvre garçon; M. Abel a dû vous dire pourtant que nous chercherions à vous rendre heureux.

JEAN.

M. Abel m'a dit, madame, que vous étiez bien bonne, que vous étiez tous bien bons, et que vous aviez un pauvre enfant bien malade et qui était un petit saint. »

Mme de Grignan tendit la main à Abel.

« Merci, mon ami, d'avoir parlé ainsi de mon pauvre Roger. Il a bien envie de vous connaître, Jean; M. Abel lui a parlé de vous.

JEAN.

Moi aussi, madame, je serais bien heureux de le voir.

MADAME DE GRIGNAN.

Eh bien ! suivez-moi. Venez aussi, Abel; Roger est toujours si heureux quand il vous voit ! »

Mme de Grignan ouvrit la porte du fond et les fit entrer dans une chambre où était Roger, couché dans son lit; son pauvre petit visage était pâle et amaigri; ses mains et ses bras n'avaient que la peau et les os. Il avait de la peine à tourner sa tête sur son oreiller, tant il était affaibli par la souffrance.

Lorsqu'il les vit entrer, un sourire doux et aimable anima un instant ce visage souffrant.

« Mon cher monsieur Abel, dit-il d'une voix faible, que vous êtes bon de venir me voir !

ABEL.

Comment te trouves-tu, mon enfant ?

ROGER.

Je souffre beaucoup depuis hier; mais ne me plaignez pas, je souffre pour le bon Dieu; je lui offre tout, et il m'aide. »

Jean, étonné, attendri, avait les yeux pleins de larmes. Roger l'aperçut, le regarda attentivement.

ROGER.

Qui est ce jeune homme? Il a l'air bon.

ABEL.

C'est mon ami Jean dont je t'ai parlé, mon petit Roger; il est en effet très-bon.

ROGER.

Est-ce qu'il aime le bon Dieu?

ABEL.

Beaucoup, mon ami; sans cela il ne serait pas bon.

ROGER.

C'est vrai.... Jean, je voudrais vous voir de plus près.

Jean s'approcha et se mit à genoux près du lit du pauvre petit malade.

ROGER.

Je suis content de vous voir, Jean; je sens que je vous aimerai, que vous êtes un enfant du bon Dieu comme moi.

Jean lui baisa la main et ne put retenir une larme; il restait à genoux près du lit et le regardait.

ROGER.

Est-ce pour moi que vous êtes triste, Jean? Je ne suis pas malheureux. Je sais que je vais mourir, mais ce n'est pas un malheur de mourir. Je souffre tant! et depuis si longtemps! Je serai près du bon Dieu, près de la bonne sainte Vierge; papa, maman et ma sœur me rejoindront; et toi aussi, Jean. Je t'aime déjà un peu.... Oh! mon Dieu! mon Dieu! je souffre!

Tant mieux, mon Dieu, c'est pour vous!... Je souffre! Donnez-moi du courage, mon Dieu! Aidez-moi.... Oh! mon Dieu!

Sa tête retomba sur l'oreiller; des gémissements contenus s'échappaient de sa poitrine; une sueur froide inondait son visage. M. et Mme de Grignan avaient pris la place de Jean et d'Abel; ils lui essuyaient la sueur qui ruisselait sur son visage et sur son cou, et ils lui faisaient respirer du vinaigre.

Quand la crise fut calmée, Roger parut inquiet.

« Maman, dit-il d'une voix éteinte, je crains de m'être plaint trop vivement; croyez-vous que j'aie offensé le bon Dieu?

MADAME DE GRIGNAN.

Non, mon enfant, mon cher enfant; tu as tout accepté avec la résignation d'un bon petit chrétien. Sois bien tranquille; repose-toi. »

Le petit Roger baisa un crucifix qu'il avait à son cou.

ROGER.

Je suis bien fatigué, maman; dites à Jean de revenir demain; il me soignera un peu, cela vous reposera. Adieu, Jean; prie le bon Dieu pour moi.... Mon bon monsieur Abel, restez près de moi pour laisser maman se reposer. Vous resterez avec papa et vous causerez devant moi; j'aime tant à vous entendre causer!

ABEL.

Je resterai près de toi, mon enfant. Chère madame, voulez-vous présenter mon ami Jean à Barcuss, votre maître d'hôtel. Je le remets entre vos mains. Va, mon pauvre Jean; Barcuss te mettra au courant de la besogne que tu auras à faire. A demain, au café, pour la dernière fois.

Jean s'approcha et se mit à genoux près du lit. (Page 243.)

Avant de sortir, Jean baisa la petite main décharnée du pauvre enfant qui l'avait si profondément impressionné et attendri. Roger lui sourit, mais il n'eut la force ni de parler ni de bouger.

Mme de Grignan l'emmena; quand elle fut dans le salon, elle fondit en larmes; Jean la regardait pleurer avec tristesse, mais sans oser parler.

« Mon pauvre Jean, tu entres dans une maison de douleur, dit Mme de Grignan.

JEAN.

Oh! madame, c'est une maison de bénédiction pour moi. »

Mme de Grignan avait les mains sur ses yeux; elle pleurait. Puis, se levant :

« Venez, Jean, je vais vous mener à notre bon Barcuss; un bien excellent être, celui-là. »

Elle appela Barcuss et lui présenta Jean.

MADAME DE GRIGNAN.

Mettez ce bon garçon un peu au courant de la vie qu'il mènera chez nous, Barcuss; il est bon et pieux, car il a pleuré près du lit de notre pauvre petit enfant, et il a prié près de lui.

Barcuss serra la main de Jean et l'emmena.

« M. Abel m'a beaucoup et souvent parlé de vous, Jean. Que savez-vous faire ?

JEAN.

Je ne sais rien du tout, monsieur; je n'ai jamais été que dans un café.

BARCUSS, *souriant*.

Eh! c'est déjà quelque chose! Et, en tout cas, vous êtes modeste, ce qui est une bonne disposition pour tout apprendre et tout bien faire.

JEAN.

Je vous remercie, monsieur, de l'encouragement

que vous me donnez; je vous obéirai en tout, monsieur, et je m'efforcerai de bien faire ce que vous m'aurez commandé.

BARCUSS.

Bien, mon ami, très-bien. Et, dites-moi, allez-vous exactement à la messe?

JEAN.

Au café, monsieur, je ne pouvais y aller que le dimanche de grand matin; et puis, Simon et moi, nous allions à vêpres chacun notre tour.

BARCUSS.

Et faites-vous vos prières matin et soir?

JEAN.

Oh! monsieur! Comment les aurais-je manquées! Simon et moi nous les faisions toujours ensemble, côte à côte. Et puis Simon me bénissait au nom de maman, et je l'embrassais. C'était toujours le commencement et la fin de nos journées.

BARCUSS.

Qui est Simon?

JEAN.

C'est mon frère aîné, monsieur! Un bien bon frère! Et M. Abel a été si bon pour lui! C'est lui qui a arrangé son mariage, qui lui a fait une fortune.

BARCUSS.

Vous aimez M. Abel?

JEAN.

Si je l'aime, monsieur! »

Et les yeux de Jean étincelèrent.

JEAN.

Je l'aime de toutes les forces de mon cœur; je me ferais tuer pour lui! Et le jour où je pourrai verser mon sang pour lui rendre service, sera le plus heureux de ma vie! Si je l'aime! Mais si vous saviez

Elle appela Barcuss et lui présenta Jean. (Page 247.)

toutes ses bontés pour moi et pour Simon, si vous saviez tout ce qu'il a fait pour nous, vous ne me demanderiez pas si je l'aime. Et croiriez-vous, monsieur, que ce bon M. Abel a de l'amitié pour moi? Oui, monsieur; moi, pauvre garçon, qui ne lui suis bon à rien, qui ne puis et ne pourrai jamais rien pour lui, il m'aime, monsieur; oui, il m'aime, il a la bonté de m'aimer; il est content que je l'aime. Bon, excellent M. Abel! Si je pouvais du moins lui faire comprendre ce que j'ai pour lui dans le cœur!... Mais je ne peux pas; je ne trouve pas les paroles qu'il faut; et puis, je n'ose pas.

Barcuss était de plus en plus content de ce que lui disait Jean; lorsque Jean fut parti, Barcuss alla raconter à Mme de Grignan toutes les paroles que lui avait dites le protégé de M. Abel; elle en fut touchée et les redit à son tour à Abel.

ABEL.

En vous le donnant, chère madame, je savais le trésor que je vous livrais; si je ne l'avais pas fait entrer chez vous, personne que moi ne l'aurait eu. Ce sont de ces âmes d'élite qu'on garde soigneusement quand Dieu les met sur votre chemin. Barcuss et lui sont dignes de s'entendre.

MADAME DE GRIGNAN.

Ils s'entendent déjà comme de vieux amis. Barcuss est enchanté; il vous attend au passage pour vous remercier.

En effet, lorsque M. Abel partit à la fin de la journée pour rentrer chez lui, Barcuss le guettait au passage.

« Monsieur, je ne vous remercierai jamais assez du cadeau que vous avez fait à notre maison. Ce Jean me paraît être un vrai trésor. Et comme il vous aime! Si vous aviez vu ses yeux quand il me parlait de vous et de ce qu'il vous devait! Quels yeux! Et quelle vivacité dans sa reconnaissance! pauvre garçon! Il souffre de ne pas pouvoir vous le dire comme il le voudrait!

ABEL.

Je suis bien content, mon bon Barcuss, de vous l'avoir donné et de l'avoir remis à votre garde; avec vous, modèle des Basques, il achèvera de devenir un saint et un serviteur *comme on n'en voit guère, comme on n'en voit pas.* »

Abel partit en riant.

« Demain, se dit-il, mon pauvre Jean ne sera pas *Jean qui rit;* il quitte son frère, ses habitudes; moi aussi je lui manquerai; ce ne sera plus de même, comme il le disait très-justement.... Et moi aussi je suis un peu triste de perdre cette bonne heure du déjeuner. C'est singulier comme j'aime ce brave garçon; je m'y suis attaché petit à petit. Je regrette presque de ne l'avoir pas gardé pour moi.... Mais non; mon excellente amie me l'a demandé pour Roger; un regret même serait égoïste et coupable.... Pauvre petit Roger! Quel saint enfant!... A dix ans avoir le courage, la patience, la ferveur d'un martyr.... Vraie bénédiction du bon Dieu!... Et les parents la méritent. »

Le matin, lorsqu'Abel arriva au café, il trouva Simon et Jean qui l'attendaient; ils s'empressèrent de le servir pour la dernière fois. Simon avait l'air heureux du sort que lui avait fait son excellent bienfaiteur. Le pauvre Jean avait la mine d'un condamné à mort; soit qu'il regardât M. Abel, soit qu'il considérât Simon, il était également affligé. Abel avait l'air grave, presque triste.

Le déjeuner ne fut pas long.

« Adieu, mes bons amis, dit Abel en se levant; je vous reverrai. Toi, Simon, je serai un de tes témoins pour ton mariage; je te donne d'avance mon présent de noces, il t'aidera à faire la corbeille d'Aimée. »

Il lui mit un portefeuille dans la main.

« Et toi, mon enfant, ajouta-t-il en se tournant vers Jean et lui prenant les deux mains, je ne te dis pas adieu, je te reverrai aujourd'hui même. A revoir donc, mon ami; à revoir. Et soigne bien mon petit Roger, car c'est en partie pour lui que tu entres chez M. et Mme de Grignan. »

Il lui serra les mains; Jean y répondit en baisant celles de M. Abel, qui salua du geste et du sourire et sortit.

CHAPITRE XXI.

SÉPARATION DES DEUX FRÈRES.

Simon et Jean montèrent pour la dernière fois dans leur chambre. Ils firent chacun leur modeste et très-petit paquet. Simon ouvrit le portefeuille que lui avait donné M. Abel; il y trouva pour deux mille francs d'obligations du chemin de l'Est et un billet de mille francs, plus l'anneau de mariage et la médaille que Simon devait, selon l'usage, donner à sa femme.

« Est-il possible! Quelle bonté! quelle générosité! s'écria Simon.

JEAN.

Je vais t'accompagner jusque chez toi, Simon.

SIMON.

Certainement, mon ami; tu m'aideras à m'arranger. Ce ne sera pas long, je pense.

— Non, mais nous serons restés ensemble le plus longtemps possible. »

Les deux frères firent leurs adieux à M. Métis, qui leur donna à chacun une gratification de vingt francs;

et ensuite ils prirent congé de leurs camarades, qui les voyaient partir avec regret.

En arrivant chez M. Amédée, ils furent reçus avec une grande joie.

« Seulement, mon ami, lui dit Mme Amédée, vous auriez dû nous prévenir pour les meubles; je ne savais pas que vous en eussiez acheté, et j'avais mis dans votre chambre ceux que j'avais; pas beaux, mais pouvant servir. Il a fallu enlever mes vieilleries pour y placer votre joli mobilier. Les tapissiers y ont travaillé depuis le jour naissant; rideaux, alcôves, ils ont tout mis en quelques heures. C'est que vos meubles sont charmants; ils sont très-bien. La future chambre d'Aimée est même trop élégante; je ne lui fais pas d'autre reproche. »

Simon était stupéfait; la surprise l'avait empêché d'interrompre sa future belle-mère.

SIMON.

Mes meubles! La chambre d'Aimée! dit-il enfin. Mais je n'ai rien acheté. Je ne sais ce que cela veut dire.

JEAN.

Comment, Simon, tu ne devines pas? Mon cœur me dit, à moi, que c'est M. Abel; toujours M. Abel. Allons vite voir ce qu'il y a dans *tes* deux chambres. Je suis content pour toi et pour Aimée.

Ils montèrent tous au premier, au-dessus du magasin; Simon et Jean trouvèrent, en effet, un mobilier complet dans chaque chambre; les meubles étaient en acajou et perse de laine, simples et jolis. Dans la chambre de Simon, il y avait une petite bibliothèque avec une vingtaine de volumes reliés, bien choisis et tous intéressants et utiles.

MADAME AMÉDÉE.

On a mis l'armoire et le linge dans la chambre d'Aimée, puisque c'est elle qui doit le soigner et s'en servir. Et, quant à la malle de vos effets, Simon, je ne l'ai pas ouverte; j'ai pensé que vous aimeriez mieux ranger vos affaires vous-même.

SIMON.

Ma malle! Mes effets! Mais je n'ai pas de malle, et mes effets sont dans le paquet que j'ai apporté.

JEAN.

Encore M. Abel, notre chère providence!

Jean courut à la malle, l'ouvrit, et la trouva pleine de linge, d'habits, de chaussures, de tout ce qui pouvait être nécessaire à Simon dans sa condition de petit commerçant aisé, mais travaillant encore.

Pour le coup, Simon sentit ses yeux se mouiller de larmes.

« C'est trop, dit-il; c'est trop bon! Et voyez, ajouta-t-il en leur montrant le portefeuille et ce qu'il contenait, voyez ce qu'il m'a donné; avant lui, je n'avais rien; j'envoyais à ma mère tout ce que je gagnais. Et ce billet de mille francs, prenez-le comme cadeau de noces pour Aimée, ma mère; achetez ce que vous croirez lui être utile et agréable. »

M. et Mme Amédée étaient enchantés; il leur importait peu de qui venaient ces richesses, pourvu que leur fille en profitât. Ils se hâtèrent de descendre pour faire part à Aimée des générosités de M. Abel. Les yeux de Mme Amédée brillaient de bonheur.

MADAME AMÉDÉE.

Avec un pareil protecteur, Aimée, tu n'auras pas besoin de t'inquiéter de l'avenir de tes enfants.

AIMÉE.

J'espère bien, maman, que Simon n'aura jamais

« C'est trop… c'est trop bon ! » (Page 256.)

besoin d'avoir recours à la générosité de son bienfaiteur après tout ce qu'il lui a déjà donné.

MADAME AMÉDÉE.

Je ne dis pas que tu demandes jamais rien à M. Abel; je veux dire seulement que sa générosité prévoit tout et pense à tout.

Aimée n'était pas contente de l'explication de sa mère; mais elle ne dit rien. C'était sa mère!

Simon et Jean, restés seuls, s'embrassèrent tendrement et longuement; tous deux avaient des larmes dans les yeux; leur silence exprimait, mieux que des paroles, leur joie et leur reconnaissance.

« Rangeons tes effets, dit Jean après quelques instants de silence ; et puis je te quitterai pour aller aussi dans ma nouvelle demeure. Hélas! mon bon et cher frère, c'est là le chagrin; chacun chez soi; nous ne serons plus ensemble. Toujours, toujours séparés à l'avenir!

— Mais pas séparés de cœur, mon cher, cher Jean. Ces deux années que nous avons passées ensemble, si étroitement unis, sont de beaux moments de notre vie: ils nous laisseront un charmant et heureux souvenir. Je n'ai jamais été si heureux que dans notre pauvre chambrette du cinquième, où nous manquions de tout et où nous avions tout ce qui fait le bonheur; une conscience tranquille et notre tendresse fraternelle. Nous les avons toujours, ces deux éléments de bonheur. Nous nous verrons moins, c'est vrai, mais nous nous aimerons autant et nous penserons l'un à l'autre. Et, à présent, mettons-nous à l'ouvrage. »

Jean embrassa encore une fois Simon et commença avec lui à tout placer dans la commode et dans l'armoire, et à accrocher les habits aux portemanteaux.

Au fond de la caisse, Simon trouva d'abord un crucifix et une petite statue de la sainte Vierge, puis un petit paquet; il l'ouvrit et en tira deux jolis livres, les Évangiles et l'Imitation; ensuite, une petite boîte contenant une belle montre d'homme avec sa chaîne d'or.

JEAN.

Encore! Tu vois s'il nous aime! Est-il possible qu'il y ait un homme meilleur que mon cher M. Abel? Je ne le crois pas; non, c'est impossible!

La malle était vidée. Simon se trouvait monté de tout pour des années; jusqu'aux chaussures et aux affaires de toilette, rien n'avait été oublié.

Il commençait à se faire tard; il était temps que Jean se rendît chez ses nouveaux maîtres. Les deux frères s'embrassèrent à plusieurs reprises; Jean descendit l'escalier la vue un peu troublée par des larmes qui remplissaient ses yeux, malgré ses efforts; et Simon, partagé entre le regret de quitter son frère et le bonheur de sa situation actuelle et à venir.

Les frères se séparèrent au bas de l'escalier; Jean sortit; Simon entra dans le magasin, où il trouva Aimée qu'il n'avait pas encore vue, à laquelle il avait tant de choses à dire, et dont la sympathie et l'affection dissipèrent promptement le nuage de tristesse que lui avait laissé le départ de Jean.

Celui-ci marchait vite et cherchait à se distraire; en passant devant l'épicerie de Pontois, il se heurta contre Jeannot qui en sortait.

JEAN.

Ah! où vas-tu si précipitamment, Jeannot?

JEANNOT.

Je vais entrer chez M. le comte de Pufières; une fameuse place, va; des gens très-riches; j'ai quatre cents francs de gages pour commencer; habillé comme un prince, nourri comme un roi! Presque rien à faire; et puis des profits.

JEAN.

Quels profits peux-tu avoir?

JEANNOT.

M. Boissec, l'intendant, me les a expliqués; je les aurai si je me conduis bien. Je te dirai ça quand j'y serai et que je saurai bien au juste ce que c'est. Et toi, où vas-tu si bien habillé?

JEAN.

J'entre aussi, moi, dans une maison où m'a placé notre cher bienfaiteur, M. Abel.

JEANNOT.

Et quel genre de maison est-ce?

JEAN.

Des personnes excellentes. Il y a un pauvre petit garçon de dix ans bien malade; c'est un vrai petit ange. Et les pauvres parents, si résignés et si tristes! mais si pieux! Un chagrin si doux, si bon!

JEANNOT, *d'un air moqueur.*

Ce sera amusant! Un joli présent que t'a fait ton *cher* bienfaiteur!

JEAN.

Oui, c'est un beau présent, et il faut qu'il m'aime bien pour m'avoir trouvé digne d'entrer dans cette maison. Pauvre Jeannot! Tu ne comprends plus cela, toi!

JEANNOT.

Laisse-moi donc avec ta pitié! Tes *pauvre Jeannot!* m'ennuient à la fin. Pendant que tu geindras, que tu prieras comme un imbécile, je m'amuserai comme un roi, je mangerai, je boirai, je dormirai.

JEAN.

Et après?

JEANNOT.

Après? Eh bien!... après!... Je recommencerai.

JEAN.

Et après?

JEANNOT.

Après!... après!... Je continuerai.

JEAN.

Et après?

JEANNOT.

Ah! laisse-moi donc tranquille avec ton APRÈS.

JEAN.

C'est qu'APRÈS tu mourras, Jeannot. Et que lorsque tu seras mort, il y aura encore un APRÈS et un TOUJOURS!

Jeannot lança à Jean un regard de colère et de mépris, et passa de l'autre côté de la rue pour ne plus marcher avec lui. Au coin de la rue Castiglione, Jeannot tourna à droite, Jean continua tout droit et dit un dernier adieu au *pauvre Jeannot* qui se croyait très-heureux, et qui ne daigna ni répondre, ni tourner la tête.

« Quel dommage qu'il ait quitté le pays! se dit-il. Paris l'a perdu! »

Jean arriva chez M. et Mme de Grignan; ce fut Barcuss qui le reçut.

« Ah! te voilà donc, mon ami! Je suis bien content de t'avoir chez nous; et nous allons nous mettre à l'ouvrage de suite; M. Abel dîne ici; tu vas essuyer les assiettes et les verres pendant que je préparerai le dessert et le vin.

JEAN.

Comment va ce pauvre petit M. Roger? A-t-il passé une bonne nuit?

BARCUSS.

Non. Mauvaise comme toutes celles qu'il passe depuis quinze mois. Il souffre constamment; il n'a pas de sommeil, le pauvre petit. Le père et la mère sont sur les dents. »

Un coup de sonnette se fit entendre.

BARCUSS.

Vas-y, Jean, vas-y; ma corbeille de fruits va crouler si je l'abandonne.

Jean courut au salon et y trouva Mme de Grignan.

« C'est vous, Jean? Je sonnais tout juste pour savoir si vous étiez arrivé; mon pauvre Roger vous demande; il désire beaucoup vous voir; lui qui ne demande jamais rien et qui semble ne rien désirer, il a demandé qu'on vous envoyât chez lui aussitôt que vous seriez arrivé. Allez-y, mon ami?

— Oui, madame. Madame veut-elle me permettre de prévenir M. Barcuss?

— Oui, Jean, allez; c'est très-bien à vous d'être déférent pour Barcuss. »

Jean revint un instant après et il entra dans la chambre de Roger.

Le bruit léger que fit la porte attira l'attention du petit malade. Il ouvrit les yeux; un demi-sourire et une légère rougeur vinrent animer son visage. Il fit signe à Jean d'approcher et il lui tendit la main. Jean la prit doucement, y appuya ses lèvres, et regarda le visage si souffrant, si contracté du pauvre enfant.

Roger examinait Jean de son côté; il sourit légèrement.

« Tu as pitié de moi, Jean? Tu ne veux pas croire que je ne suis pas malheureux.... Je souffre, il est vrai; je souffre beaucoup, mais le bon Jésus me donne de la force pour souffrir.... Et toi qui es pieux, tu dois savoir que plus on souffre, plus on est heureux dans l'autre monde.... Je mourrai bientôt, et je serai bien,

bien heureux avec le bon Dieu.... Je prierai pour toi, Jean, quand je serai là-haut. »

Roger se tut et ferma les yeux; il ne pouvait plus parler, tant sa faiblesse était grande et sa souffrance aiguë. Jean voulut se relever, mais Roger sourit légèrement sans ouvrir les yeux et retint la main qu'il tenait.

« Prions, dit-il très-bas.

JEAN.

Oh! oui. Prions, pour que le bon Dieu vous rende la santé.

ROGER.

Non!... Prions pour que sa volonté soit faite, et qu'il fasse de moi ce qu'il voudra.... C'est mieux, ça.... Je suis content aujourd'hui, reprit-il après un assez long silence. Papa et maman pourront se reposer pendant que tu es près de moi, Jean.... Et je suis tranquille quand ils se reposent.... Mon ami Abel t'aime beaucoup, Jean..., parce que tu aimes bien le bon Dieu.... Et moi aussi, je t'aime pour cela, et je suis content quand tu es là, près de mon lit.... Et puis, j'aime à voir tes yeux; ils sont doux, ils sont bons; ils ont toujours l'air d'aimer. »

Roger s'arrêta; son visage se contracta.

« Jean, Jean..., prie pour moi..., que le bon Dieu m'aide.... Je souffre, je souffre!... Ah! mon Dieu! Ah! mon Dieu!... Pardon. Ma bonne sainte Vierge! Aidez-moi! Ayez pitié de moi! Oh! Dieu! »

Jean retira sa main d'entre celles de Roger, qui n'eut pas la force de la retenir, et il courut chercher Mme de Grignan, qui causait avec le médecin de la maladie et des souffrances de son enfant. Ils entrèrent et renvoyèrent Jean à Barcuss. M. Abel arriva peu de emps après. Jean profita de ce qu'il se trouvait seul

Jean vit pour la première fois Mlle de Grignan (Page 268.)

avec M. Abel pour lui dire rapidement ses nouveaux motifs de reconnaissance ; il se mit à genoux devant lui pour donner un coup de brosse à ses bottes, et, dans cette position humble et reconnaissante, il lui dit des paroles de tendresse et de dévouement.

M. ABEL.

Tais-toi, tais-toi, mon enfant. Tu sais que tu es convenu avec moi de ne me remercier que par les yeux. Si quelqu'un t'entendait, on pourrait croire que je suis réellement ton sauveur, ton bienfaiteur. Je veux être ton ami et ton protecteur, rien de plus. Voici Barcuss. Silence.... Eh bien! Barcuss, où avez-vous logé mon petit Jean?

BARCUSS.

Monsieur, j'ai fait porter sa malle dans la chambre près de la mienne.

Jean regarda M. Abel d'un air surpris en répétant : « Ma malle? Ma malle?

M. ABEL.

Mais oui, ta malle, nigaud! Où voulais-tu qu'on la mît, si ce n'est dans ta chambre? C'est comme pour Simon; quand il a déménagé, sa malle a été portée dans sa nouvelle chambre. Il en est de même pour toi. »

Tout cela fut dit d'un air significatif, avec un sourire bienveillant et un peu malin, et avec quelques signes du doigt qui voulaient dire : « Ne me trahis pas, tais-toi. »

BARCUSS.

Je vais voir si madame est dans le salon.

— Monsieur! dit Jean dès qu'ils furent seuls.

M. ABEL.

Chut! Barcuss va revenir. Tu as manqué me trahir.... Crois-tu donc que ce que j'ai fait pour Simon je ne l'aurais pas fait pour toi? toi, mon ami, mon confident! ajouta-t-il en riant.

A table, Jean vit pour la première fois Mlle Suzanne de Grignan, jeune personne gracieuse, aimable, charmante. Toute la famille était si unie, si bonne, que Jean se sentit de suite à son aise comme s'il en faisait partie. Pour la première fois, il eut occasion d'apprécier l'esprit gai, vif et charmant de M. Abel. Il l'admira d'autant plus; il ne le quittait pas des yeux, et plus d'une fois cet enthousiasme muet excita le rire bienveillant des cinq convives.

CHAPITRE XXII.

JEAN SE FORME.

Les camarades de Jean étaient tous de braves et honnêtes serviteurs. Barcuss était aimé et respecté de ses camarades et de tous ceux qui avaient des relations intimes avec ses maîtres. Il se chargea d'achever l'éducation négligée de Jean. Il lui donna les habitudes régulières qu'il n'avait pas eues jusque-là.

Le pauvre petit Roger aidait, sans le savoir, au perfectionnement de Jean. Il le demandait souvent et lui témoignait de l'amitié ; la vue de ses souffrances, supportées avec tant de douceur, de patience, de courage, faisait une profonde impression sur le cœur aimant et sensible de Jean. Les visites quotidiennes de M. Abel, ses bons conseils, sa constante bonté développèrent aussi l'esprit et les idées de Jean. Il comprit mieux sa position vis-à-vis de ses maîtres ; il leur témoigna plus de respect, de déférence.

Peu à peu les restes de dehors villageois et naïfs disparurent. En prenant de l'expérience et de l'âge, Jean fut plus maître de ses sentiments ; il aima autant, mais avec moins d'expansion ; il apprit à contenir ce que l'inégalité des conditions pouvait rendre ridicule ou inconvenant vis-à-vis de ses maîtres et des étrangers ; il ne baisa plus les mains de M. Abel ; il ne se mit plus à ses genoux ; il le regarda moins affectueusement et moins souvent ; mais, dans son cœur, c'était la même ardeur, le même dévouement, la même tendresse. Jean se sentait heureux, entouré de bons camarades, au service de maîtres excellents ; il trouvait autour de lui amitié, bonté, soins ; enfin, la vraie fraternité, qui est la charité du chrétien. Bien loin de lui refuser des permissions pour aller voir Simon, on faisait naître les occasions de réunion pour les deux frères. Barcuss préférait faire le travail de deux pour donner à Jean une soirée ou une après-midi. Il n'était jamais refusé quand il désirait aller à l'église, ou sortir pour ses affaires personnelles, ou voir quelque chose d'intéressant, ou faire une visite de pauvre.

S'il était souffrant, ses camarades le soignaient comme un frère ; les maîtres veillaient à ce qu'il ne manquât de rien ; M. Abel venait alors savoir de ses nouvelles et le distrayait par son esprit gai et aimable. La seule peine de Jean était l'état toujours alarmant et douloureux du bon petit Roger, que Jean aimait d'une sincère affection.

« Vous prierez pour moi, monsieur Roger, quand vous serez près du bon Dieu, lui disait-il souvent.

— Pour toi comme je prierais pour mon frère, » répondait Roger de sa voix défaillante.

Les nouvelles d'Hélène étaient excellentes ; elle se plaisait beaucoup dans cette ferme de Sainte-Anne que louait Kersac ; elle était généralement aimée et estimée. Kersac était plus un frère qu'un maître pour elle ; jamais un reproche, toujours des remercîments et des éloges. La petite Marie devenait de plus en plus gentille; elle passait la journée chez les bonnes sœurs de Sainte-Anne; elle travaillait bien; elle commençait déjà à se rendre un peu utile à la ferme. Quand Kersac lui faisait faire un raccommodage ou un travail quelconque pour lui-même, Marie en était fière et heureuse. Kersac l'aimait beaucoup et se réjouissait de la pensée de l'adopter.

Un jour il reçut une lettre de Simon et de Jean. Simon lui demandait de venir assister à son mariage, qui avait été retardé jusqu'après Pâques à cause d'une maladie de Mme Amédée, commencée peu de jours avant le carême. Simon demandait aussi à Kersac de vouloir bien lui servir de témoin avec M. Abel N..., ce peintre fameux par son talent autant que par sa vie exemplaire et son esprit charmant.

Jean suppliait son ami Kersac de venir les voir dans une occasion aussi solennelle; ils déploraient tous les deux que leur mère ne pût venir, et Jean demandait à Kersac de ne pas augmenter leur chagrin en refusant d'être témoin de l'heureux Simon. Il profitait de l'occasion pour raconter à Kersac une foule de choses et de détails intéressants.

« Tenez, Hélène, dit Kersac, lisez cette lettre de Simon et de Jean. »

Hélène la lut avec un vif intérêt.

« Eh bien! dit-elle, que ferez-vous?

— J'irai, dit Kersac; la ferme n'en souffrira pas, malgré que la saison soit encore aux labours et aux semailles; je ne serai absent que trois ou quatre jours. Je vais écrire pour savoir le jour du mariage et l'hôtel où je pourrai descendre pour être près d'eux. Nous voici au printemps, le beau temps est venu; ce sera pour moi un voyage agréable de toutes manières. Cela me fera vraiment plaisir de revoir mon petit Jean; je tâcherai de vous le ramener, si c'est possible. »

Hélène devint rouge de joie.

« Me ramener Jean! Ah! si vous pouviez!

KERSAC.

Et pourquoi ne le pourrais-je pas?

HÉLÈNE.

C'est qu'il est en service, monsieur! Et vous savez combien c'est gênant quand un domestique s'absente.

KERSAC.

Ce ne doit pas être à Paris comme chez nous; ils ont un tas de domestiques qui se tournent les pouces, on ne s'aperçoit seulement pas quand l'un d'eux manque.

HÉLÈNE.

Je crois, monsieur, que cela dépend des maisons: chez Mme de Grignan, où est Jean, chacun a son travail; c'est une maison comme il faut, une vraie maison de Dieu, comme l'écrit toujours Jean.

KERSAC.

C'est possible, mais j'essayerai toujours; voici près de trois ans que vous n'avez vu votre fils, ma pauvre Hélène; il est bien juste qu'on vous le donne pour quelques jours. »

Hélène le remercia, mais sans trop croire au bonheur que ce brave Kersac lui faisait espérer.

Il reçut deux jours après une réponse à sa lettre; le mariage était pour le 1er mai, et on était aux derniers jours d'avril. Pas de temps à perdre; Hélène se hâta de lui préparer ses plus beaux habits, son linge le plus fin, ses bottes les plus brillantes; elle lui mit de l'or dans sa bourse; elle crut être prodigue en lui mettant cent francs.

Elle fit son paquet qu'elle enveloppa dans un beau torchon neuf bien épinglé; et, lorsque Kersac fut près du départ, elle lui remit son paquet et la bourse.

KERSAC, *riant.*

Merci, ma bonne Hélène. Avez-vous été généreuse? Combien m'avez-vous donné pour m'amuser?

HÉLÈNE.

Plus que vous n'en dépenserez, monsieur. Cent francs!

KERSAC, *riant plus fort.*

Cent francs! Pauvre femme! Cent francs! Mais il n'y a pas de quoi aller et venir si je ramène mon brave petit Jean.

HÉLÈNE.

Eh bien! monsieur, votre dépense ne sera pas grand'chose? Vous allez être nourri, là-bas! Quand on va à une noce, on mange et on boit pour huit jours!

— Et me loger, donc! Et vivre en attendant la noce! Je ne vais pas arriver là pour tomber en défaillance comme un mendiant. Et mon présent de noce, donc? Vous croyez que je laisserai marier un garçon qui est presque à vous, sans lui faire mon petit cadeau? Non, Hélène, Kersac est plus généreux que ça. Donnez-moi la clef et venez voir ce que j'emporte.

Hélène le suivit en lui recommandant l'économie.

« Prenez garde à vous laisser trop aller à votre générosité, monsieur. Ces trois jours vont vous coûter plus cher que six mois ici chez vous.

KERSAC, *riant.*

C'est bon, c'est bon! Je sais ce que je fais. Je suis économe, vous le savez bien; mais, dans l'occasion, je n'aime pas à être chiche.

HÉLÈNE, *souriant.*

Économe, économe, excepté quand il s'agit de donner, monsieur.

KERSAC.

Ah mais! quant à ça, Hélène, j'ai ma maxime, vous savez. Il faut que celui qui a, donne à celui qui n'a pas. »

Kersac se trouvait devant la caisse où étaient ses papiers et son argent. Et, au grand effroi d'Hélène, il en tira encore cinq cents francs.

HÉLÈNE.

Miséricorde, monsieur! Vous n'allez pas dépenser tout ce que vous emportez?

KERSAC.

J'espère que non. Mais.... dans une ville comme Paris, il ne faut pas risquer de se trouver à court. On ne sait pas ce qui peut arriver; un accident, une maladie!

HÉLÈNE.

Oh! monsieur! Le bon Dieu vous protégera; il ne vous arrivera rien du tout, et vous nous reviendrez en bonne santé, j'espère bien.

KERSAC.

Je l'espère bien aussi, ma bonne Hélène. Et, à présent, adieu, à revoir; et préparez un lit pour votre garçon. Et embrassez pour moi ma petite Marie qui est à l'école.

Kersac embrassa Hélène sur les deux joues, selon l'usage du pays, sauta dans sa carriole avec le garçon de ferme qui devait la ramener, et s'éloigna gaiement.

« Oh! s'il pouvait me faire voir mon petit Jean! » s'écria-t-elle quand il fut parti.

Elle était pleine d'espoir, malgré ce qu'elle en avait dit à Kersac, et ne perdit pas une minute pour préparer un lit à Jean, dans un cabinet qui se trouvait entre sa chambre et celle de Kersac.

CHAPITRE XXIII

KERSAC A PARIS.

Kersac arriva à Paris de grand matin et prit un fiacre, comme le lui avait recommandé Jean, qui lui avait donné l'adresse d'un hôtel de la rue Saint-Honoré, tout près de la rue Saint-Roch. Il prit une chambre au sixième, déjeuna copieusement pour commencer, fit une toilette complète, revêtit sa belle redingote, et, d'après les indications d'une fille de service, se rendit chez Jean, à l'hôtel de Mme de Grignan. Il était huit heures quand il arriva.

« Qui demandez-vous, monsieur? demanda le concierge.

KERSAC.

Et qui voulez-vous que je demande, mon brave homme, si ce n'est mon petit Jean?

LE CONCIERGE.

Quel petit Jean, monsieur?

KERSAC.

Comment, quel petit Jean? Celui qui reste dans cette

maison, parbleu; je n'en connais pas d'autre, et surtout pas un qui vaille celui-là. »

Le concierge sourit; il comprit ce que demandait Kersac.

LE CONCIERGE.

Si vous voulez entrer, monsieur, je vais prévenir Jean que vous le demandez. Qui faut-il annoncer, monsieur?

KERSAC.

Kersac; son ami Kersac.

LE CONCIERGE.

Suivez-moi, s'il vous plaît, monsieur.

KERSAC.

Très-volontiers, mon ami.

Kersac le suivit pas à pas; arrivé à l'escalier, il s'arrêta.

KERSAC, *regardant de tous côtés.*

Mais.... par où faut-il monter?

LE CONCIERGE.

Il faut monter l'escalier qui est devant vous, monsieur.

KERSAC.

Sur cette belle étoffe qu'on a mise là tout du long?

LE CONCIERGE, *souriant.*

Oui, monsieur; il n'y a pas d'autre chemin.

KERSAC.

Eh bien! excusez du peu; mon petit Jean ne se gêne pas.... Et il marche là-dessus tous les jours?

LE CONCIERGE, *souriant.*

Dix fois, vingt fois par jour, monsieur.

KERSAC.

Si ça a du bon sens, de faire marcher sur des belles étoffes comme ça!

Kersac se baissa, passa la main sur le tapis.

KERSAC.

C'est doux comme du velours. Ça ferait de fameuses couvertures de cheval! Et des limousines excellentes, qui vous tiendraient joliment chaud!

Kersac se décida pourtant à poser un pied, puis l'autre, sur le beau tapis; il montait lentement, avec res-

Kersac le suivit pas à pas. (Page 276.)

pect pour la belle étoffe, regardant à chaque marche s'il ne l'avait pas salie avec ses bottes couvertes de poussière. Le concierge le fit entrer dans l'antichambre et alla prévenir Barcuss.

« Jean va être bien content, dit Barcuss; je vais

l'envoyer à M. Kersac; il est ici à côté, dans l'office....
Jean! vite, viens voir ton ami, M. Kersac, qui vient d'arriver.

JEAN.

M. Kersac! Quel bonheur! Où est-il? »

A peine avait-il dit ces mots, que la porte du vestibule s'ouvrit et que la tête de Kersac apparut.

Kersac passa la main sur le tapis. (Page 276.)

« Monsieur Kersac! Cher monsieur Kersac! s'écria Jean en courant à lui.

— Jean! mon brave garçon! répondit Kersac en le

serrant dans ses bras et en l'embrassant de tout son cœur.

— Cher monsieur Kersac, répéta Jean, que vous êtes bon d'être venu, de vous être dérangé, d'avoir quitté votre ferme! Que je suis donc heureux de vous voir! Donnez-moi des nouvelles de maman. Si vous saviez comme je suis content de la savoir chez vous! Elle doit être si heureuse avec vous!

KERSAC.

Je me flatte qu'elle n'est pas malheureuse, mon ami. Mais comme te voilà grandi!... Et pas enlaidi, je puis dire en toute vérité.... Beau garçon!... Sais-tu que tu es presque aussi grand que moi? Tu as.... quel âge, donc?

JEAN.

Dix-sept ans dans trois mois, monsieur Kersac.

KERSAC.

C'est ça; c'est bien ça! J'ai trente-huit ans, moi!

— Jean, tu devrais proposer à M. Kersac de prendre quelque chose, dit Barcuss qui avait regardé et écouté en souriant.

KERSAC.

Bien merci, monsieur! Vous êtes bien honnête! J'ai mangé, en arrivant, une fameuse miche de pain et une assiettée de fromage! Mais votre pain de Paris ne vaut pas le pain de la campagne. Ça ne tient pas au corps. On a beau avaler, on se sent toujours l'estomac vide. »

Barcuss se mit à rire et demanda à Kersac de l'attendre un instant. Il alla trouver M. de Grignan qui faisait sa toilette.

BARCUSS.

Monsieur voudrait-il me permettre d'offrir un verre

de vin à M. Kersac, l'ami de Jean, qui vient d'arriver et qui a l'air d'un bien brave homme?

M. DE GRIGNAN.

Certainement, mon ami; donnez-lui tout ce que vous voudrez.

BARCUSS.

Et monsieur veut-il me permettre de donner un petit congé à Jean, pour qu'il soit libre de promener son ami?

M. DE GRIGNAN.

Je ne demande pas mieux, mon bon Barcuss; mais c'est vous qui en souffrirez.

BARCUSS.

Oh! monsieur, je ne suis pas embarrassé pour l'ouvrage; le concierge me donnera un coup de main. Et ça fait plaisir d'obliger un bon garçon comme Jean et un brave homme comme M. Kersac.

M. DE GRIGNAN.

A-t-il vraiment l'air d'un brave homme?

BARCUSS.

D'un brave homme tout à fait, monsieur; un homme de cinq pieds huit pouces pour le moins, avec des épaules, des bras et des poings à assommer un bœuf; et, avec cela, un air tout bon, tout riant, l'air d'un bon homme tout à fait. Et si monsieur voulait bien permettre que je lui propose de rester ici?

M. DE GRIGNAN.

Très-volontiers, Barcuss; vous pourriez lui proposer, s'il n'est ici que pour peu de jours, de coucher et de manger chez moi. De cette façon, Jean le verra tout à son aise, et vous ne vous éreinterez pas de travail.

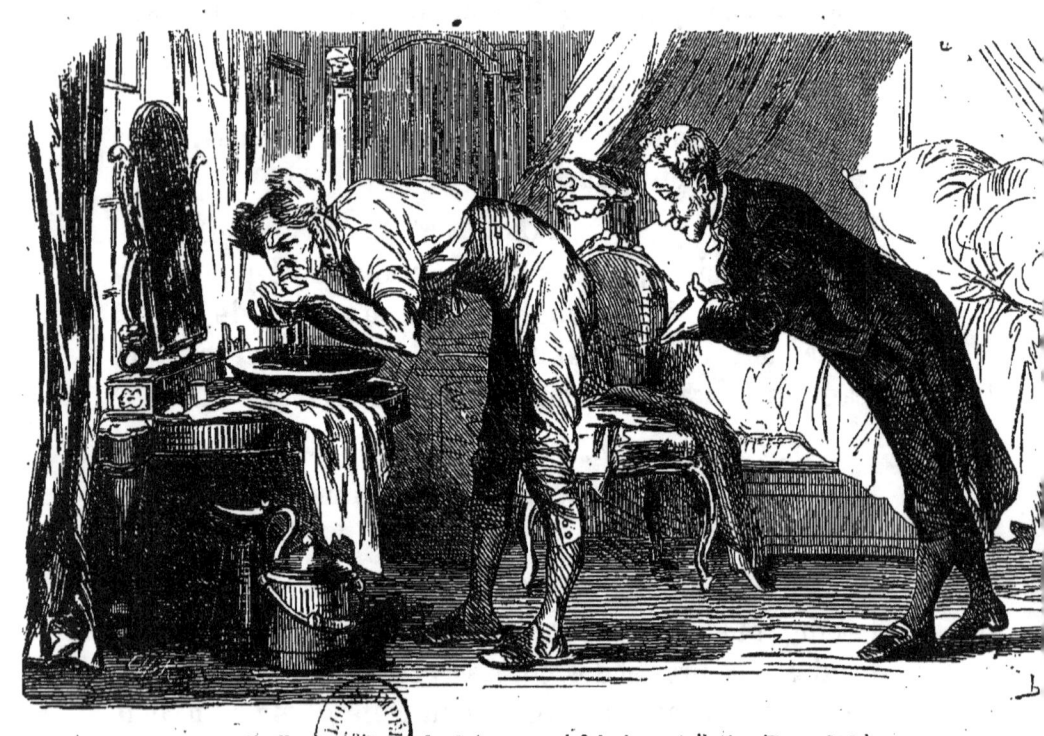

Il alla trouver M. de Grignan qui faisait sa toilette. (Page 279.)

BARCUSS.

Merci bien, monsieur; je le lui proposerai de la part de monsieur.

Barcuss se retira fort content et rentra avec empressement dans l'antichambre, où il trouva Kersac et Jean causant avec animation.

BARCUSS.

Monsieur Kersac, monsieur vous propose de rester ici chez lui; nous avons le logement et la table à vous offrir.

Jean sauta de dessus sa chaise.

« Merci, monsieur Barcuss; c'est un effet de votre bonté, je le vois bien; c'est vous qui l'avez demandé à monsieur.

KERSAC.

Mais, Jean, dis donc, c'est indiscret, ça; on dit qu'à Paris chacun a son coin; je ne veux déplacer ni gêner personne; j'aime mieux retourner à l'hôtel.

JEAN.

Oh! mon cher monsieur Kersac! Puisque monsieur le permet! Puisque le bon M. Barcuss l'a demandé!

BARCUSS.

Acceptez, acceptez sans crainte, monsieur Kersac; nous avons plus de logement qu'il ne nous en faut. Voyons, est-ce dit?

KERSAC, *lui tapant dans la main.*

C'est dit. Tôpe là, je reste! Vous avez l'air de braves gens ici. Je voudrais bien connaître les maîtres de Jean. J'aime bien les braves gens.

BARCUSS.

Vous les verrez tantôt, monsieur Kersac. Jean, dans quelle chambre mettons-nous ton ami?

JEAN.

Dans la mienne, je vous en prie, monsieur Barcuss; je le verrai bien mieux.

KERSAC.

J'aimerais bien cela, moi aussi. Cela me rappellera la nuit où tu m'as si bien soigné, Jean, à l'auberge de Malansac. Et ce Jeannot, que tu voulais me faire aimer? A propos, où est-il, cet animal de Jeannot?

JEAN.

Il est bien placé, à ce qu'il m'a dit, mais je ne le vois pas souvent.

KERSAC.

Pourquoi ça?

JEAN.

Parce que.... parce qu'il a des idées qui ne sont pas les miennes et des goûts que je n'ai pas. »

Barcuss interrompit la conversation pour les engager à aller déjeuner. Jean, qui avait bon appétit, ne se le fit pas répéter; il emmena Kersac pour le présenter au cuisinier et aux autres domestiques.

Kersac déjeuna une seconde fois comme s'il n'avait pas déjeuné une première. Puis, Jean lui proposa de venir voir sa chambre.

KERSAC.

Sac à papier! mon garçon, comme tu es logé! Et tous ces effets sont à toi?

JEAN.

Tout, tout, monsieur. Regardez bien! Voyez mes beaux habits, mon linge, ces excellents livres, tout ça m'a été donné par le meilleur des hommes, le plus charmant et en même temps le plus charitable; vous devinez que c'est de M. Abel que je parle.

KERSAC.

Ah! oui, ce brave monsieur que tu aimes tant?

JEAN.

Et que j'ai tant de raisons d'aimer! Si vous saviez comme il a été et comme il est bon pour Simon et pour moi! Et comme il me donne de bons conseils! Et comme il a la bonté de m'aimer! C'est ça qui me touche le plus. Que lui, grand artiste, riche, spirituel, si couru, si choyé, veuille bien aimer un pauvre domestique, un garçon comme moi!

KERSAC.

J'aime ce M. Abel, et toi, je t'aime d'autant plus que tu l'aimes et que tu en parles avec tant d'amitié.

JEAN.

C'est qu'on est si reconnaissant envers ceux qui vous aiment, quand on est seul, loin de sa famille.

KERSAC.

A qui le dis-tu, moi qui n'ai pas de famille et personne à aimer. Aussi, je veux m'en faire une; ça me pèse trop de vivre seul.

JEAN.

Et comment ferez-vous pour vous faire une famille?

KERSAC.

Parbleu! je me marierai; pas plus difficile que ça. Comme fait Simon.

JEAN.

Mais Simon est jeune, et vous ne l'êtes plus.

KERSAC.

Je le sais bien! Aussi n'épouserai-je pas une jeunesse de dix-huit ans, comme fait Simon. Je prendrai une femme de mon âge à peu près.

JEAN.

Et où la trouverez-vous?

KERSAC.

Elle est toute trouvée, pardi! Ta mère!

JEAN, *surpris d'abord et riant ensuite.*

Maman! Maman! Mais vous n'y pensez pas, monsieur! Maman a quelque chose comme trente-trois à trente-quatre ans!

KERSAC.

Et moi, j'en ai bien trente-huit à trente-neuf. Vois-tu, Jean, j'ai besoin de quelqu'un de confiance près de moi pour gouverner ma ferme; et puis quelqu'un de bon et de soigneux que je puisse aimer; quelqu'un de rangé, d'économe, qui me retienne quand je veux faire de la dépense. Quelqu'un de propre, d'avenant, qui ne repousse pas les gens qui viennent à la ferme faire des affaires avec moi. Je trouve tout cela dans ta mère; elle paraît plus jeune que son âge, mais cela ne fait rien; cela vaut mieux que si on pouvait la prendre pour ma mère. Cela te déplaît-il, mon ami?

JEAN.

Comment cela me déplairait-il, monsieur? C'est au contraire un bonheur, un grand et très-grand bonheur. Pauvre maman, qui a été si malheureuse! Et le bon Dieu lui envoie la chance de devenir la femme d'un brave, excellent homme comme vous, monsieur! Mon cher monsieur Kersac! vous serez donc mon père! Ah! ah! ah! c'est drôle tout de même!

KERSAC.

Tu n'y pensais pas ni moi non plus, quand je te menais en carriole à Malansac? Eh bien! tu ne croirais pas une chose? c'est que je m'étais si bien attaché à toi dans cette journée de carriole, que j'ai été voir ta mère pour toi, que je l'ai soignée pour toi, et que l'idée d'en faire ma femme m'est venue pour toi, pour te ravoir un jour et pour te faire un sort. Et puis, il faut dire aussi que j'ai reçu, il y a environ trois mois, une lettre de quelqu'un que je ne connais ni d'Ève ni d'Adam, qui a signé : *Un ami*, et qui me dit :

« Si vous voulez être heureux, monsieur Kersac, et si vous êtes le brave, l'excellent homme que je crois, épousez la mère de votre jeune ami Jean. Vous n'aurez pas à vous en repentir. »

Cette lettre m'a décidé; j'ai pensé à ton avenir, au mien, et je me suis dit : Hélène sera ma femme et Jean sera mon fils.

JEAN.

Merci, monsieur, merci; mille fois merci; j'ai réellement trop de bonheur d'avoir rencontré deux hommes aussi excellents que vous et M. Abel.

KERSAC.

Ah çà! dis donc, je voudrais bien le voir, ton M. Abel? Je l'aime, rien que de t'en entendre parler.

JEAN.

Je le lui dirai, monsieur; je le lui dirai; à présent, monsieur, je vais aller à mon ouvrage pour ne pas tout laisser à faire à ce bon M. Barcuss, qui s'échine pour me donner du bon temps.

KERSAC.

Je vais y aller avec toi; je ne te quitte pas d'une semelle; je te regarde déjà comme mon fils. Mais n'en parle à personne qu'à Simon; on rirait de moi, et cela ne m'irait pas. Je leur donnerais une volée de coups de poing qui gâterait la noce.

JEAN.

Permettez-moi, monsieur, de le dire à M. Abel; j'ai l'habitude de lui parler de tout ce qui m'intéresse.

KERSAC.

Dis-le, dis-le, mon ami; je le lui dirais moi=même si je le voyais.

CHAPITRE XXIV.

KERSAC ET M. ABEL FONT CONNAISSANCE.

Avant de quitter la chambre, Kersac serra Jean dans ses bras, et avec une telle force, que Jean demanda merci; il étouffait; tous deux descendirent en riant. Jean se mit à décrotter et cirer les chaussures; Kersac s'y mit aussi avec ardeur, et tous deux causaient avec tant d'animation, qu'ils n'entendirent pas entrer M. Abel.

Il les regardait depuis quelques instants en souriant, lorsque Kersac se retourna.

KERSAC.

Tiens! qui est-ce qui vient nous déranger?

Jean se retourna à son tour, jeta brosse et soulier, et s'avança précipitamment vers M. Abel.

JEAN.

Cher, cher monsieur, encore un bonheur! C'est M. Kersac que vous voyez là; il m'annonce.... vous ne devinerez jamais quoi; il m'annonce....

M. ABEL.

Qu'il épouse ta mère, parbleu! c'est clair.

JEAN, *étonné.*

Comment avez-vous deviné?

M. ABEL.

Tu sais que je devine tout ce qui te concerne.

JEAN.

C'est vrai, ça, monsieur! Nous nous entendons si bien!

Kersac était resté la bouche ouverte, les yeux écarquillés, tenant une brosse en l'air d'une main et une bottine de l'autre. M. Abel s'avança vers lui en riant. Kersac, sans penser au cirage qui noircissait ses mains, prit celles de M. Abel dans les siennes et les serra avec la force d'un charretier herculéen. M. Abel, qui ne le lui cédait en rien sous ce rapport, serra à son tour jusqu'à ce que Kersac eût jeté une espèce de cri de douleur.

KERSAC.

Sac à papier! quelle poigne! Eh bien! monsieur, si vous êtes de cette trempe, il vaut mieux vous avoir pour ami que pour ennemi. Dis donc, Jean, tu ne m'avais pas dit cela?

JEAN.

C'est que je ne le savais pas. M. Abel m'avait toujours serré les mains bien doucement, sans me faire de mal.... Ah! mon Dieu! regardez donc vos mains, monsieur! Pleines de cirage, ajouta Jean en riant.

M. ABEL, *riant aussi.*

C'est ma foi vrai. Noires comme si j'avais ciré mes bottes.

KERSAC.

Bien pardon, monsieur, c'est moi! Je n'y ai pas pensé! C'est que nous venions de parler de vous, monsieur, et alors, vous comprenez.

— Je comprends, dit Abel en adressant à Jean un

sourire affectueux. Et puisque j'ai les mains noires comme les vôtres, je vais vous aider à dépêcher votre ouvrage; nous allons décrotter tout cela, comme trois bons amis.

M. Abel mit un tablier de Barcuss, saisit une brosse, un petit brodequin de Suzanne, et se mit à brosser et à cirer comme un vrai décrotteur. Kersac le regardait avec un étonnement qui faisait rire M. Abel, déjà enchanté du nouveau rôle qu'il s'était adjugé.

Quand ils eurent fini, Abel proposa de descendre à la cuisine pour se savonner les mains; ils y allèrent tous les trois; le cuisinier, accoutumé aux excentricités de M. Abel, lui présenta une terrine d'eau tiède et un morceau de savon, sans demander d'où provenait ce cirage sur les mains de M. Abel; Jean et Kersac se lavèrent dans un seau.

« A revoir, mon ami Kersac, dit M. Abel en s'en allant; je suis entré en passant pour savoir des nouvelles de mon pauvre petit Roger. Jean, sais-tu comment il va? Il était bien souffrant hier soir.

JEAN.

Je n'ai pas encore eu de ses nouvelles ce matin, monsieur; l'arrivée de M. Kersac m'a tout bouleversé. J'étais si content de le revoir.

M. ABEL.

Je vais avoir des nouvelles par Grignan. Je reviendrai dîner; préviens Barcuss.

JEAN.

Oui, monsieur. A revoir, monsieur.

M. ABEL.

A revoir, mon enfant. A ce soir, monsieur Kersac. Vous savez que nous sommes ensemble témoins de Simon?

Tenant une brosse en l'air d'une main et une bottine de l'autre. (Page 289.)

KERSAC.

Oui, monsieur; c'est bien de l'honneur pour moi.

M. ABEL.

Et pour moi, donc! Je ne connais rien de plus respectable qu'un honnête cultivateur, brave homme, et faisant le bonheur de tous ceux qui l'entourent.... J'ai les mains propres, ajouta-t-il en tendant sa main à Kersac, et vous aussi; nous pouvons nous donner une poignée de mains.... et sans nous briser les os, » ajouta-t-il en riant.

Kersac prit la main d'Abel et la serra un peu trop vivement, à l'idée de M. Abel.

« Prenez garde, dit-il; si vous serrez, je serre.

— Et moi je lâche, » dit Kersac en reculant d'un pas.

Abel s'en alla en riant et monta chez M. de Grignan. Il ne tarda pas à revenir, et dit à Jean en passant :

« Roger va un peu moins mal; il voudrait te voir, et il te demande de lui amener notre ami Kersac dont je lui ai parlé. A revoir, mes amis. Jean, dis à Simon qu'il vienne me voir à l'hôtel *Meurice*; nous avons bien des choses à régler pour la noce, et pas de temps à perdre; c'est pour après-demain. Tâchez de venir tous les deux avec lui; nous arrangerons les heures, les moyens de transport, etc. »

M. Abel sortit.

JEAN.

Monsieur Kersac, je vais vous laisser un moment pour aller chez le pauvre petit M. Roger; il voudrait bien vous voir, le pauvre enfant; vous voulez bien que je revienne vous chercher, n'est-il pas vrai? Il a si peu de distraction, le pauvre petit! Et il est si gentil, si doux, si patient! un vrai petit ange.

KERSAC.

Je t'attends, mon ami, je t'attends.

Lorsque Jean entra chez Roger, sa mère était près de lui. Celui-ci tourna la tête avec effort.

« Et ton ami, M. Kersac? dit-il. Je voudrais bien le voir, si cela ne l'ennuie pas trop.

JEAN.

Je vais vous l'amener, monsieur Roger; il sera bien content de faire connaissance avec vous; il vous aime sans vous connaître.

ROGER.

Il est trop bon. Tous ceux qui m'aiment sont trop bons. Je n'ai rien fait pour qu'on m'aime. Tout le monde se fatigue pour moi, et moi je ne fais rien pour personne.

JEAN.

Rien! Vous appelez *rien* de prier pour nous tous comme vous le faites, cher monsieur Roger?

ROGER.

Quand je serai près du bon Dieu et de la sainte Vierge, je prierai mieux; ici, je prie mal, parce que je souffre trop. Je serai bien heureux ce jour-là! »

Roger ferma les yeux, joignit ses petites mains comme s'il priait. Ensuite il dit à Jean :

« Mon bon Jean, amène-moi M. Kersac, je t'en prie. C'est peut-être mal d'être si curieux, mais j'ai bien envie de le voir pendant que je suis un peu mieux. »

Jean sortit et alla demander à Kersac de monter. Pour arriver chez Roger, il fallait passer par le salon; Kersac s'y arrêta, frappé d'étonnement; la tenture de damas rouge, les fauteuils dorés, les divers meubles de fantaisie qui ornaient le salon, le lustre en cristal et en bronze, le beau tapis d'Aubusson, tout cela était pour lui les contes des *Mille et une Nuits*, des richesses sans pareilles. Jean, voyant son admiration, s'arrêta quelques minutes; puis, ouvrant la porte de Roger, il fit entrer Kersac. Ce dernier fut vivement impressionné par l'aspect de cette chambre; le demi-jour, ménagé à dessein, pour ne pas fatiguer les yeux du petit malade, le silence qui y régnait, l'attitude accablée, mais résignée, de Mme de Grignan, assise près du lit de son fils, l'enfant lui-même, d'une maigreur et d'une pâleur effrayantes, les mains jointes, le visage légèrement animé par un doux sourire, tout cet ensemble produisit sur Kersac une impression si vive de respect, d'attendrissement, que, sans penser à ce qu'il faisait, il se laissa tomber à genoux près du lit de ce pauvre petit enfant. Roger, surpris et touché, voulut prendre de sa petite main décharnée celle de Kersac, mais il n'en eut pas la force; Kersac, qui avait senti le mouvement, prit bien doucement cette petite main dans les siennes, la baisa et la plaça ensuite sur sa tête, comme pour avoir une bénédiction.

Puis, se tournant vers Mme de Grignan qu'il entendait pleurer :

« Pauvre dame! dit-il. Pauvre mère !

— Mais heureuse de le voir souffrir si saintement, » répondit Mme de Grignan.

Kersac se releva.

ROGER.

Monsieur Kersac, Jean vous aime beaucoup; je vois qu'il a raison; vous aimez le bon Dieu et vous le priez; je prierai aussi pour vous.

Et, voyant une larme rouler le long de la joue de Kersac :

« Il ne faut pas pleurer pour moi, monsieur Kersac. Je souffre ce que le bon Dieu m'envoie, et je sais que bientôt le bon Dieu me prendra avec lui; je serai alors si heureux, si heureux, que je ne penserai plus à mes souffrances. »

Roger se reposa un instant; Kersac voulut parler, mais il ne put articuler une parole; il se borna à regarder la mère et l'enfant avec une respectueuse émotion. Enfin, oubliant la beauté des meubles, il s'assit dans un fauteuil habituellement occupé par M. de Grignan, et garda dans sa main la main de Roger.

Roger pressa légèrement, bien légèrement (car la force lui manquait) la grosse main de Kersac; Jean se tenait près d'eux; il regardait tantôt Roger, tantôt Kersac. Si M. Abel avait pu voir l'expression de son regard, il eût fait un cinquième tableau de cette scène touchante, dont l'âme, le héros, était un enfant de dix ans, bien près de la mort.

Le silence, l'immobilité, amenèrent chez Roger un calme, un bien-être qui finit par le sommeil; quand Mme de Grignan le vit endormi, elle dégagea tout doucement la main de Roger de celle de Kersac, fit signe à ce dernier de ne pas faire de bruit et de s'en aller avec Jean; puis elle fit de la main un signe amical à Kersac, qui sortit avec Jean.

Il ne regarda pas le beau salon en s'en allant, il ne dit pas une parole; arrivé dans la chambre de Jean, Kersac s'assit et essuya ses yeux du revers de sa main.

KERSAC.

Je ne me souviens pas d'avoir été émotionné comme je l'ai été chez ce pauvre enfant. Je me suis senti remué jusqu'au fond de l'âme. Ce petit être souffrant, si doux, si tranquille, si heureux! Et puis cette pauvre mère qui pleure, mais ne se plaint pas. Et tout ça si calme et sentant la mort. Jamais je n'oublierai les instants que j'ai passés là. J'y serais resté des heures si on avait bien voulu m'y laisser.

Il finit pourtant par se remettre ; Jean chercha à le distraire en lui racontant d'abord des paroles charmantes du petit Roger, ensuite des aventures de café, puis le concert et le bal, égayés par M. Abel. Kersac riait de tout son cœur quand Barcuss vint les appeler pour déjeuner.

CHAPITRE XXV.

KERSAC VOIT SIMON, RENCONTRE JEANNOT.

Kersac s'émerveilla du bon et copieux déjeuner qu'on leur servit, et ses convives s'émerveillèrent de son appétit infatigable; sa dernière bouchée fut avalée avec le même empressement que la première. Après le repas, Jean lui proposa d'aller chez Simon, ce que Kersac accepta avec plaisir. Jean le mena par le plus beau et le plus court chemin, les Champs-Élysées, la place de la Concorde et la rue de Rivoli. Il lui fit voir en passant l'hôtel *Meurice*, où demeurait son cher M. Abel, puis l'épicerie où avait été Jeannot; puis, dans la rue Saint-Honoré, le café où lui-même était resté près de trois ans et Simon sept ans. Ils arrivèrent, non sans peine, chez Simon, car Kersac s'arrêtait à chaque pas pour admirer les boutiques, les voitures, les bâtiments; tout était pour lui nouveau et merveilleux.

Jean monta rapidement les deux étages de Simon; Kersac le suivit plus modérément. Simon venait de finir son déjeuner-dîner et se préparait à descendre au magasin.

« Simon, voici M. Kersac qui vient te voir, s'écria Jean en entrant chez son frère.

SIMON.

Monsieur Kersac! Que vous êtes bon, monsieur, de faire ce grand voyage pour moi.

KERSAC.

Pour vous, mon ami, et pour Jean et pour votre mère.

JEAN.

Maman va devenir la femme de M. Kersac. Il me l'a dit tantôt; et il sera mon père! C'est drôle, ça, n'est-ce pas?

SIMON.

Pas possible! C'est-il vrai, monsieur Kersac?

KERSAC.

Très-vrai, mon ami; à mon retour.

SIMON.

Quel bonheur pour notre pauvre mère! Cher monsieur Kersac! »

Simon embrassa Kersac, qui le serra à l'étouffer, comme il avait fait pour Jean.

SIMON.

Et quel dommage que ma mère n'ait pas pu venir avec vous.

KERSAC.

C'était impossible, mon ami! Toi épousant une fille de haute volée, une Parisienne, ta mère se serait trouvée embarrassée, déplacée avec tout ce beau monde. Et puis, tant qu'elle n'est pas ma femme, elle est ma fille de ferme; je n'aurais pas voulu que ta mère se présentât comme fille de ferme chez tes parents. Et puis, la pauvre femme y avait une très-grande répugnance, probablement à cause de tout cela. Moi-même, je ne m'y suis réellement décidé qu'en partant. J'ai vu que ça me faisait quelque chose de la quitter. C'est qu'elle est bien bonne, elle m'est bien attachée, et je pense que nous ne serons malheureux ni l'un ni l'autre.

SIMON.

Ma mère ne le sait donc pas, comme ça?

KERSAC.

Elle n'en sait pas le premier mot

SIMON.

Et si elle allait refuser?

KERSAC, *étonné.*

Comment? Qu'est-ce que tu dis? Refuser!... Diantre! je n'avais pas pensé à cela, moi! Ah bien! si elle refusait.... c'est que j'en serais bien chagrin!... Oui, oui, ce serait une vraie perte pour la ferme et pour moi. Jamais je ne trouverais à remplacer cette femme-là. Quelle diable d'idée tu as eue, Simon! Je ne vais pas avoir un instant de tranquillité jusqu'à mon retour là-bas.

SIMON, *souriant.*

Rassurez-vous, mon cher *père!* Ce n'est qu'une supposition. Pourquoi refuserait-elle de rester avec vous, puisqu'elle vous aime tant et qu'elle est si heureuse chez vous? Soyez tranquille, vous serez notre *père* à Jean et à moi.

KERSAC.

C'est possible! mais.... ce n'est pas certain. Dis-moi, Simon, à quand ta noce?

SIMON.

Après-demain, monsieur Kersac. Demain matin, je voudrais bien aller chez M. Abel, pour lui demander son heure et convenir de tout avec lui.

JEAN.

Tout juste, il t'a fait dire d'aller avec nous à l'hôtel

Kersac secoua la main du père à lui disloquer l'épaule. (Page 303.)

Meurice avant neuf heures; passé neuf heures, on ne le trouve plus.

SIMON.

Je le sais bien. Pouvez-vous venir me prendre?

JEAN.

Oui, oui, j'ai prévenu M. Barcuss.

KERSAC.

Après-demain la noce; le lendemain au soir, je file pour arriver à Sainte-Anne le matin de bonne heure.

JEAN.

Déjà, monsieur!

KERSAC.

Il le faut bien, mon enfant; dans une ferme, le temps qu'on perd ne se rattrape pas. Et puis.... il faut que je parte.

Ils causèrent quelque temps; Kersac demanda à voir Mlle Aimée. Simon le présenta à monsieur, à Mme Amédée et à Aimée. Kersac secoua la main du père à lui disloquer l'épaule, serra la main de la mère à lui engourdir les doigts. Quant à Mlle Aimée, quand elle voulut lui donner la main :

KERSAC.

Du tout, du tout! Dans mon pays, les témoins embrassent la mariée.

Et de ses bras vigoureux il enleva de terre Mlle Aimée et l'embrassa sur les deux joues avant qu'elle ait eu le temps de se reconnaître. Effrayée pourtant, elle appela Simon à son secours.

« Eh bien! quoi, la belle enfant? dit Kersac en la posant à terre. Il n'y a pas de mal. Je suis témoin. Après-demain la noce. A quelle heure? Où se réunit-on?

M. AMÉDÉE.

C'est à neuf heures précises, monsieur; le mariage à la mairie d'abord, puis à l'église à neuf heures et demie. Ensuite on déjeune chez nous, et puis on ira passer la journée à Saint-Cloud; et là, c'est M. Abel qui donne à dîner et qui se charge du reste de la soirée.

— Très-bien, dit Kersac; nous serons exacts. »

Kersac ne resta pas longtemps chez les Amédée; il dit qu'il avait des emplettes à faire, et il partit avec Jean.

KERSAC.

Dis donc, Jean, ces Amédée me gênent; je ne me sentais pas à mon aise avec eux.

JEAN.

Ah! vraiment? Je suis content que vous me disiez cela, parce que c'est la même chose pour moi. Je suis toujours un peu gêné chez eux. Tandis que je me sens si bien à l'aise avec vous et avec M. Abel! Ça gâte tou d'être gêné.

KERSAC.

Tu as bien raison. Et puis, vois-tu, les Amédée, c'est Parisien, commerçant parisien; ça se moque des bonnes gens comme moi, un campagnard, un fermier, qui n'a pas d'habit ni de gants. Ça ne se dit pas, mais ça se devine. Franchement, je serai content quand la noce sera finie. Et je suis plus content encore de n'avoir pas amené ta mère. La pauvre femme! elle aurait eu de l'embarras, de la crainte de faire quelque sottise, de faire rire d'elle. Et moi, ça m'aurait fait souffrir; j'en aurais été tout démonté!

JEAN.

Vous avez fait pour le mieux, monsieur. Où allons-nous maintenant?

Il enleva de terre Mlle Aimée et l'embrassa sur les deux joues.
(Page 303.)

KERSAC.

Je voudrais acheter mon présent de noces pour Mme Simon, et puis mon présent de noces pour ta mère; car.... Simon a beau m'avoir troublé l'esprit, je crois encore qu'elle ne refusera pas de vivre chez moi comme ma femme, puisqu'elle y vit bien comme ma servante. Je n'aime pas à la voir en service chez moi; elle vaut mieux que ça.

Jean demanda à Kersac quelques explications sur ce qu'il voulait acheter.

« Un bijou pour la jeune mariée, répondit-il, et un châle pour la vieille mariée, » ajouta-t-il en riant.

Ils allaient entrer chez un bijoutier voisin du café Métis, lorsqu'ils se rencontrèrent nez à nez avec Jeannot. La surprise fut grande des deux côtés. Après le premier échange de bonjours, Jeannot les invita à prendre un café et un petit verre; Jean allait refuser, mais Kersac lui fit signe d'accepter, et, une fois attablés au café, il poussa Jeannot à boire copieusement. Il lui fit d'abord compliment sur sa mise élégante.

« Tu es vêtu comme un grand seigneur, Jeannot?

— Oh! dit Jeannot d'un air dégagé et dédaigneux, ces vieilles nippes sont bonnes pour traîner le matin, mais le soir on se fait plus beau que ça.

KERSAC.

Ah! tu ne te trouves pas assez beau comme tu es là?

JEANNOT.

Pour Jean ce serait bien, mais.... pour moi....

KERSAC.

Diantre ! Monsieur Jeannot est devenu grand seigneur, à ce qu'il paraît.

JEANNOT.

Mais.... un peu.... Ainsi, on ne me dit plus Jeannot tout court!... On ne me tutoie plus.

KERSAC.

Et qu'est-ce qui vaut à monsieur Jeannot sa haute position?

JEANNOT.

Peuh! Je ne suis pas bête, vous savez.

KERSAC.

Non, je ne savais pas.

JEANNOT.

Je dis donc que je ne suis pas bête; j'ai eu l'habileté de me faire bien voir de M. Boissec, l'intendant de M. le comte. Je lui ai rendu des services.

KERSAC.

Quels services as-tu pu rendre à un aussi grand personnage?

JEANNOT.

Je l'ai servi avec zèle; je l'ai flatté; j'ai fait pour lui des affaires dans lesquelles il ne voulait pas paraître.

JEAN.

Des affaires? Quel genre d'affaires?

JEANNOT.

Des affaires d'argent, des mémoires à payer, des vins à acheter, des commandes à faire, et autres choses qui rapportent beaucoup.

JEAN.

Comment peuvent-elles rapporter?

JEANNOT.

Es-tu naïf! Tu ne comprends pas? En payant un mémoire de cent francs, je suppose, outre le cinq pour cent, je marchande, je trouve les objets trop chers, je menace de changer de fournisseur. Le fournisseur, qui a tout porté au double, rabat un quart et le cinq pour cent en sus. M. Boissec porte au maître le mémoire avec la somme entière, et il empoche les

« Tu es vêtu comme un grand seigneur. » (Page 307.)

trente pour cent, trente francs sur cent, et ainsi du reste. Et comme la maison est riche, qu'on y dépense plus de cent mille francs par an, tu penses que l'intendant se fait un joli magot. »

Jean était indigné et il allait se récrier, mais Kersac le poussa du coude et continua à faire boire et parler Jeannot.

KERSAC.

Ce n'est pas bête, en effet, ce que tu faisais là. Mais je ne vois pas là dedans quel bénéfice tu y trouvais, toi?

JEANNOT.

Au commencement, pas grand'chose; une pièce de cinq francs, de dix francs, par-ci, par-là. Mais quand je me suis habitué aux affaires, j'ai fait les miennes aussi.

KERSAC.

Comment ça?

JEANNOT.

Voilà! Je m'arrangeais avec les marchands pour qu'ils chargeassent leurs mémoires; avec l'épicier, en outre le prix, il y a le poids; et alors, au lieu d'en rogner le quart, je lui en rognais le tiers; je déclarais toujours le quart à M. Boissec, et je gardais le reste.

KERSAC.

Mais pourquoi M. Boissec ne fait-il pas ses affaires lui-même? Il doit se méfier de toi.

JEANNOT.

Il ne voulait pas paraître dans les affaires pour ne pas être pris. En cas de découverte, il fait tout tomber sur moi, il me fait chasser comme un voleur, et le maître est content : il croit M. Boissec un trésor de probité.

KERSAC.

Et toi, donc? Tu te trouves sur le pavé.

JEANNOT.

Oh! que non. Il me replace bien vite dans une autre bonne maison, en me recommandant comme un sujet rare. En attendant une place, il me fournit de quoi vivre, sans quoi je parlerais. Et quant à se méfier de moi, je ne sais pas s'il s'en méfie, mais il n'en témoigne rien, toujours; il n'oserait pas.

KERSAC.

Quel mal pourrais-tu lui faire?

JEANNOT.

Quel mal? Le dénoncer aux maîtres en faisant l'indigné, et en déclarant que je suis honnête homme, que je suis attaché aux maîtres, et que je ne peux plus souffrir de les voir trompés par un voleur. Ou bien un autre bon moyen, c'est d'écrire une lettre anonyme en plaignant le pauvre garçon (moi) de se trouver obligé, par la misère, à aider à ces friponneries qui le révoltent.

Jean ne pouvait plus se contenir.

JEAN.

Jeannot, ce que tu fais, ce que tu aides à faire est infâme; c'est un vol abominable, une tromperie indigne. Jeannot, pauvre Jeannot, sors de cette maison, quitte Paris où tu as de mauvaises connaissances, retourne au pays; notre bon M. Kersac aura pitié de toi, il te trouvera de l'ouvrage. Mais, mon pauvre Jeannot, je t'en supplie, ne reste pas dans cette maison de voleurs.

JEANNOT.

Mon garçon, tu es un niais; la maison est bonne et j'y resterai; je veux être dans une maison riche, et elles sont toutes de même; les maîtres ne s'occupent pas des domestiques, ils les laissent tranquilles, ne s'informent pas s'ils passent les nuits dehors, au café, au bal ou au théâtre, n'importe. Ils payent, ils se laissent voler. A la chambre, à la cuisine, à l'écurie, c'est tout la même chose. Je vis heureux; je m'amuse, je fais bonne chère, j'ai de l'argent à profusion, j'en dépense et j'en refais. Toi, au contraire, tu travailles, tu t'ennuies, tu fais maigre, tu restes à la maison, tu vas à la messe, tu mènes une vie de capucin. Ça ne me va pas; toi, je ne t'en empêche pas, si tu préfères un capucin à un bon garçon qui boit, qui danse, qui fait la vie.

JEAN.

Mais, Jeannot, pense donc qu'il y a un APRÈS, comme je te le disais un jour, et que....

JEANNOT.

Ta, ta, ta, laisse-moi tranquille, je ne veux pas d'APRÈS; je ne veux pas que tu me cornes aux oreilles ton APRÈS, qui me revient déjà assez souvent....

JEAN.

Et qui gâte ta vie, pauvre Jeannot.

JEANNOT.

Parbleu! non, car j'envoie promener ton *après* et toi-même avec. Tiens, je n'aime pas à te rencontrer, Jean; tu as toujours de sottes paroles qui me troublent ma journée, ma nuit, et qui me taquinent, quoi que j'en aie. Garçon, la note.

Le garçon apporta la note; on avait consommé pour cinq francs de café, eau-de-vie, liqueurs. Jeannot tira de l'or de sa poche, donna une pièce de vingt francs, empocha la monnaie, et sortit sans attendre ses compagnons.

Kersac et Jean sortirent aussi, mais ne suivirent pas Jeannot.

« Quelle canaille! dit Kersac.

— Malheureux Jeannot! dit Jean.

KERSAC.

Ai-je eu de la peine à me tenir pendant que ce gredin nous défilait son chapelet de gueuseries! Si je n'avais voulu le laisser se découvrir tout à fait, je lui aurais brisé la mâchoire d'un coup de poing dès sa première tirade.

JEAN.

Ah! si j'avais l'esprit, l'instruction, la charité de M. Abel, j'aurais trouvé de bonnes paroles qui auraient peut-être touché le cœur de ce pauvre garçon.

KERSAC.

Ah! ouiche! Un gueux comme ça! Rien n'y fera; c'est un être sans cœur, rien ne le touchera. Je le disais bien à ta mère, il finira par se faire coffrer; pourvu qu'il ne se fasse pas mettre au bagne et qu'il se borne à la correctionnelle. Mais te voilà tout triste, mon enfant! Cela ne t'arrive pas souvent! Entrons chez un bijoutier; tu m'aideras à bien choisir. »

CHAPITRE XXVI.

EMPLETTES DE KERSAC.

Kersac et Jean entrèrent chez un bijoutier, brave homme heureusement, qui ne les surfit pas beaucoup et qui ne profita que modérément de la bonhomie de Kersac et de l'ignorance où étaient les deux acheteurs de la valeur des bijoux. Après bien des hésitations, ils finirent par fixer leur choix sur une chaîne d'or qu'ils payèrent cent dix francs. Le bijoutier, voyant que Kersac mettait la chaîne sans étui dans sa poche, eut la loyauté de lui observer qu'un bijou de ce prix se donnait avec sa boîte; et, à la grande joie de Kersac, il plaça la chaîne dans un joli étui de velours bleu doublé de satin blanc. Kersac paya, remercia et demanda où il trouverait un châle; le bijoutier lui indiqua le magnifique magasin DU LOUVRE.

Kersac et Jean se dirigèrent du côté du Louvre. Kersac avait eu la précaution de mettre la chaîne dans la poche de son gilet, de crainte des voleurs. Quand ils entrèrent dans ce magasin, Kersac ne pouvait en croire ses yeux; l'étendue, la magnificence du local, la profusion des marchandises de toute espèce, l'éblouit et le fixa sur le seuil de la porte. Ce ne fut qu'après les demandes réitérées des commis :

« Que désirent ces messieurs? »

Que Kersac put articuler :

« Un châle, monsieur.

UN COMMIS.

Quelle espèce de châle monsieur demande-t-il ?

KERSAC.

Une belle espèce, monsieur.

LE COMMIS, *souriant*.

Sans doute, monsieur ; mais, serait-ce de l'Inde, ou bien anglais, ou français ?

KERSAC, *vivement*.

Français, monsieur, français ; je n'ai pas de goût pour les Anglais, et, s'il faut tout dire, pour aucun pays étranger ; ce qui est français me va mieux que toute autre chose ; surtout pas d'anglais. »

Le commis fit circuler Kersac et Jean pendant près d'un quart d'heure avant d'arriver au quartier des châles.

« Voilà, monsieur, dit-il enfin. Brindé! des chaises à ces messieurs. »

Brindé s'empressa d'apporter deux chaises ; elles étaient de velours ; Kersac passa la main dessus avant de s'asseoir et se plaça sur le petit bord, de peur d'aplatir ce beau velours bleu. Jean, plus habitué au velours et à la soie, s'assit sur sa chaise avec moins de respect et de précaution.

On apporta les châles. Kersac trouvait tout magnifique, mais il passait toujours à un autre et il ne se décidait pour aucun ; le commis, voyant l'admiration naïve de Kersac et de Jean, leur demanda enfin à quel usage ils destinaient ce châle.

KERSAC.

Parbleu! c'est pour le porter.

LE COMMIS.

Mais pour qui, monsieur?

KERSAC.

Pas pour moi, toujours.

LE COMMIS.

Je veux dire, monsieur, pour quel genre de dame?

KERSAC.

Pour le bon genre, monsieur; un genre comme vous n'en avez pas beaucoup à Paris; elle vous fait marcher une ferme comme le ferait un homme.

LE COMMIS, *souriant*.

Je le pense bien, monsieur; je ne conteste pas le mérite de la dame, je demandais à quelle classe de la société elle appartenait, pour vous présenter quelque chose de convenable.

KERSAC.

Ah! oui, je comprends. C'est pour ma fille de ferme, monsieur, ma ménagère pour le moment.

LE COMMIS.

Bien, monsieur; nous allons voir ce qu'il faut; du bon marché, comme de raison.

KERSAC.

Mais pas du tout; je veux du beau, moi.

LE COMMIS.

Du beau pour une fille de ferme, monsieur, c'est du bon marché.

KERSAC.

Mais quand je vous dis que je veux du vrai beau. Cette fille de ferme sera ma femme, monsieur; et c'est on châle de noces que je vous demande.

LE COMMIS.

Faites excuse, monsieur; je ne savais pas bien ce

que voulait monsieur. Du moment que c'est pour madame!... Brindé, le paquet châles français, belle qualité.

Kersac était content; le commis lui déploya des châles longs, des châles carrés, des châles de toutes les couleurs.

« En voilà un bien beau, monsieur, dit Jean en désignant un châle rouge vif.

KERSAC.

Superbe, mais.... les taureaux.... qui n'aiment pas le rouge!... Et j'en ai, moi, des taureaux!... Et puis, vois-tu, ta mère n'est pas de la première jeunesse.

LE COMMIS.

Et celui-ci, monsieur? (*Montrant un fond vert.*)

KERSAC.

Joli, très-joli! Mais.... vert.... ça passe. Les fonds noirs sont plus solides. En voici un qui est joli! fameusement joli! Quel prix, monsieur?

LE COMMIS.

Cent vingt francs, monsieur; c'est tout ce qui se fait de plus beau.

KERSAC.

Ah! il est beau!... Rien à dire. Je ne sais pas si on marchande chez vous; si vous pouvez rabattre, rabattez; sinon, je prends le châle, et faites-moi voir les robes de laine.

LE COMMIS.

Nous ne marchandons pas, monsieur. Si vous voulez passer à la galerie n° 91, je vais vous faire voir des étoffes de laine.

KERSAC.

Et mon châle?

LE COMMIS.

Il vous suit, monsieur.

« ...n voilà un beau, monsieur ! » (Page 318.)

Kersac et Jean se remirent à parcourir d'innombrables galeries; ils arrivèrent enfin à celle des étoffes de laine. Là, le choix fut plus difficile encore; car, outre la couleur, il y avait le genre d'étoffe, la disposition du dessin, le prix, etc. Kersac finit par se décider pour un satin de laine bleu de France. Jean approuva son choix; on lui donna l'aunage qu'il voulut.

« Plutôt trop que pas assez, » avait dit Kersac.

Lorsque Kersac voulut payer, on le fit revenir au comptoir et on lui proposa de lui envoyer le paquet.

KERSAC.

Pourquoi ça, me l'envoyer?

LE COMMIS.

Si monsieur est à pied, ça le chargera trop.

KERSAC.

Ça! J'en porte tous les jours de cent fois plus lourds! Ah! ah! ah! Vous me croyez donc la force d'une puce? Ah! ah! ah! Ce paquet trop lourd! La bonne farce!

Et il partit riant, ainsi que Jean; les commis riaient aussi; de même les allants et venants, qui avaient été témoins du colloque.

Kersac et Jean rentrèrent après avoir fait le tour par la rue de Richelieu, les boulevards, la rue de la Paix, les Tuileries et l'avenue Gabrielle, dont Kersac ne pouvait se lasser, à cause des chevaux qu'on y voyait. Dès que Jean eut installé Kersac dans sa chambre, il s'empressa d'aller demander de l'ouvrage à Barcuss.

BARCUSS.

Non, non, mon bon garçon; tant que ton ami, M. Kersac, sera ici, tu n'as pas besoin de t'inquiéter de ton ouvrage; tu travailles tant que tu peux et du mieux que tu peux toute l'année; prends ta petite vacance; elle ne sera pas longue, il faut du moins qu'elle soit complète; ta principale besogne ici est de soigner et amuser M. Roger; va passer chez lui le temps qui te reste.

JEAN.

Merci bien, monsieur, merci; je profiterai avec plaisir du temps que vous voulez bien m'accorder pour faire voir à M. Kersac les belles choses de Paris.

BARCUSS.

Où le mèneras-tu?

JEAN.

A Notre-Dame d'abord; puis à Notre-Dame des Victoires, au bois de Boulogne, au Jardin d'acclimatation, sur les boulevards. M. Abel a dit qu'il nous mènerait aussi voir ses tableaux à l'exposition; et puis, nous nous promènerons un peu partout.

BARCUSS.

C'est très-bien, mon ami; ton choix est excellent.

JEAN.

Monsieur, je reviendrai pour servir le dîner.

BARCUSS.

Comme tu voudras; il n'y a que M. Abel qui vient dîner; il y a quatre couverts. Je servirai bien tout seul.

JEAN.

Non, non, monsieur, je viendrai vous aider. Mais je dois dire, pour ne pas me faire meilleur que je ne suis, que je désire bien voir M. Abel; j'ai à lui parler.

BARCUSS.

Ah! c'est différent. Je compte sur toi, alors.

Jean alla savoir des nouvelles du petit Roger. Il le trouva dans le même état; après avoir dormi près d'une heure, il s'était trouvé mieux, mais plusieurs crises

Les commis riaient aussi. (Page 321.)

violentes avaient détruit l'effet salutaire de ce bon sommeil.

Il sourit à Jean quand il le vit entrer. Son père avait remplacé pour le moment Mme de Grignan.

« Jean, dit Roger en lui tendant la main, papa a bien envie de voir M. Kersac; et moi aussi, cela me fera grand plaisir de le revoir. Veux-tu lui demander de venir chez moi?

— Tout de suite, monsieur, répondit Jean en baisant doucement la main que lui donnait Roger. Lui aussi sera bien content de votre invitation. »

Jean sortit.

« Monsieur Kersac, dit-il en entrant dans sa chambre, M. Roger vous demande de descendre chez lui; il voudrait bien vous faire voir à son papa, M. le comte de Grignan.

KERSAC.

J'y vais, mon ami. Ce pauvre petit! Je pensais à lui, tout justement. »

Ils descendirent. Lorsque Kersac entra, Roger, qui n'avait pas ôté les yeux de dessus la porte, sourit et dit :

« Papa, voici M. Kersac. »

Kersac s'avança vers M. de Grignan qui lui tendit la main.

« Vous me faites bien de l'honneur, lui dit Kersac.

M. DE GRIGNAN.

Roger vous doit d'avoir dormi une heure, ce qui ne lui était pas arrivé depuis deux mois, répondit M. de Grignan.

ROGER.

Monsieur Kersac, venez près de moi, je vous en prie. »

Kersac s'approcha.

ROGER.

Asseyez-vous comme ce matin.

Kersac se remit dans le fauteuil inoccupé et prit la main de l'enfant.

« C'est singulier, dit Roger au bout d'un instant, quand vous me tenez la main, je me sens mieux; c'est comme quelque chose de doux, de tranquille, qui court sur moi et dans mes veines. C'est la même chose quand M. Abel prend ma main. Pas les autres. Pourquoi cela?

KERSAC.

C'est probablement que nous vous passons un peu de notre force, monsieur Roger, et ça chasse le mal.

ROGER.

Alors, pouvez-vous rester un petit instant? Je sens comme si une crise allait venir; peut-être la ferez-vous passer.

KERSAC.

Ah! si je le pouvais, pauvre petit monsieur Roger, je resterais là sans en bouger! »

Roger pressa légèrement la main ou plutôt un doigt de Kersac, lui jeta un regard reconnaissant et ferma ses yeux fatigués. Quelques instants après, il dormait.

Ni M. de Grignan, ni Kersac, ni Jean n'osaient bouger; au bout d'un quart d'heure la porte s'entr'ouvrit doucement et Abel entra. M. de Grignan lui fit un geste suppliant en montrant son fils endormi. Abel comprit; il resta debout et immobile, regardant l'enfant et Kersac. Puis il tira un crayon et un album de sa poche et se mit à dessiner. Il avait fini, et Roger dormait toujours. Il dormit ainsi près d'une demi-heure. Il se réveilla doucement, sans secousse, aperçut Abel.

« Mon bon ami, embrassez-moi, » lui dit-il.

Abel l'embrassa, mais ne lui parla pas encore. Roger se tourna vers Kersac, attira sa main sur sa petite poitrine décharnée.

« Je ne vous oublierai pas près du bon Dieu.

M. DE GRIGNAN, *avec effusion.*

Merci, mon bon monsieur Kersac! Je suis réellement reconnaissant. Vous avez fait avorter une crise qui se préparait. Je crois, en vérité, que votre explication était juste; votre force agit sur sa faiblesse. »

Le médecin entrait avec Mme de Grignan; il trouva qu'il y avait trop de monde près du malade et ne voulut y laisser que le père et la mère; les autres sortirent. Jean profita de la présence de M. Abel pour lui raconter ce qu'ils avaient appris de Jeannot.

« Monsieur Abel, vous qui avez fait tant de belles et bonnes actions, sauvez le pauvre Jeannot; retirez-le de la maison où il est; il s'y perdra.

M. ABEL.

Il est déjà perdu, mon enfant; et il était en bon train avant d'y entrer. Que puis-je y faire? Comment changer un cœur mauvais et ingrat?

JEAN.

Si ses maîtres voulaient bien s'occuper de lui donner de sages et bons camarades!

M. ABEL.

Les maîtres ne valent guère mieux que leurs serviteurs, mon ami. Et, malheureusement, les gens enrichis sont presque tous de même; ils ne songent qu'à être bien et habilement servis, et ils oublient qu'ils sont riches, non pas seulement pour se faire servir, mais pour faire servir Dieu et le faire aimer. Ils payeront bien cher leur négligence, et ils auront une terrible punition pour avoir si mal usé de leurs richesses, et pour avoir négligé la moralité de leurs serviteurs

Quant au malheureux Jeannot, je ne puis rien pour lui. »

M. Abel causa avec Kersac de son mariage, qu'il approuva beaucoup; il lui promit d'y assister et de lui mener Jean, ce qui fit bondir de joie Jean et Kersac. Jean eut un petit accès d'enfantillage d'autrefois; il baisa les mains de M. Abel; il lui dit des paroles tendres, reconnaissantes, comme jadis. M. Abel le laissa faire quelques instants; puis il lui prit la main et lui dit amicalement :

« Assez, mon cher enfant; tu as oublié notre vieille convention ; de parler peu et modérément quand ton cœur est plein, et de me laisser voir dans ton regard tous les sentiments de ce cœur affectueux et dévoué.

JEAN.

C'est vrai, monsieur, je me suis laissé aller ; j'ai oublié que j'avais dix-sept ans. »

M. Abel lui serra encore la main en souriant de ce bon et aimable sourire qui lui gagnait tous les cœurs.

« Demain, avant neuf heures, je vous attends chez moi à l'hôtel *Meurice*, » dit M. Abel en passant chez M. de Grignan, où il alla attendre l'avis du médecin sur l'état de Roger.

CHAPITRE XXVII.

LA NOCE.

Le lendemain, à huit heures et demie, M. Abel rentrait chez lui pour recevoir Simon, Jean et Kersac. Ils arrangèrent toute la journée du lendemain.

« Tu n'as à t'occuper de rien, Simon ; une berline sera à ta porte pour M., Mme Amédée et ta future ; c'est moi qui mène M. Kersac. Il y aura d'autres voitures pour mener Jean et ta famille. Après la cérémonie, nous déjeunons chez M. Amédée ; à quatre heures, toute la noce se réunit à la gare du chemin de fer ; je me charge du reste. Billets, dîner, plaisirs, danse, retour, personne n'a à s'occuper de rien. Simon, voici les présents qu'il est d'usage de faire à sa femme, à sa sœur et à son frère. Toi, Jean, voici les présents que tu feras à Simon et à ta belle-sœur.

JEAN.

Merci, merci, monsieur ; pouvons-nous voir ?

M. ABEL.

Certainement, mes enfants ; regardez. »

Les présents de Simon à sa femme et à sa belle-sœur

étaient de fort jolies montres avec leurs chaînes. A Jean, il donna une boîte. En l'ouvrant, les deux frères poussèrent un cri de joie; c'étaient deux grandes miniatures à l'huile, faites avec le talent connu de M. Abel N...; l'une représentait Simon, l'autre M. Abel lui-même. Pour le coup, Jean n'y tint pas; après avoir poussé son cri de joie, il se précipita vers M. Abel, qui le serra dans ses bras et l'embrassa affectueusement.

Après le premier moment de joie, Jean courut aux présents qu'il devait donner; celui de Simon était le portrait frappant de Jean; celui d'Aimée était un joli bracelet en or avec la miniature de Simon pour fermoir.

Jean ne se possédait pas de joie; avoir chez lui, à lui appartenant, les portraits des deux êtres qu'il aimait le plus au monde, et ces portraits, faits par une main si chère, était pour lui le beau idéal; il ne se lassait pas de les regarder, de les embrasser; toute autre satisfaction s'effaçait devant celle-là. Il fallut pourtant se retirer et laisser M. Abel disposer de son temps; l'heure de son déjeuner était déjà passée.

« A revoir, mes amis; demain, chez la mariée. Toi, Jean, je te verrai encore ce soir chez mes amis de Grignan; j'y dînerai comme d'habitude. »

Il leur donna des poignées de main et sortit en chantonnant. Les trois amis descendirent aussi, emportant leurs trésors. Il fut convenu qu'ils iraient de suite porter leurs présents à Aimée. Ils la trouvèrent faisant, avec sa mère, les apprêts du déjeuner du lendemain. Simon offrit le premier ses présents, puis Jean, puis Kersac. Ni Aimée ni Simon ne s'attendaient à ce dernier cadeau; Kersac fut comblé de remercîments et de compliments sur son bon goût. Mme Amédée essaya l'effet de la chaîne au cou et au corsage d'Aimée. Kersac et Jean se retirèrent peu d'instants après; ils firent une tournée immense qui inspira à Kersac une grande admiration pour les beautés de Paris.

« Sais-tu, dit-il à Jean, mon dernier mot sur ce magnifique Paris : c'est qu'on doit être bien aise d'en être sorti. Il y a du monde partout et on est seul partout. « Chacun pour soi et Dieu pour tous, » dit le proverbe; c'est plus vrai à Paris qu'ailleurs; que toi et Simon vous en soyez absents, je ne trouve plus rien à Paris.... Je serais bien fâché d'y vivre!... Nous voici arrivés chez nous, ou plutôt chez M. le comte de Grignan. J'ai une faim terrible, comme d'habitude.

— Et nous ne déjeunerons qu'après les maîtres, dit Jean. Pourrez-vous attendre encore une demi-heure environ?

KERSAC, *riant*.

Pour qui me prends-tu? J'attendrais jusqu'au soir, s'il le fallait. Que de fois il m'est arrivé de ne rien prendre avant la fin du jour! »

La journée se passa à peu près comme la précédente, entre le service des repas, les visites au petit Roger et les grandes tournées dans Paris. Le lendemain, Jean et Kersac firent une toilette superbe; Jean avait, dans les effets donnés par M. Abel, un habillement complet pour la noce. Kersac avait une redingote toute neuve, le reste très-convenable. Avant de partir pour la noce, ils demandèrent à se montrer à Roger, qui les vit avec joie arriver dans leur grande tenue.

JEAN.

Monsieur Roger, je viens vous demander de penser à mon frère Simon, et de prier pour son bonheur.

— Et pour le mien, cher monsieur Roger, dit Kersac. Demandez au bon Dieu que ma femme et moi nous soyons heureux, et que nous restions de braves gens et de bons chrétiens. »

ROGER.

Je ne vous oublierai pas, mon bon monsieur Kersac; je penserai à vous et à Jean. Le bon Dieu vous bénira; je voudrais que vous fussiez bien heureux.

Kersac et Jean baisèrent ses petites mains qu'il leur tendit et se retirèrent.

« Maman, dit Roger, j'aime beaucoup M. Kersac; je crois qu'il est presque aussi bon que mon cher M. Abel et que Jean. Donnez-leur à tous les trois un souvenir de moi, un des livres que j'aime. »

La pauvre Mme de Grignan rassembla tout son courage pour lui promettre d'exécuter le désir qu'il exprimait. Roger joignit les mains avec angoisse; il sentait arriver une crise.

Kersac et Jean furent les premiers arrivés chez Simon. Les témoins d'Aimée et les filles de noces les suivirent de près; M. Abel arriva exactement, mais au dernier moment. Les autres invités devaient se trouver à la mairie ou à l'église.

Une berline, attelée de deux chevaux, attendait la mariée et ses parents; ils y montèrent avec joie et avec orgueil.

La voiture de Simon était un joli coupé attelé d'un fort joli cheval; Jean s'y plaça près de Simon; tous deux mettaient la tête aux glaces ouvertes pour être vus dans cet élégant équipage. Celui de M. Abel attirait tous les regards : coupé du faiseur le plus à la mode, cheval de grand prix, cocher du plus grand genre. Avant d'y monter, Kersac tourna autour, admirant et caressant le cheval.

« Belle bête! disait-il. Le bel animal!

— Montez, mon cher, montez, dit Abel en souriant; nous allons être en retard.

KERSAC.

En retard avec cette bête-là! Je gage qu'elle devancerait les équipages les mieux attelés?

M. ABEL.

C'est possible! Mais, montez toujours; à Paris, un trotteur ne se déploie pas comme dans la campagne; les embarras de voitures vous arrêtent à chaque pas. »

Kersac monta à regret; à chaque instant il mettait la tête hors la portière pour examiner les allures du cheval, et il ne parlait que pour répéter:

« Belle bête! Sapristi! Comme il allonge! Quel trot! Laissez aller, cocher! Ne retenez pas! Laissez aller! »

M. Abel riait, mais il eût préféré moins d'admiration pour son cheval et une tenue plus calme. On ne tarda pas à arriver; la noce descendait de voiture. Le maire, prévenu de la veille, connaissait beaucoup M. Abel; il vint à sa rencontre, et commença immédiatement la lecture des actes. Chacun se rengorgea quand le maire, lisant les noms et qualités des témoins, arriva à M. Abel-Charles N..., officier de la Légion d'honneur, grand cordon de Sainte-Anne de Russie, commandeur de l'Aigle noir de Prusse, commandeur de Charles III d'Espagne, etc., etc.

Faire partie d'une noce assistée par un pareil témoin était un honneur rare, un bonheur sans égal. Quand on eut fini à la mairie, on retourna aux voitures; nouveau sujet de gloire pour ceux qui occupaient les voitures fournies par M. Abel. Kersac allait recommencer son admiration et son examen du cheval.

« Belle robe! commença-t-il. Bai cerise! Jolie encolure! Beau poitrail bien développé!

M. ABEL.

Montez, montez, mon cher; pour le coup, il ne faut pas que nous soyons en retard. Notre entrée à l'église serait manquée; songez donc que je donne le bras à Mme Amédée. »

Kersac monta, mais ne détacha pas les yeux de dessus le cheval. L'entrée fut belle et majestueuse; la mariée était jolie; le marié était beau; les parents étaient bien conservés; les témoins étaient resplendissants. M. Abel et ses décorations attiraient tous les regards.

La cérémonie ne fut pas trop longue; à la sacristie, on se complimenta, on s'embrassa; M. Abel eut à subir les éloges les plus exaltés, les plus crus; un autre en eût été embarrassé; M. Abel riait de tout, avait réponse à tout. Kersac, un peu lourd, un peu mastoc, était mal à l'aise; seul au milieu de ce monde qui se connaissait, qui se sentait en famille, il eût voulu s'esquiver; plusieurs fois il chercha à se couler hors de la sacristie, mais toujours la foule lui barra le passage; enfin, il passa et disparut.

Lorsqu'il fut temps de partir, Abel chercha vainement Kersac; ni les recherches dans l'intérieur de l'église, ni les appels réitérés au dehors ne le ramenèrent près de M. Abel.

Les mariés étaient partis; les invités se pressaient d'arriver chez les Amédée pour prendre leur part du déjeuner; M. Abel, accompagné de Jean, continuait à chercher sa voiture et Kersac.

M. ABEL.

Il sera parti sans nous attendre.

JEAN.

Je ne le pense pas, monsieur; d'ailleurs, votre cocher n'y aurait pas consenti.

Chacun s'engorgea quand le maire lut les noms. (Page 333.)

M. ABEL.

Je ne sais que croire, en vérité; le plus clair de l'affaire, c'est que nous n'avons ni Kersac ni voiture; viens avec moi, nous irons à pied, malgré notre tenue de bal. Il n'y a pas loin, heureusement.

Au moment où ils partaient, ils virent la voiture revenant au grand trot; Kersac était sur le siége, près du cocher.

M. ABEL.

Où diantre avez-vous été? Pourquoi ne m'avez-vous pas attendu, Julien?

JULIEN.

Je prie monsieur de m'excuser; je croyais revenir à temps pour prendre monsieur.

KERSAC.

Ne grondez pas, monsieur Abel. C'est ma faute, voyez-vous. Pendant que vous faisiez vos saluts et vos compliments....

— Montons toujours, dit M. Abel; vous m'expliquerez cela en voiture.

KERSAC.

Je dis donc que pendant que vous faisiez vos révérences et qu'on s'embrassait là-bas, moi qui avais fait dès hier tous les compliments que je pouvais faire, je me suis échappé pour examiner à fond votre belle bête. Plus je la voyais et plus je l'admirais. Je voulais la voir trotter; j'en mourais d'envie.

« Si nous faisions un tour, dis-je au cocher, là où elle pourrait trotter bien à l'aise.

— Monsieur n'a qu'à sortir, me dit votre cocher, et ne pas me trouver, je serais en faute; il est bon maître; j'ai regret quand je le mécontente.

— Bah! lui dis-je, ils en ont pour une demi-heure

avant de se tirer de là. Et en une demi-heure on va loin avec une bête comme la vôtre. »

Le cocher était visiblement flatté; il voyait que sa bête était passée en revue par un connaisseur; je le voyais faiblir, et, ma foi, n'y tenant pas, je montai sur le siége et nous voilà partis. Nous prîmes par la rue de Rivoli; il y avait peu de monde, pas d'embarras; la jument filait que c'était un plaisir. Arrivés aux Champs-Élysées, je lui lâchai les rênes; nous fendions l'air; en moins de rien nous nous sommes trouvés au haut de l'avenue; votre cocher commençait à s'inquiéter; je tournai bride, et, en revenant, la jument filait, trottait, que j'en étais fou. Malheureusement, on ne s'est pas embrassé assez longtemps à la sacristie, car nous n'avons pas été dix minutes à faire la course. Et à présent que je connais la bête, je vous dis que vous ne savez pas le trésor que vous avez, et que c'est un meurtre de la faire marcher dans les rues de Paris, de ne pas lui laisser prendre son élan, de gêner ses allures, de la faire attendre aux portes. Si j'étais vous, je la soignerais autrement que ça.... Sapristi! quel meurtre!

M. ABEL, *riant*.

Calmez-vous, mon bon Kersac. Elle sera autrement soignée à l'avenir, je vous le promets. Mais aujourd'hui, en honneur de Simon, il faut qu'elle subisse sa corvée. Nous voici arrivés; je ne serai pas fâché de déjeuner. Entrez, je vais donner mes ordres au cocher.

— Et moi donc? dit Kersac. J'ai une faim!

— Et moi donc? » répéta Jean intérieurement.

Ils entrèrent; M. Abel parla quelque temps au cocher, qui eut l'air contrarié.

M. ABEL.

Ne vous en affligez pas, Julien : vous n'y perdrez

M. Abel et ses décorations attiraient tous les regards. (Page 334).

rien; c'est vous que je charge de la recherche. Et assurez-vous que la bête soit bien soignée; que votre frère ne la quitte pas et la mène doucement; qu'elle ne souffre pas.

LE COCHER.

Quant à ça, monsieur peut être tranquille; mais c'est une vraie pitié ce que monsieur fait là.

M. ABEL.

La bête ne s'en portera que mieux, je vous en réponds.

Et M. Abel entra chez les Amédée.

CHAPITRE XXVIII.

ABEL, CAÏN ET SETH.

Le déjeuner se passa bien; un silence complet régna au commencement; quelques paroles furent prononcées après le troisième plat; au cinquième, la conversation devint générale et bruyante; on servit le champagne après le huitième plat, et chacun proposa un toast.

M. Abel, le premier, porta un toast aux mariés; Simon répondit en portant un toast qui fut acclamé à l'unanimité :

« A M. Abel N..., mon très-aimé et très-vénéré bienfaiteur!

— A notre excellent ami M. Kersac! dit Jean.

— A la mère absente! » riposta Kersac.

Chacun continua ainsi. Les fortes têtes, bien résistantes au vin, vidaient leur verre à chaque nouveau toast; mais les gens sages comme M. Abel, Simon et Jean, se contentaient d'y mouiller leurs lèvres. Kersac, se réservant pour le soir, prit un terme moyen; il ne prit qu'une gorgée à chaque toast; mais les gorgées

On servit le champagne après le huitième plat. (Page 342.)

devenaient de plus en plus fortes; les dernières ne laissèrent que peu de gouttes dans le verre.

Le déjeuner était excellent; la gaieté était grande; on resta longtemps à table. A deux heures on s'aperçut qu'il était tard; chacun partit pour faire ses affaires ou sa toilette, qui devait être simple afin de ne pas être gênante à la campagne. On se donna rendez-vous à la gare à quatre heures. M. Abel, Jean et Kersac montèrent un instant chez Simon; ils trouvèrent Mme Amédée et Mme Simon rangeant et arrangeant l'appartement, et mettant en place linge, robes, bonnets, etc. Simon ôta son bel habit de noces, passa une blouse, et se mit en devoir de les aider.

« Adieu, Jean et Kersac; à revoir; à quatre heures à la gare, dit M. Abel en descendant.

JEAN.

A revoir, monsieur; nous serons exacts. »

Ils sortirent ensemble et marchèrent ensemble.

« Où allez-vous donc? dit M. Abel, surpris de se voir accompagné par ses deux amis.

JEAN.

A la maison, monsieur, pour voir le pauvre petit M. Roger, et donner un coup de main à M. Barcuss.

M. ABEL.

J'y vais aussi, moi; c'est drôle que nous ayons eu la même pensée. Seulement, je vais entrer chez moi, à l'hôtel *Meurice*, pour changer d'habit et ne pas avoir l'air d'un prince se promenant incognito. »

Kersac et Jean continuèrent sans M. Abel, et ne tardèrent pas à arriver.

Le petit Roger se trouvait un peu mieux; il fut trèscontent de voir Jean et lui demanda quelques détails sur la noce. Il sourit au récit de la promenade de Kersac avec la voiture de M. Abel. Il demanda quelques détails sur les toilettes, sur le déjeuner, et sur ce qu'on ferait plus tard.

« Est-ce que ton ami, M. Kersac, est rentré avec toi?

JEAN.

Oui, monsieur Roger; il avait envie d'avoir de vos nouvelles.

ROGER.

Il est bien bon; dis-lui que je le remercie bien, et que je le prie de venir me voir avant son départ; je ne voudrais pas qu'il quittât Paris sans me revoir.

JEAN.

Certainement qu'il ne s'en ira pas sans vous faire ses adieux, monsieur Roger; il vous admire trop pour cela.

ROGER.

Pourquoi m'admire-t-il? Il ne faut pas qu'il m'admire. Dis-lui cela, Jean; n'oublie pas. Je veux bien qu'il m'aime : voilà tout.

JEAN.

Je le lui dirai, monsieur Roger; mais je ne pense pas qu'il vous obéisse en ça.

ROGER.

Pourquoi donc? Pourquoi?

JEAN.

Parce que ça ne dépend pas de lui, monsieur Roger. De même qu'on n'aime pas au commandement, on ne peut pas s'empêcher d'admirer ce qui est admirable.

ROGER.

Oh! mon Dieu! Toi aussi, Jean! C'est mal, ça! Maman, je suis fatigué : expliquez-lui que je ne fais rien d'extraordinaire ni d'admirable; que je ne suis pas bon comme ils croient tous; que c'est le bon Dieu qui m'aide à souffrir; que sans lui je ne le pourrais pas.... Je suis fatigué; parlez pour moi, maman.

MADAME DE GRIGNAN.

Ne te tourmente pas, cher petit; je te promets d'expliquer à Jean ce que tu me demandes.

ROGER.

Et à M. Kersac aussi?

MADAME DE GRIGNAN.

Oui, oui; à M. Kersac aussi.

— Merci, maman. »

Et Roger, fatigué, ferma les yeux. Il ne tarda pas à les rouvrir; il souffrait et il luttait mieux contre la souffrance quand il regardait le crucifix et la sainte Vierge qui étaient en face de son lit. Jean, habitué aux soins à lui donner dans ses moments de crises douloureuses, lui frotta doucement, tantôt le dos, tantôt les jambes; Mme de Grignan lui mouillait le front avec une eau calmante, et lui faisait respirer de l'eau camphrée. La crise se calma, mais il ne put s'étendre dans son lit; il resta la tête sur les genoux et les jambes pliées sous lui.

Jean resta jusqu'au moment du départ; il baisa les petites mains de son pauvre petit maître, et le quitta sans que Roger ait eu la force de relever la tête ni de dire une parole.

Jean trouva Kersac endormi; il le réveilla, et tous deux se mirent en route pour la gare Montparnasse. Il n'y avait d'arrivé encore que les mariés et leurs parents, et avant eux était venu un valet de chambre de M. Abel, chargé des billets, des compartiments réservés, et de tout ce qui pouvait être demandé par les invités de la noce.

Le valet de chambre remit à Kersac et à Jean les billets de leurs places. En peu d'instants toute la noce fut au complet; les employés les firent entrer dans les wagons. Lorsque M. Abel arriva, tout le monde était placé; il ne restait plus de compartiments réservés. Kersac et Jean avaient attendu M. Abel sur le quai et se trouvaient comme lui séparés de la noce.

M. ABEL.

Ne vous en inquiétez pas; j'aperçois deux de mes amis, et nous trois ça fait cinq; nous prendrons un compartiment, il n'y viendra personne.

M. Abel alla chercher ses amis CAÏN et SETH: c'étaient leurs noms de guerre pour les excursions et les farces. Nous ne dirons pas leurs vrais noms, pas plus que nous ne disons celui de M. Abel. Tous trois vivent encore et vivront longtemps; il pourrait leur être désagréable de voir leurs noms livrés au public.

M. ABEL.

Par ici, par ici, mes amis. Voici mon ami Kersac: voici mon petit ami Jean.... Monsieur Kersac, je vous présente mes amis CAÏN et SETH. Nous ferons route ensemble. Je suis autorisé par M. Amédée à les inviter pour être des nôtres et faire partie de la noce.

— Tout l'Ancien Testament réuni, dit Kersac en riant de son bon rire franc. Monsieur Caïn, vous n'allez pas nous traiter en frères, n'est-ce pas?

CAÏN.

Si fait, si fait. Mais en Caïn régénéré, en Caïn du Nouveau Testament.

Ils étaient montés dans un compartiment vide, et on allait fermer les portières, lorsqu'une grosse petite dame rouge, pincée, mijaurée, élégante, portant une cage de trois mètres d'envergure et de neuf mètres de tour, s'élança dans le wagon, cherchant une place. Il en restait trois, mais pas d'ensemble.

« Diable de femme! murmura Seth. Elle va nous empêcher de fumer!

— Il faut la faire partir, dit Caïn.

M. ABEL.

Comment? De quelle manière?

CAÏN.

Tu vas voir; secondez-moi tous les deux. »

Une petite grosse dame s'élança dans le wagon. (Page 358.)

Il ajouta quelques paroles plus bas encore. Le sifflet se fit entendre; les wagons s'ébranlèrent.

La grosse petite dame s'était à peine casée en face de Caïn, que celui-ci fit un bond extraordinaire; la dame poussa un léger cri. Un deuxième bond plus prononcé lui fit prendre une expression d'effroi qui devint de la terreur, quand elle vit M. Abel d'un côté et Seth de l'autre chercher à retenir et à calmer Caïn.

ABEL. Là, là, mon ami! Là! Calme-toi!... Voyons! sois sage! Cette dame ne te fait pas de mal. Là, l

LA PETITE DAME.

Mon Dieu! qu'y a-t-il donc, messieurs?

ABEL.

Ne vous effrayez pas, madame! Ce n'est rien! Notre malheureux ami!... Là, là, Caïn! Là. Sois bon garçon.... Il est fou, madame; et il devient fou furieux quand il voit un visage qui lui déplaît.... Voyons! Seth, tiens-le; il va nous échapper....

LA PETITE DAME.

Mon Dieu! il va me faire du mal.

ABEL.

J'espère que non, madame! Soyez tranquille! Nous le tenons. Mais, dans ses accès, il a une force herculéenne. Quatre hommes vigoureux en viennent difficilement à bout.

LA PETITE DAME.

Et que fait-il alors?

ABEL.

Il est terrible quand il parvient à s'échapper; il met tout en pièces.... Voyons, voyons! Seth, tiens-le donc! Il m'échappe.

SETH.

Je ne peux pas. Il est plus fort que moi.

LA PETITE DAME.

Mon Dieu, mon Dieu, au secours! »

Kersac, qui n'était pas dans la confidence, s'élança sur Caïn; il le maintint si vigoureusement, que celui-ci éclata de rire. Kersac, debout devant la petite dame, piétinait sa robe, sa cage, écrasait son chapeau avec ses reins, qui avaient à peine la place de se mouvoir; plus Kersac serrait Caïn, plus celui-ci riait et cherchait à se dégager de cet étau. La cage de la grosse petite dame était en pièces; sa robe était en loques, son cha-

Kersac écrasait son chapeau avec ses reins. (Page 350.)

peau ne tenait plus sur sa tête; ses faux cheveux, nattes, crêpons, chignon tombaient sur son visage, sur ses épaules, sur son cou. M. Abel, la trouvant suffisamment dégoûtée de leur wagon, s'écria :

« Lâchez, Kersac, lâchez; l'accès est fini; quand il rit il n'y a plus de danger. »

Kersac lâcha, et, repoussé par Caïn, il retomba sur la petite dame qu'il écrasait de son poids sans pouvoir se relever; deux fois il essaya, deux fois il retomba.

« Au secours! J'étouffe! » cria la dame.

M. Abel eut pitié d'elle; il enleva Kersac de sa poigne vigoureuse, aida la petite dame à s'arranger tant bien que mal. Elle avait eu à peine le temps de remettre en place nattes, chignon et crêpons, et de rattacher sa robe avec quelques épingles, que le convoi arrêta; la dame ouvrit la portière et se précipita hors du wagon; le désordre de sa toilette attira tous les regards; elle disparut, mais peu d'instants après un employé ouvrit la portière.

« Messieurs, dit-il, qu'avez-vous fait à cette dame qui vient de quitter le wagon? Elle se plaint d'un fou qui a manqué la mettre en pièces. Avez-vous réellement un fou parmi vous?

CAÏN.

Mais pas du tout; c'est elle qui est folle, qui se jette sur les gens, qui crie, qui croit qu'on va la massacrer.

L'EMPLOYÉ.

Cela me paraît louche, tout de même; sa robe est terriblement fripée; son chapeau est bien déformé; sa cage est toute démantibulée.

CAÏN, *riant.*

Pas de mal, employé! Pas de mal! Elle ne se plaint pas de nous, allez. Voulez-vous un cigare? Et un fameux. »

Il présenta une couple de cigares à l'employé, qui hésita, hocha a tête, finit par accepter, et referma le wagon en disant :

« Quelque farce! Et une société de farceurs! Cela se voit de reste. »

Le train repartit; Abel, Caïn et Seth rirent aux éclats; Caïn et Seth allumèrent leurs cigares, et M. Abel rassura Kersac et Jean en leur expliquant la scène qui avait été inventée et jouée par Caïn et Abel.

CHAPITRE XXIX.

LE MARTEAU MAGIQUE.

Le voyage ne fut pas long; ils descendirent à Saint-Cloud; c'était la fête de la ville; on se promena partout; on joua à toutes sortes de jeux; on regarda des tours de force, des veaux à cinq pieds, des moutons à deux têtes, des géants de quatre ans qui semblaient être des hommes de trente avec barbe et moustaches: enfin, un âne qui avait la tête où les autres avaient la queue.

Cette dernière merveille se voyait dans une tente où étaient d'autres bêtes curieuses; l'âne était seul dans une stalle, séparé par une toile des autres animaux; il n'avait été annoncé qu'à la suite d'un entretien mystérieux entre M. Abel et le propriétaire des animaux.

« Entrez, messieurs, mesdames, entrez. On n'y entre qu'un à un, messieurs, mesdames. Entrez. »

Kersac entra le premier en payant deux sous; il ne tarda pas à en sortir, riant aux éclats.

PLUSIEURS VOIX.

Quoi donc? Qu'y a-t-il? Est-ce vrai que l'âne a la tête où les autres ont la queue?

KERSAC.

Très-vrai, et ça vaut bien deux sous pour le voir et jurer le secret au brave propriétaire de l'animal. Quelle farce! Quelle bonne farce!

La gaieté de Kersac excita la curiosité de toute la noce et de toutes les personnes présentes. Chacun voulut y entrer, et tous en sortaient riant comme Kersac et discrets comme lui. A la fin, cet attroupement considérable de gens dont aucun ne voulait s'en aller et qui tous riaient et applaudissaient, attira les gendarmes. Ils ne purent rien tirer de personne, et, pour savoir ce qui en était, ils durent entrer à leur tour. Ils entrèrent.... sans payer, en qualité de gendarmes; et ils virent un âne dans une écurie, tourné de la tête à la queue, c'est-à-dire la queue attachée au râtelier et la tête tournée vers les spectateurs. Les gendarmes ne savaient s'ils devaient rire ou sévir; M. Abel s'interposa et dit que c'était lui qui avait inventé ce divertissement; il plaida si bien la cause du chef de l'établissement, que celui-ci fut autorisé à continuer la mystification; elle lui rapporta plus d'argent que le reste de la ménagerie.

En continuant leur promenade le long des tentes et des boutiques, ils virent une baraque avec une estrade sur laquelle paradaient un homme à figure blême, à mine éreintée, une femme à visage flétri, exprimant la souffrance, et un petit garçon d'une maigreur excessive, et dont les joues hâves annonçaient la misère. L'aspect de cette famille frappa péniblement M. Abel; après les avoir observés pendant quelque temps, il alla derrière la toile et causa quelques instants avec l'homme. Il revint, eut une conférence avec ses amis Caïn et Seth; tous trois passèrent ensuite derrière la baraque; la famille éreintée disparut pour faire place, une demi-heure après, à trois sauvages à longues barbes et au teint cuivré; l'un d'eux fit un roulement de tambour formidable; un second cria d'une voix qui couvrait le bruit du tambour :

« Venez, messieurs, mesdames, venez voir l'effet merveilleux du MARTEAU MAGIQUE qui change les sous en pièces d'argent, et les pièces d'argent en pièces d'or. »

La foule ne tarda pas à se rassembler près de cette baraque.

« On fait une seule expérience gratuite, messieurs, mesdames; après quoi on devra donner à la personne qui fera la quête. La représentation va commencer! Qu'est-ce qui me donne un sou? Un sou, messieurs, un sou pour en avoir vingt? »

Une main s'allongea et donna un sou.

Le sauvage prit le sou, le tint en l'air afin que chacun pût le voir, le posa sur un billot et s'éloigna. Le second sauvage, qui tenait un pesant marteau à la main, frappa le billot; le premier sauvage prit le sou, le fit voir à la foule; le sou s'était métamorphosé en une pièce de vingt sous.

La foule applaudit; le propriétaire du sou reçut sa pièce d'un franc; une foule d'autres mains présentèrent d'autres sous; le même sauvage les recevait et les rendait. Souvent l'opération manquait; les propriétaires attrapés murmuraient.

UN SAUVAGE.

Le marteau magique ne fait rien pour les avares, les joueurs, les buveurs, les méchants; il lit dans les cœurs et donne à chacun selon ses mérites.

Les sous des enfants se trouvaient toujours métamorphosés en pièces de vingt sous, une ou deux fois même le marteau magique changea le sou en une pièce de deux francs.

Une femme à visage flétri. (Page 355.)

LE SAUVAGE.

Allons, messieurs, donnez au marteau magique des pièces de vingt sous pour en faire des pièces de vingt francs après le premier tour de quête, messieurs. Ceux qui ne donneront pas à la quête n'auront pas droit à la métamorphose; ceux qui donneront beaucoup en seront récompensés.

La femme du magicien fit le tour de l'assemblée; chacun donna; plusieurs donnèrent des petites pièces blanches. Depuis quelques instants, Jeannot s'était mêlé à la foule et attirait les regards du principal sauvage. A la deuxième reprise, il s'avança et donna une pièce de vingt sous pour en avoir une de vingt francs.

LE SAUVAGE.

Donnez, monsieur; vous allez être satisfait. Attention, marteau, fais ton office; rends de l'or pour de l'argent!

Le marteau frappa. Jeannot allongea une main avide, et reçut.... un sou.

« Ce n'est pas de l'or, cria-t-il; j'ai donné vingt sous.

LE SAUVAGE.

Recommencez, monsieur, le marteau s'est trompé. Dame, il se trompe quelquefois. Allons, marteau, recommence; récompense ou punis. »

Jeannot donna une seconde pièce de vingt sous.

Le marteau frappa; Jeannot reçut.... un sou.

« Vous me volez! s'écria Jeannot en colère.

LE SAUVAGE.

Tout le monde peut voir, monsieur, que je n'ai rien dans les mains, rien dans les poches. Une troisième épreuve, monsieur; essayez, vous n'aurez pas perdu pour attendre. »

Jeannot tendit en grommelant une troisième pièce

de vingt sous. Le marteau frappa. Le sauvage fit voir une pièce enveloppée d'un papier.

LE SAUVAGE.

Voilà, monsieur! Ce doit être du bon! La pièce est cachée, et il y a quelque chose d'écrit sur le papier.

Le sauvage lut :

« A Jeannot. ».

Il ouvrit le papier et lut tout haut :

« *Voleur!* Un sou, dit-il; toujours de même. C'est un marteau magique, messieurs, mesdames; il récompense et punit. »

Jeannot restait ébahi et furieux; la foule répétait : *Voleur! Voleur!* La peur le saisit; il se retira prudemment et disparut.

Après le marteau magique, les trois sauvages chantèrent des tyroliennes et des chansonnettes gaies et amusantes. La foule applaudissait; la sébile se remplissait; après les chansons vinrent des escamotages, des tours d'adresse; enfin, un roulement de tambour annonça que la représentation était finie. Les sauvages, vivement applaudis, quittèrent l'estrade, se déshabillèrent, se débarbouillèrent dans la baraque et redevinrent Caïn, Abel et Seth. Ils remirent au pauvre charlatan le produit des collectes qui se monta à plus de cinquante francs; ces pauvres gens témoignèrent une grande reconnaissance aux trois amis, qu'ils remercièrent les larmes aux yeux.

M. Abel et ses amis cherchèrent à rejoindre leur société qu'ils avaient perdue; ils ne tardèrent pas à la retrouver; Jean avait été inquiet un instant de la longue disparition de M. Abel; mais Kersac lui dit que sans doute il était allé au salon de cent couverts pour hâter le dîner. Personne ne l'avait reconnu dans la parade des sauvages. M. Abel invita la société à venir

« Venez voir l'effet du marteau magique. » (Page 356.)

prendre le repas du soir; la proposition fut accueillie avec joie; le déjeuner était loin, et on se proposait de faire honneur au dîner.

Les convives se placèrent; le dîner commença dans le même religieux silence que le déjeuner. De même que le matin, on se mit en train après les premiers plats, et on devint gai et bruyant en approchant du rôti; le dîner était exquis, les vins étaient de premier cru; on chanta; quand vint le tour de M. Abel, il entonna avec Caïn et Seth une des chansonnettes en trio qu'ils avaient chantée sur les tréteaux du saltimbanque. Alors seulement ils furent reconnus, interrogés, applaudis. On rit beaucoup de l'invention du marteau magique et de l'attrape faite à Jeannot. Après le repas, qui dura de sept heures à neuf, les violons se firent entendre, les danses commencèrent. Quand on fut bien en train:

« A nous deux, petit Jean, comme au café Métis, s'écria M. Abel. La leçon de danse. »

Et tous deux, en riant, se mirent en position comme au café Métis, et commencèrent la danse qui avait tant amusé les badauds de la rue, et qui fit son même effet au salon de cent couverts de Saint-Cloud. Tout le monde riait, applaudissait.

La soirée se prolongea ainsi gaiement jusqu'à une heure du matin; on prit un train qui passait à une heure et demie; on trouva à la gare des voitures retenues par M. Abel pour tous les convives, et chacun rentra chez soi.

Avant de se séparer, M. Abel dit à Jean et à Kersac qu'il irait déjeuner le lendemain chez Mme de Grignan, et qu'il les mènerait à l'exposition de tableaux qui devait ouvrir sous peu de jours, et qui ne l'était encore que pour les artistes.

CHAPITRE XXX.

L'EXPOSITION.

Kersac et Jean étaient fatigués; ils dormirent tard le lendemain; lorsque le petit Roger fit dire à Jean de venir chez lui, Kersac dormait encore et Jean finissait de s'habiller. Il s'empressa de descendre près du pauvre malade, qui le reçut avec son doux et aimable sourire.

ROGER.

Tu es rentré hier bien tard, Jean. T'es-tu bien amusé?

JEAN.

Beaucoup, monsieur Roger, ce qui n'empêche pas que j'ai souvent pensé à vous, et que j'aurais bien voulu pouvoir m'échapper et venir passer une heure ou deux avec vous.

ROGER.

Merci, mon bon Jean; raconte-moi ce que tu as fait.

Jean raconta la farce en wagon de MM. Abel, Caïn et Seth, et l'écrasement de la grosse petite dame rouge par Kersac qui croyait la secourir. Puis l'histoire des saltimbanques, du marteau magique ; la mésaventure de Jeannot, qui avait perdu trois francs en voulant gagner une pièce d'or. Il raconta le dîner, la leçon de danse, le bal, et tout ce qui pouvait amuser Roger et le distraire un instant de ses souffrances. Le pauvre enfant souriait ; il n'avait plus la force de rire. Il remerciait Jean du regard ; dans les moments où il souffrait trop, il lui faisait signe de s'interrompre. Jean resta ainsi une heure avec lui ; il retourna ensuite près de Kersac qui s'éveillait, et qui fut très-honteux quand il sut qu'il était dix heures.

KERSAC.

Je n'ai pas l'habitude de ces veillées, de ces fatigues extraordinaires, et de ces repas monstres qui vous rendent lourd et paresseux. A la ferme, je me fatigue davantage et j'ai moins besoin de repos. J'y serai heureusement demain matin, et, dès mon arrivée, j'arrangerai mon affaire avec ta mère ; le plus tôt sera le mieux. Je lui avais promis de t'emmener ; veux-tu venir passer quelques jours avec nous ?

JEAN.

J'en serais bien heureux, monsieur, mais je ne puis quitter mon pauvre petit M. Roger dans l'état où il est. Je ne suis pas grand'chose, mais il me demande souvent, et je réussis à le distraire un peu.

M'a-t-il fait répéter de fois ma rencontre avec M. Abel, quand il s'est fait passer pour voleur ! Et puis notre voyage en carriole et la bonne journée que vous m'avez fait passer, monsieur. Vous voyez que ce serait mal à moi de le quitter dans ce moment.

KERSAC.

Tu as raison, mon enfant ; tu es un bon et brave garçon. M. Abel va arriver bientôt pour nous mener aux tableaux. Nous déjeunerons avant de partir, j'espère bien; j'ai l'estomac creux que c'est effrayant.

M. Abel arriva, leur dit de se tenir prêts pour une heure; ils furent exacts. M. Abel les fit monter dans sa voiture.

KERSAC.

Vous avez encore là une jolie bête, monsieur, mais elle ne vaut pas celle d'hier. J'en ai rêvé, de l'autre. Si j'avais une bête qui lui ressemblât, je passerais des heures à la faire trotter. Quelle trotteuse! Je l'attellerais rien que pour la voir filer.

M. Abel l'écoutait en souriant; il paraissait content de l'enthousiasme de Kersac pour sa jument.

Quand ils entrèrent dans la salle de l'exposition, M. Abel les mena d'abord devant les plus beaux tableaux, puis il leur fit voir les siens. Un groupe de quatre tableaux de chevalet attira de suite leur attention. Jean regardait avec une surprise et une joie qui se manifestèrent par des exclamations que M. Abel chercha vainement à arrêter.

JEAN.

Voilà Simon! Me voilà, moi! Et nous voilà dansant! Ah! ah! ah! Vous voilà, monsieur! On ne vous voit que le dos, mais je vous reconnais bien, tout de même! Nous voilà, Simon et moi, avec nos habits neufs! C'est ça! C'est bien ça! Voyez donc, monsieur Kersac. Et voilà Simon et Aimée; c'est comme ils étaient le jour du bal! Oh! monsieur, que c'est beau! Que c'est donc joli! Que vous êtes heureux de faire de si belles choses!

Jean ne voyait pas la foule qui s'était rassemblée autour d'eux; on chuchotait, on nommait tout bas M. Abel de N.... Celui-ci avait fait de vains efforts pour arracher Jean à son enthousiasme; il ne voyait que ces tableaux, il n'entendait que sa propre voix. Contrarié, presque impatienté, M. Abel voulut s'en aller, mais la foule, qui se composait d'artistes, les avait cernés; il fallait rester là. Lorsqu'il se retourna pour chercher une issue, toutes les têtes se découvrirent; M. Abel salua et sourit avec sa politesse et son affabilité accoutumées. La foule commença à s'émouvoir, à s'agiter. Quelques *vivat* se firent entendre.

« Messieurs, de grâce, dit M. Abel en souriant, je demande le passage. Jean, viens, mon ami.

— Jean, il s'appelle Jean, » chuchotèrent quelques voix.

Jean sortit enfin de son extase.

« Oh! monsieur! commença-t-il.

M. ABEL.

Chut! nigaud. Silence, je t'en supplie! Et suis-moi. »

Jean suivit machinalement; la foule voulut suivre aussi. M. Abel se retourna, ôta son chapeau :

« Messieurs, je vous en supplie! Permettez que je me retire. Je vous en prie, » ajouta-t-il avec dignité, mais avec grâce.

La foule, toujours chapeau bas, obéit à cette injonction; on le laissa s'éloigner, on ne le suivit que du regard; seulement, quand il fut à la porte, des *vivat* et des applaudissements éclatèrent; M. Abel précipita le pas; longtemps encore lui et ses compagnons purent entendre éclater l'enthousiasme pour le grand artiste, l'homme de bien et le caractère honorable si universellement aimé, respecté et admiré.

Quand ils furent en voiture :

M. ABEL.

Jolie scène que tu m'as amenée avec ton enthousiasme et tes exclamations!

JEAN.

Pardonnez-moi, monsieur. J'étais hors de moi ! Je ne savais ce que je disais. Pourquoi m'avez-vous arraché de là, monsieur? J'y serais resté deux heures !

M. ABEL.

Et c'est bien pour cela, parbleu! que je t'ai emmené. Tu as entendu leurs cris. Cinq minutes de plus, ils me portaient en triomphe comme les empereurs romains. C'eût été joli! Tous les journaux en auraient parlé ; je n'aurais plus su où me montrer.

Jean était honteux, Kersac riait. M. Abel rit avec lui, donna une petite tape sur la joue de Jean, et la paix fut ainsi conclue.

CHAPITRE XXXI.

MORT DU PETIT ROGER.

Kersac devait partir le soir même; il profita du temps qui lui restait pour courir tout Paris avec Jean; en rentrant pour dîner, ils étaient rendus de fatigue.

« Dis donc, Jean, dit Kersac, je voudrais bien, avant de quitter Paris, emporter une bénédiction de votre petit ange. Cela me porterait bonheur. Demande donc si je puis le voir; voici l'heure du départ qui approche. Je ferai mon petit paquet pendant que tu feras la commission. »

Jean revint avant même que le petit paquet fût fini. Roger voulait, de son côté, voir Kersac avant son départ.

Quand ils entrèrent dans sa chambre, Kersac fut frappé de l'altération des traits de l'enfant; la pâleur du visage, la difficulté de la respiration, annonçaient une aggravation sérieuse dans son état.

« Venez, mon bon monsieur Kersac, dit Roger d'une voix entrecoupée; venez.... Je ne vous verrai plus.... mais je prierai pour vous.... Adieu.... adieu.... Bientôt.... je serai.... près du bon Dieu.... Je suis heureux.... d'avoir tant souffert!... Le bon Dieu me récompensera! »

Kersac s'agenouilla près du lit.

« Cher petit ange du bon Dieu, bénissez-moi une dernière fois, dit-il en posant sur sa tête la petite main de Roger crispée par la souffrance.

— Que le bon Dieu.... vous bénisse.... Et vous aussi, Jean.... Adieu. »

Le pauvre petit recommença une crise; Mme de Grignan pria Kersac de sortir; Jean demanda à Mme de Grignan s'il pouvait lui être utile; sur sa réponse négative, il accompagna Kersac.

Le dîner de l'office fut triste; chacun s'attendait à la fin prochaine du petit Roger; tout le monde l'aimait, le plaignait, tous étaient attendris de ses terribles souffrances. Kersac dut partir en sortant de table ; il remercia affectueusement le bon Barcuss de ses soins et de son obligeance; il remercia aussi les gens de la maison, qui tous avaient contribué à lui rendre agréable son séjour chez eux. Il chargea Barcuss de ses respects et de ses remercîments pour M. et Mme de Grignan, et partit avec Jean. En revenant du chemin de fer, Jean passa chez M. Abel; fatigué de sa journée de la veille, il était chez lui, en robe de chambre.

M. ABEL.

Te voilà, Jean? Eh bien! tu as l'air tout triste? Qu'y a-t-il donc, mon ami?

JEAN.

Je crains, monsieur, que notre cher petit M. Roger ne soit bien près de sa fin; son visage est si altéré, sa voix si affaiblie depuis sa dernière crise! Je suis venu vous prévenir, monsieur.

M. ABEL.

Je te remercie, mon enfant. Je voulais me coucher de bonne heure, le croyant mieux, mais ce que tu me dis m'inquiète; et j'aime trop cette excellente famille pour l'abandonner dans des moments si douloureux.

M. Abel sonna. Un valet de chambre entra.

M. ABEL.

Allez me chercher une voiture pendant que je m'habille, Baptiste.

BAPTISTE.

Monsieur veut-il que je dise à Julien d'atteler?

M. ABEL.

Non, cela prendrait trop de temps. Une voiture, la première venue.

Le valet de chambre sortit. M. Abel s'habillait.

« Jean, aide-moi à passer mon habit. J'entends Baptiste qui revient.

— La voiture de monsieur, dit Baptiste en rentrant.

M. ABEL.

Viens, Jean; je t'emmène. Dépêchons-nous.

Dix minutes plus tard, ils étaient à l'hôtel de M. de _gnan.

« Comment va l'enfant? dit M. Abel au concierge en entrant précipitamment.

— Mal, monsieur, très-mal, répondit le concierge. Le docteur sort d'ici; on vient d'envoyer chez vous, monsieur, et chez M. le curé de la Madeleine. »

Abel monta rapidement l'escalier, traversa les salons; la porte de Roger était ouverte; l'enfant était inondé de sueur; ses yeux entr'ouverts, son regard voilé par les approches de la mort, sa bouche contractée par les souffrances de l'agonie, ses mains crispées et agitées de mouvements convulsifs, annonçaient une fin prochaine. M. et Mme de Grignan, à genoux près du lit, contemplaient, avec une douloureuse résignation, l'agonie de leur enfant. Suzanne, moins forte pour lutter contre la douleur, à genoux près de sa mère, sanglotait, le visage caché dans ses mains. Abel se mit entre la mère et la fille, pria avec eux, et commença à réciter les prières des agonisants ; un léger sourire parut sur la bouche de l'enfant ; il essaya de parler, et, après quelques efforts, il articula faiblement :

« Abel.... Merci.... »

M. et Mme de Grignan complétèrent le remercîment de l'enfant par un regard plein de reconnaissance. Le curé entra, s'approcha du mourant, se hâta de lui donner une dernière absolution, une dernière bénédiction, lui administra le sacrement de l'extrême-onction, et se joignit à M. Abel pour réciter la prière des agonisants.

Au moment où il dit d'une voix plus forte et plus solennelle : *Partez, âme chrétienne!* un léger tressaillement agita les membres de l'enfant ; puis survint l'immobilité complète, et la respiration, déjà si difficile, s'arrêta. Le curé se pencha sur l'enfant, bénit ce corps sans vie, et se releva en récitant le *Laudate Dominum*. M. de Grignan voulut emmener sa femme ; elle se dégagea doucement de ses bras, appuya sa joue sur le visage de son cher petit Roger, pleura longtemps, et se laissa ensuite emmener par son mari.

Suzanne restait à genoux, sanglotant près du corps de son frère, dont elle tenait toujours la main dans les siennes. M. Abel, la voyant oubliée dans ce premier moment d'une grande douleur, la releva, chercha à la consoler, en lui disant quelques paroles pleines de cœur sur le bonheur dont jouissait certainement son frère, et la vie cruelle qu'il avait menée depuis si longtemps.

« Je le sais, dit-elle, mais je l'aimais tant! C'était mon frère, mon ami, malgré sa grande jeunesse. Que de fois ce cher petit m'a encouragée, aidée, consolée !... Et à présent !... »

Suzanne recommença à sangloter avec une violence qui effraya M. Abel. Il l'arracha d'auprès du lit de Roger, et, malgré sa résistance, il l'emmena dans le salon. Au bout d'un certain temps, elle parut sensible aux témoignages d'affection qu'il lui donnait.

« Ma chère enfant, lui dit-il, je ne puis remplacer le petit ange que vous avez perdu, mais je puis être pour vous un ami, un frère, un confident même, si vous voulez répondre à l'amitié que je vous offre, et payer par la confiance le dévouement le plus absolu. »

Le chagrin de Suzanne prit une apparence plus douce après cette promesse de M. Abel; ses larmes furent moins amères; sa tendresse pour ses parents aurait son complément dans l'affection d'un ami dont l'âge se rapprochait du sien. Elle demanda instamment à M. Abel de la laisser retourner près de son frère.

« Ne craignez pas pour moi, cher monsieur Abel; la prière me fera du bien; Roger a déjà prié pour moi, puisqu'il me donne un ami tel que vous. Laissez-moi le remercier. »

Abel la ramena près du lit de Roger; elle arrosa de ses larmes ses petites mains déjà glacées; en face d'elle priait Abel. Une heure se passa ainsi; M. Abel demanda à Suzanne de prendre quelque repos, elle répondit par un signe de tête négatif.

« Je vous en prie, Suzanne, » dit-il doucement.

Suzanne se leva et le suivit sans résistance dans le salon.

M. ABEL.

Suzanne, promettez-moi d'aller vous étendre sur votre lit. Vous êtes pâle comme une morte et vous semblez exténuée de fatigue. Ma chère Suzanne, soignez-vous, croyez-moi. Vos parents ont plus que jamais besoin de vos soins et de votre tendresse.

SUZANNE.

Je vous obéirai, cher monsieur Abel. Mais allez voir papa et maman; ils vous aiment tant! Votre présence leur sera une grande consolation.

M. ABEL.

J'irai, Suzanne. Fiez-vous à mon amitié pour les consoler de mon mieux.

M. Abel lui serra la main et la quitta pour entrer chez M. de Grignan. Il le trouva luttant contre le désir exprimé par sa femme de retourner près de l'enfant pour l'ensevelir.

« Laissez-la suivre son désir, mon ami, dit M. Abel; elle sera mieux là que partout ailleurs. Laissez la mère rendre les derniers devoirs à son enfant. »

M. de Grignan ne s'opposa plus aux prières de sa femme, qui sortit précipitamment après avoir adressé à Abel un regard éloquent.

CHAPITRE XXXII.

DEUX MARIAGES.

La famille resta plongée dans une profonde douleur, mais jamais un murmure ne fut prononcé; Abel ne les quittait presque pas. Il tint la promesse qu'il avait faite à Suzanne; il fut pour elle l'ami le plus dévoué, le frère le plus attentif. Les mois, les années se passèrent ainsi. La réputation d'Abel avait encore grandi; ses derniers tableaux avaient fait fureur. Il avait reçu le titre de *baron* après l'exposition où il avait eu un si brillant succès. Il continuait sa vie simple et bienfaisante; il avait restreint de plus en plus le cercle de ses relations intimes; et, de plus en plus, il donnait son temps à ses amis de Grignan. Suzanne était arrivée à l'âge où une jeune, jolie, riche et charmante héritière est demandée par tous ceux qui cherchent une fortune et un nom. Ces demandes étaient loyalement soumises à Suzanne, qui les refusait toutes sans examen.

« Chère Suzanne, lui dit un jour Abel, votre mère me dit que vous avez refusé le duc de G.... Vous voulez donc rester fille? ajouta-t-il en souriant.

SUZANNE.

Je n'épouserai jamais un homme que je ne connais pas, que je n'aime pas, et qui me demande pour la fortune que je dois avoir.

ABEL.

Mais, chère enfant, vous connaissez le duc de G...; vous l'avez vu bien des fois.

SUZANNE.

Ce que j'en connais ne me convient pas. Il parle légèrement de tout ce qui me plaît, de tout ce que j'aime! Auriez-vous le courage de m'engager à épouser un homme sans religion?

ABEL, *vivement*.

Non, jamais, Suzanne; je suis trop votre ami pour vous donner un si dangereux conseil.

SUZANNE.

Alors, ne me proposez plus personne, jusqu'à ce que....

ABEL.

Achevez, Suzanne; jusqu'à ce que?...

SUZANNE, *souriant*.

Jusqu'à ce que vous m'ayez trouvé un homme qui vous ressemble.

ABEL, *après un instant de silence et très-ému*.

Suzanne.... je sais que vous pensez tout haut avec moi. Je connais votre franchise, votre sincérité. Dites-moi le fond de votre pensée. Que voulez-vous dire par là?

SUZANNE, *souriant*.

Si vous ne le comprenez pas, demandez-en l'explication à maman; elle vous la donnera. La voici qui vient, tout juste, je me sauve. »

Et Suzanne disparut en courant.

MADAME DE GRIGNAN.

Eh bien! qu'y a-t-il donc, Abel? Suzanne s'enfuit et vous êtes tout interdit.

ABEL.

Il y a de quoi, chère madame. Si vous saviez ce que vient de me dire Suzanne?

Et Abel répéta mot pour mot sa conversation avec Suzanne.

MADAME DE GRIGNAN.

Elle a parfaitement raison, mon ami. Et je dis comme elle.

ABEL, *vivement ému.*

Madame! chère madame! Comprenez-vous bien toute la portée de vos paroles? Ne pourrais-je me figurer.... que si j'osais.... vous demander Suzanne, vous me la donneriez?

MADAME DE GRIGNAN.

Certainement, vous pourriez le croire; je vous la donnerais, et avec un vrai bonheur; et Suzanne en serait aussi heureuse que nous le serions mon mari et moi.

ABEL.

Serait-il possible? Comment! ce vœu, que je renfermais dans le plus profond de mon cœur, serait exaucé! Suzanne serait ma femme? De votre consentement? Du sien?

MADAME DE GRIGNAN.

Oui, mon ami; vous seriez son mari et mon gendre; le vrai frère de mon cher petit Roger, ajouta-t-elle en prenant les deux mains d'Abel dans les siennes. Ce cher petit! il vous aimait tant! Sa dernière parole a été votre nom.

Mme de Grignan pleura dans les bras de ce fils

qu'elle venait de se donner. Il lui baisa mille fois les mains en la remerciant du fond de son cœur.

ABEL.

Ne puis-je voir Suzanne, chère madame ?

MADAME DE GRIGNAN.

C'est trop juste ; je vais vous l'envoyer.

Deux minutes après, Suzanne rentrait, souriante mais légèrement embarrassée.

« Suzanne ! dit Abel en allant à elle et lui baisant les mains, Dieu me récompense bien richement du peu que j'ai fait pour son service.

SUZANNE.

Et moi, mon ami ? C'est à notre cher petit Roger que je dois ce bonheur, que j'ai si souvent demandé au bon Dieu, et que vous me refusiez toujours.

ABEL.

Moi ! Ah ! Suzanne, comment n'avez-vous pas compris que je n'osais pas ! J'ai beau avoir été chamarré de décorations, avoir été fait baron, je ne croyais pas pouvoir prétendre à la jeune et charmante héritière demandée par les plus grands noms de France. Mon intimité avec vos parents, leurs bontés pour moi, et qu'à la grande amitié et préférence que vous me témoigniez en toutes occasions, m'interdisaient toute tentative, par conséquent tout espoir. Mais si vous saviez combien j'ai souffert de ce silence forcé !

SUZANNE, *souriant*.

A présent, mon ami, vous ne souffrirez plus que de m'avoir fait souffrir, moi aussi. A tout autre que vous (qui êtes mon confident intime, vous savez), je n'aurais jamais osé dire ce que je vous ai dit aujourd'hui. Et pourtant, je pensais bien que vous n'en seriez pas fâché. »

A partir de ce jour, le mariage de Suzanne de Gri-

Suzanne rentrait souriante. (Page 378.)

gnan avec M. le baron de N.... fut le sujet de toutes les conversations; il fut non-seulement approuvé, mais extrêmement applaudi; la réputation et la célébrité d'Abel l'avaient mis au rang des grands partis, et plus d'une mère envia le bonheur de Mme de Grignan.

Trois ans avant cet événement, Kersac revenait joyeusement à sa ferme de Sainte-Anne. Son premier soin fut de chercher Hélène qu'il trouva dans la cuisine, occupée des soins du ménage.

« Hélène, Hélène, s'écria Kersac, me voici ! Et bien content d'être revenu.

HÉLÈNE.

Et Jean?

KERSAC.

Jean va très-bien; il viendra un peu plus tard. Je vous expliquerai ça. Et moi, je viens vous demander une chose.

HÉLÈNE.

Tout ce que vous voudrez, monsieur; vous savez si j'ai la volonté de vous obéir en tout.

KERSAC.

Oh ! il ne s'agit pas d'obéir, il s'agit de vouloir.

HÉLÈNE.

C'est pour moi la même chose; je veux tout ce que vous voulez.

KERSAC.

C'est-il bien vrai, ça? Alors !... Sac à papier !... j'ai peur. Parole, j'ai peur.

HÉLÈNE.

Qu'est-ce donc, mon Dieu? Est-ce que.... mon petit Jean?...

KERSAC.

Il ne s'agit pas de petit Jean ! Brave garçon, cet enfant ! J'en suis fou..... Mais il ne s'agit pas de ça; il s'agit de vous.

HÉLÈNE.

Mais parlez donc, monsieur, vous me faites une peur !

KERSAC.

Hélène, Hélène ! Vous ne devinez pas ? »

Et comme Hélène le regardait avec de grands yeux

Kersac la saisit dans ses bras et manqua l'étouffer. (Page 382.)

étonnés, Kersac la saisit dans ses bras, manqua l'étouffer, et dit enfin :

« Je veux que vous soyez ma femme ! »

Puis il la lâcha si subitement, qu'elle alla tomber sur un banc qui se trouvait derrière elle.

La surprise et la chute la rendirent immobile; Kersac crut l'avoir blessée sérieusement.

« Animal que je suis ! s'écria-t-il. Hélène, ma pauvre Hélène ! Vous êtes blessée ? Souffrez-vous ?

Elle alla tomber sur un banc. (Page 382.)

HÉLÈNE.

Je ne suis pas blessée, monsieur; je ne souffre pas. Mais je suis si étonnée, que je ne comprends pas; je ne sais pas du tout ce que vous voulez dire.

KERSAC.

Parbleu ! ce n'est pourtant pas difficile à comprendre. Vous êtes une brave, excellente femme, active, propre, au fait de l'ouvrage d'une ferme. Je suis garçon, je m'ennuie d'être garçon, et je veux vous épouser. Parbleu! c'est pourtant bien simple et bien naturel. Et je vous dis : Voulez-vous, oui ou non ? Si vous dites OUI, vous me rendrez bien content; vous me payerez de tout ce que vous prétendez me devoir. Si vous dites NON, vous êtes une ingrate, un mauvais cœur; vous me donnez du chagrin en récompense de ce que j'ai fait pour vous. Voyons, Hélène, répondez, au lieu de me regarder d'un air effaré, comme si je venais vous égorger.

HÉLÈNE.

Monsieur Kersac, est-il possible que vous ayez cette idée?

KERSAC.

Il ne s'agit pas de ça. Oui ou non.

HÉLÈNE.

Oui, mille fois oui, monsieur. Pouvez-vous douter du bonheur avec lequel j'accepte ce nouveau bienfait?

KERSAC.

A la bonne heure donc! Ce coquin de Simon! M'a-t-il causé du tourment! »

Et la serrant encore dans ses bras avec une force qui fit crier *grâce* à Hélène, il courut annoncer à ses gens la nouvelle surprenante de son mariage.

KERSAC.

Eh bien! vous n'êtes pas surpris, vous autres?

— Pour ça non, monsieur! lui répondit-on en souriant. Chacun le désirait et l'espérait depuis longtemps. Hélène mérite bien le bonheur que lui envoie le bon Dieu. Vous ne pouviez mieux choisir, monsieur.

Une fois la chose convenue, annoncée, Kersac se hâta de la terminer. Quinze jours après il était marié, et

« Eh bien! vous n'êtes pas surpris, vous autres? » (Page 384.)

sauf qu'Hélène fut Mme Kersac et que Kersac fut dix fois plus heureux qu'auparavant, la ferme de Sainte-Anne continua à marcher comme par le passé.

Un fait important qu'il ne faut pas oublier, c'est que le lendemain de l'arrivée de Kersac, Hélène vint le prévenir qu'un homme et un cheval venaient de lui arriver.

KERSAC.

Un homme ! Un cheval ! Je ne comprends pas ; je n'ai rien acheté, moi !

Il alla voir ; à peine eut-il jeté un coup d'œil sur le cheval, qu'il poussa un cri de joie en reconnaissant la magnifique trotteuse d'Abel. Le palefrenier lui expliqua que c'était un cadeau de M. Abel N..., et lui présenta une lettre qu'il ouvrit avec empressement. Il lut ce qui suit :

« Mon cher Kersac, vous avez raison ; la vie de Paris ne convient pas à la bête que je vous envoie ; elle sera plus heureuse chez vous ; rendez-moi le service de l'accepter pour votre usage personnel ; c'est à la campagne qu'elle déploiera tous ses moyens. Renvoyez-moi mon palefrenier le plus tôt possible, j'en ai besoin ici. Adieu ; n'oubliez pas votre ami.

« ABEL N.... »

KERSAC.

Excellent homme ! Perle des hommes ! Cœur d'or ! comme dit mon petit Jean. Quel bonheur d'avoir cette bête ! Personne n'y touchera que moi ! Entrez, monsieur le palefrenier. Venez vous rafraîchir.

Kersac confia à Hélène le soin de bien faire boire et manger le palefrenier. Il mena lui-même sa belle jument à l'écurie, lui fit une litière excellente, la pansa, la bouchonna, lui donna de l'avoine, de la paille. Quand le palefrenier voulut partir, il lui glissa quarante francs dans la main. C'était beaucoup pour tous les deux. Ils se séparèrent avec force poignées de main.

Cette jument fut une source de joie et de plaisir pour Kersac; tous les jours il faisait naître l'occasion de l'atteler à une voiture légère, et il la faisait trotter pendant une heure ou deux, ne se lassant jamais de la regarder *fendre l'air* et faire l'admiration de tous ceux qu'il rencontrait. Il emmena Hélène une fois, mais elle demanda grâce pour l'avenir, assurant que cette course si rapide lui faisait peur.

Ils reçurent la visite de Jean peu de temps après la mort du petit Roger; M. et Mme de Grignan étaient allés faire un voyage en Suisse et dans le nord de l'Italie avec leur ami Abel, pour distraire Suzanne de son chagrin. Ils y réussirent en partie, mais Suzanne continua à parler sans cesse avec Abel de son frère Roger; et pour tous deux ce souvenir avait un charme inexprimable. Ce fut pendant ce voyage, durant lequel ils n'emmenèrent que Barcuss, que Jean obtint sans difficulté, par l'entremise de M. Abel, la permission de passer le temps de leur absence à Elven.

CHAPITRE XXXIII.

TROISIÈME MARIAGE.

Trois ans après, quand Abel était déjà devenu tout à fait de la famille par son mariage avec Suzanne, Jean lui annonça que Kersac et Hélène étaient dans une grande affliction. Le propriétaire de la ferme que cultivait Kersac depuis plus de vingt ans, venait de mourir; la terre était à vendre, et on était en pourparlers avec quelqu'un qui voulait l'exploiter lui-même.

« Ne t'afflige pas, mon ami, lui dit Abel, cette vente n'est pas encore faite; peut-être ne se fera-t-elle pas. »

En effet, peu de jours après, Jean apprit par M. Abel que la ferme avait été vendue à quelqu'un qui faisait avec Kersac un bail, lequel devait durer tant que vivrait le fermier.

Jean fut si surpris de cet à-propos, qu'Abel ne put s'empêcher de rire.

« Monsieur, dit Jean, est-ce que *M. le Voleur* et *M. le Peintre* n'y seraient pas pour quelque chose?

M. ABEL, *riant*.

C'est possible; je sais que *M. le Peintre* cherchait une terre à acheter en Bretagne.

JEAN.

Oh! monsieur, quel bonheur! Votre bonté ne se lasse jamais! »

C'était réellement M. Abel qui avait acheté la ferme de Sainte-Anne pour y bâtir un château et s'y créer une résidence d'été. Cette acquisition fit le bonheur de Kersac et d'Hélène; de Jean, qui se trouvait près de sa mère sept ou huit mois de l'année, et sans compter la famille qui habitait le château.

Quand Marie eut dix-huit ans, Kersac, qui l'aimait tendrement et qui n'avait pas eu d'enfants de son mariage avec Hélène, accomplit son projet d'autrefois; il annonça qu'il adopterait Marie; il restait la seconde partie du projet, la marier à Jean. Ce dernier avait vingt-sept ans; il avait continué son service dans l'hôtel de Grignan, sauf un léger changement, c'est qu'il avait passé au service particulier de son bienfaiteur, de son maître bien-aimé, M. Abel. On pouvait, en parlant d'eux, dire avec vérité: *Tel maître, tel valet*. L'un était le beau idéal du maître, l'autre le beau idéal du serviteur.

Quand l'adoption de Marie fut annoncée, M. Abel, qui s'entendait avec Kersac pour faire réussir ce mariage, trouva un jour que Jean était devenu pensif et moins gai. Il lui en fit l'observation.

JEAN.

Que voulez-vous, monsieur? En avançant en âge, on devient plus sage et plus sérieux.

M. ABEL, *souriant*.

Mais, mon ami, tu as vingt-sept ans à peine; ce n'est pas encore l'extrême vieillesse.

JEAN.

Pas encore, monsieur; mais on y marche tous les jours.

M. ABEL.

Écoute, Jean, quand je me suis marié, j'avais trente-quatre ans et je n'étais pas triste ; et je ne le suis pas encore, malgré que j'aie quarante et un ans.

JEAN, *tristement.*

Je le sais bien, monsieur.

M. ABEL.

Jean, tu me caches quelque chose ; ce n'est pas bien. Toi qui n'avais pas de secret pour moi, voilà que tu en as un, et depuis plusieurs mois déjà.

JEAN.

Pardonnez-moi, monsieur ; ce n'est pas un secret, c'est seulement une chose qui me rend triste malgré moi.

M. ABEL.

Qu'est-ce que c'est, Jean ? Dis-le-moi. Que crains-tu ? Tu connais mon amitié pour toi ?

JEAN.

Oh ! oui, monsieur ; et votre indulgence et votre bonté qui ne se sont jamais démenties. Voilà ce que c'est, monsieur. Je me sens pour Marie un attrait qui me ferait vivement désirer de l'épouser. Et il m'est impossible de me marier, parce qu'en me mariant ainsi, mon beau-père et ma mère voudraient nous garder près d'eux. Et si je vous quittais, monsieur, je me sentirais si malheureux, si ingrat, si égoïste, que je n'aurais pas une minute de repos et que j'en mourrais de chagrin. D'un autre côté, quand je quitte Marie, il me semble que c'est mon âme qui s'en va et que je reste seul dans le monde. Elle m'a dit que pour elle c'était la même chose, et qu'elle pleurait souvent en pensant à moi. Je lui ai dit ce qui m'arrêtait ; elle l'a compris, et nous sommes convenus, elle de rester fille, et moi de rester garçon ; je me console par la pensée de ne jamais quitter monsieur, et de vivre bien heureux pour monsieur et pour madame.

Et, en disant ces mots, la voix lui manqua ; il se retourna comme pour arranger quelque chose et disparut.

M. Abel resta triste et pensif.

« Heureux ! Pauvre garçon ! C'est pour moi qu'il sacrifie son bonheur et celui de la femme qu'il aime. Je ne peux pas accepter ça. Il sera marié avant un mois d'ici. »

M. Abel sonna. Baptiste entra.

« Baptiste, allez à la ferme, et demandez à Kersac de venir me parler. »

Kersac s'empressa d'arriver.

« J'ai une affaire à traiter avec vous, Kersac. Je vous demande votre appui et je vous offre le mien. »

Ils s'enfermèrent pour traiter leur affaire sans être dérangés : une demi-heure après, Kersac se retirait en se frottant les mains.

Lorsque M. Abel revit Jean, il lui dit que Kersac le demandait pour lui communiquer une affaire importante.

« Faut-il que j'y aille de suite, monsieur ?

— Mais, oui, Kersac paraît pressé. »

Jean s'empressa d'y aller ; il le trouva seul.

« Jean, dit Kersac en lui tendant la main, tu es un nigaud, et Marie est une sotte, et je vais vous mettre tous deux à la raison. »

Kersac se leva, ouvrit une porte, et rentra traînant après lui Marie tout en larmes.

« Tiens, dit-il en la lui montrant, tu vois ! C'est toi qui es cause de cela.

JEAN.

Marie, Marie, tu m'avais promis d'être raisonnable !

MARIE.

J'essaye, Jean; je ne peux pas.

KERSAC.

Vous êtes fous tous les deux! Et voilà comment je vous rends la raison. »

Il prit la main de Marie, la mit dans celle de Jean.

« Je te la donne, dit-il à Jean. Je te le donne, dit-il à Marie. D'ici un mois, de gré ou de force, vous serez mariés. Tu resteras près de M. Abel pendant les huit mois qu'il passera ici ; quand il s'en ira, tu le suivras ou tu resteras, comme tu voudras. J'aurais bien voulu t'avoir à mon tour; mais M. Abel a tenu bon. Sapristi! il tient à toi comme le fer tient à l'aimant. »

Kersac ne leur donna pas le temps de répondre; il sortit en refermant la porte sur lui. Quand il rentra une heure après, il trouva Jean *rendu à la raison;* Marie lui avait démontré que son mariage ne nuisait en rien à son service près de son bienfaiteur, et même que M. Abel n'en serait que mieux servi. Il paraît que ces arguments avaient été bien persuasifs, car ils terminèrent la conférence par une discussion sur le jour du mariage; Jean voulait attendre; Marie voulait presser :

« Car, dit-elle, si je te laisse le temps de la réflexion, tu me laisseras là pour M. Abel, et je mourrais de chagrin. »

Jean frémit devant cet assassinat prévu et prémédité, et il consentit au plus bref délai, qui était de quinze jours. C'est ainsi que le sort de Jean fut fixé.

M. Abel se montra fort satisfait de cet arrangement. Il en souffrit un peu, mais le moins possible; Jean lui promit de le suivre partout où il irait.

« Je vous assure, monsieur, lui dit-il, que si vous m'obligiez à vous quitter, je serais réellement malheureux; Marie elle-même me serait à charge. Pensez donc, monsieur ! Treize années passées avec vous et près de vous, sans vous avoir jamais quitté ! Comment voulez-vous que je vive heureux loin de vous ?

M. ABEL.

Merci, mon ami ! J'accepte ton sacrifice comme tu as accepté celui que j'ai fait en te rendant ta liberté ; ta présence me sera d'autant plus agréable, qu'elle sera tout à fait volontaire de ta part. Et je t'avoue que tu me manquerais plus que je ne puis te dire, et que je t'aime, non pas comme un maître, mais comme un père. Depuis bien des années je te regarde comme mon enfant. Il me semble comme à toi que tu fais partie de mon existence, et que nous ne devons jamais nous quitter. Occupe-toi maintenant de hâter ton mariage ; tu comprends que tous les frais sont à ma charge, puisque c'est moi qui *t'oblige* à te marier. »

Jean sourit et remercia du regard plus qu'en paroles. La noce fut superbe ; il y eut deux jours de repas, de danses et de réjouissances, mais pas un instant Jean n'oublia son service près de son cher maître. A son lever, à son coucher, le visage de Jean fut, comme d'habitude, le premier et le dernier qui frappa les regards de M. Abel.

Ils vivent tous, heureux et unis ; quelques cheveux blancs se détachent sur la belle chevelure noire de M. Abel. Il a quatre enfants ; Suzanne et Abel les élèvent ensemble ; Suzanne s'occupe particulièrement de ses filles ; Abel dirige l'éducation des deux garçons ; l'un d'eux annonce un talent presque égal à celui de son père. Jean, marié depuis six ans, a déjà trois enfants. Ils vivent à la ferme avec leur mère. Kersac et Hélène mènent la vie la plus calme et la plus heureuse ; Kersac conserve sa vigueur et sa belle santé ; Hélène paraît dix ans de moins que son âge ; les enfants de Jean sont superbes ; la fille est blonde et jolie comme la mère ; les fils sont bruns et beaux comme le père.

Ceux d'Abel et de Suzanne attirent tous les regards par leur grâce et leur beauté éclatante ; leur bonté, leur esprit et leur charme égalent leurs avantages physiques ; le fils aîné a treize ans ; le second en a onze. Les filles ont neuf et sept ans.

M. et Mme de Grignan ne quittent pas leurs enfants ; jamais un mécontentement, un dissentiment ne viennent troubler l'harmonie qui règne dans la famille. Le petit Roger en est sans doute l'ange protecteur.

La belle jument de Kersac vit encore et continue à exciter l'admiration de son maître ; elle a eu quatorze poulains, tous plus beaux et plus parfaits les uns que les autres, que Kersac aurait voulu garder tous ; mais il a dû en céder huit à M. Abel et à quelques-uns de ses amis qui les demandaient avec instance ; il ne voulait pas en recevoir le payement, mais M. Abel l'a forcé à accepter trois mille francs pour chaque poulain qu'il lui enlevait.

CHAPITRE XXXIV.

ET JEANNOT.

Et Jeannot. . . . .
. . . . . Hélas! pauvre Jeannot, il est loin de mener la vie douce et heureuse de Jean et de ses amis. Mes lecteurs se souviennent de sa dernière conversation au café avec Kersac et Jean. Il continua sa vie de fripon et de mauvais sujet. Un jour, il tomba malade à force de boisson et d'excès. Ses maîtres s'en débarrassèrent, comme font les maîtres insouciants, en l'envoyant à l'hôpital. Pendant sa maladie, M. Boissec dut faire ses affaires lui-même. Il découvrit ainsi les friponneries de Jeannot. Au lieu de s'en accuser en raison du mauvais exemple, des mauvais conseils qu'il lui avait donnés, il s'emporta contre lui; gémit sur les sommes considérables que Jeannot lui avait soustraites, et résolut de l'en punir sévèrement.

A l'hôpital, Jeannot, comparant son abandon à la position si heureuse de Jean, fit quelques réflexions qui auraient porté de bons fruits si Jeannot avait eu plus de foi et de courage.

Ils traînèrent Jeannot jusque dans la rue. (Page 399.)

Mais quand il sortit de l'hôpital et qu'il se traîna, pâle et faible, chez ses maîtres, Boissec le reçut avec des injures et des menaces.

JEANNOT.

Que me reprochez-vous donc, monsieur Boissec, que vous n'ayez fait vous-même?

Boissec le reçut avec des menaces. (Page 399.)

M. BOISSEC.

Moi et toi ce n'est pas la même chose, coquin. J'étais le maître, tu étais mon subordonné. C'est moi qui t'avais formé....

JEANNOT.

Et à quoi m'avez-vous formé, monsieur? A voler

mon maître, comme vous! A ne croire à rien, comme vous ! A vivre pour le plaisir, comme vous ! Que vouliez-vous donc de moi? Si j'avais été honnête, je vous aurais dénoncé à M. le comte! Es-tce ça que vous regrettez? Est-ce ça que vous voulez? Prenez garde de me pousser à bout!

M. BOISSEC.

Serpent, vipère! tu oses menacer ton bienfaiteur?

JEANNOT

Vous! mon bienfaiteur! Vous êtes mon corrupteur, mon mauvais génie, mon ennemi le plus cruel, le plus acharné.

M. BOISSEC.

Attends, gredin, je vais te faire comprendre ce que je suis. Auguste! Félix! par ici. Mettez à la porte ce drôle, ce voleur; jetez-lui ses effets, et ne le laissez jamais remettre les pieds à l'hôtel.

Auguste et Félix n'eurent pas de peine à exécuter l'ordre de l'intendant, de l'homme de confiance de monsieur. Ils traînèrent Jeannot jusque dans la rue, et lui *jetèrent* ses effets, comme l'avait ordonné M. Boissec. Obligé de céder à la force, il ramassa ses effets épars et se trouva heureux de retrouver une bourse bien garnie dans la poche d'un de ses gilets; il prit un fiacre et se logea dans un garni. En attendant une place qui n'arriva pas, il mangea tout son argent, vendit ses effets, se trouva sans ressources, se réunit à une bande de vagabonds, se fit arrêter et mettre en prison; il en sortit plus corrompu qu'il n'y était entré, fut arrêté pour vol simple une première fois, et condamné à un an de prison; une seconde fois pour vol avec effraction et menaces, il fut condamné à dix ans de galères; il est au bagne maintenant; on parle de le transporter à Cayenne, à cause de son indocilité et de son humeur

Il fera partie du prochain transport de galériens. (Page 403.)

intraitable. Il est probable qu'il fera partie du prochain transport de galériens.

— Et Simon ?

Simon vit heureux et content ; il est bon mari, bon père, bon fils, et toujours bon chrétien.

Son beau-père l'ennuie quelquefois pour des affaires de commerce. Il trouve Simon trop délicat, trop consciencieux. Simon assure qu'il n'est qu'honnête et qu'il ne fera aucune affaire qui ne soit parfaitement loyale et honorable. Dans le magasin, les pratiques aiment mieux avoir affaire au gendre qu'au beau-père. Ce dernier s'étant retiré des affaires et ayant cédé les affaires à ses enfants, voit avec surprise l'agrandissement du commerce de Simon. Il a déjà acquis une fortune suffisante pour vivre agréablement. Il va quelquefois à Sainte-Anne, où il trouve réunis tous ses anciens amis, et son frère Jean, qu'il aime toujours tendrement.

Au milieu de cette prospérité, il a eu deux peines assez vives ; d'abord, il n'a pas d'enfants. Ensuite, Aimée, mal conseillée par sa mère, menait une vie trop dissipée, faisait trop de dépenses de toilette, de vanité ; elle se révoltait contre Simon, le traitait de sévère, d'avare, d'exagéré. Enfin, il n'y avait pas accord parfait dans ce ménage. M. Abel, qu'il voyait quelquefois à Paris, lui conseillait la douceur, la patience et la fermeté.

« Ne cède jamais pour ce qui est mal ou qui mène au mal, mon ami ; pour le reste, laisse faire le plus que tu pourras. Avec les années, Aimée deviendra raisonnable ; elle comprendra alors et approuvera ta conduite ; elle t'en aimera et t'en respectera davantage. »

Simon attendait, soupirait, espérait. Enfin, le bon Dieu lui vint en aide. Aimée eut la petite vérole qui la défigura ; le monde et la toilette ne lui offrirent plus aucun attrait; son âme s'embellit par suite du changement de son visage; elle devint ce que Simon désirait qu'elle fût; il l'aima laide bien plus qu'il ne l'avait aimée jolie. Aimée, de son côté, comprit alors les qualités et les vertus de son mari; et quand ils allaient passer quelques jours à la ferme de Sainte-Anne, elle s'entendait parfaitement avec tous les membres de l'excellente famille qui l'habitait. Simon serait donc parfaitement heureux s'il avait des enfants. Mais, hélas! il n'en a pas encore et il n'en aura sans doute jamais, car la jolie Aimée a.... Calculez vous-même son âge. Je préfère ne pas vous le dire.

Et le PETIT *Jean?*... Il avait quatorze ans quand il vous est apparu pour la première fois.

Et Abel?... Il avait vingt-sept ans!

Et Kersac?... Il en avait trente-cinq!!!

FIN.

TABLE DES MATIÈRES.

I.	Le départ................................ Pages	1
II.	La rencontre...............................	20
III.	Le voleur se dévoile........................	31
IV.	La carriole et Kersac.......................	40
V.	L'accident.................................	57
VI.	Jean esculape..............................	76
VII.	Visite à Kérantré..........................	87
VIII.	Réunion des frères.........................	96
IX.	Débuts de M. Abel et de Jeannot.............	107
X.	Suite des débuts de Jeannot et de M. Abel....	122
XI.	Le concert.................................	131
XII.	La leçon de danse..........................	141
XIII.	Les habits neufs...........................	151
XIV.	L'enlèvement des Sabines...................	163
XV.	Friponnerie de Jeannot.....................	183
XVI.	M. le peintre est découvert................	191
XVII.	Seconde visite à Kérantré..................	197
XVIII.	M. Abel cherche à placer Jean..............	216
XIX.	M. Abel place Jeannot......................	228
XX.	Jean chez le petit Roger...................	240
XXI.	Séparation des deux frères.................	254
XXII.	Jean se forme..............................	269
XXIII.	Kersac à Paris.............................	275
XXIV.	Kersac et M. Abel font connaissance........	288

XXV.	Kersac voit Simon, rencontre Jeannot	298
XXVI.	Emplettes de Kersac	315
XXVII.	La noce	329
XXVIII.	Abel, Caïn et Seth	342
XXIX.	Le marteau magique	354
XXX.	L'exposition	364
XXXI.	Mort du petit Roger	369
XXXII.	Deux mariages	375
XXXIII.	Troisième mariage	389
XXXIV.	Et Jeannot	396

FIN DE LA TABLE.

8473. — IMPRIMERIE GÉNÉRALE DE CH. LAHURE
Rue de Fleurus, 9, à Paris

LIBRAIRIE DE L. HACHETTE ET Cie
Boulevard Saint-Germain, 77, à Paris.

PUBLICATIONS ILLUSTRÉES

I. FORMAT IN-FOLIO.

Achard (Am.): *Bade et ses environs.* Un magnifique vol. contenant 28 grandes lithographies et 29 grav. sur bois, rel. en percal. 100 »

Cervantès Saavedra (Miguel de): *L'ingénieux Hidalgo don Quichotte de la Manche*, traduit par Louis Viardot. Édit. de grand luxe, contenant 376 dessins de Gustave Doré, gravés sur bois par Pisan. 2 magnifiques vol. cart. richement. 160 »

Chateaubriand (de): *Atala*, édit. de grand luxe, avec 44 dessins de G. Doré (30 belles compositions tirées à part, et 14 autres belles grav. insérées dans le texte). Un magnifique vol. cart. richement. 60 »

Dante Alighieri: *L'Enfer*, édit. de grand luxe, contenant la traduction française de P. A. Fiorentino, le texte italien et 76 grandes compositions de G. Doré, gravées sur bois et tirées à part. Un magnifique vol. cartonné richement. 100 »

Le même ouvrage, texte italien seul également illustré des 76 grandes compositions de G. Doré. Un magnifique vol. cart. rich. 150 »

Lallemand (Ch.): *Les Paysans badois.* Un vol. contenant 16 grandes pl. coloriées et 12 vign. imprimées dans le texte, rel. en percaline. 12 »

Trémaux (P.): *Voyage dans la Nigritie, au Soudan oriental et dans l'Afrique septentrionale.* Grand atlas de 51 planches, avec texte, cartes, etc. 120 »
(En outre, 2 vol. in-8: *Égypte et Éthiopie*, prix, 6 fr.; *le Soudan*, prix, 6 fr.)

— *Parallèles des édifices anciens et modernes du continent africain.* Grand atlas de 82 planches en partie coloriées, avec texte, cartes, etc. 130 »

— *Exploration archéologique en Asie Mineure.*
Formera 43 liv. de 5 planches et texte. Les premières liv. sont en vente. Prix de chaque liv. 10 »

II. FORMAT IN-4.

Baric: *Martin Landor ou la Musique enseignée aux enfants*, par Kroknotzki. 1 vol., 16 pl. color. cart. 5 »

Bertall: *Les Infortunes de Touche-à-Tout*, hist. amusantes pour les petits enfants. 1 vol. (24 pl. col.) cart. 3 »

Bible populaire (la), histoire illustrée de l'Ancien et du Nouveau Testament, par M. l'abbé Drioux, 140 liv. de 8 pages, formant 2 vol. gr. in-8, ill. de 620 vignettes. Chaque vol. broché, 7 fr. 50
On peut se procurer l'ouvrage par livraisons ou par volumes.
Chaque volume se vend séparément.

Delbrück (Jules): *Les Récréations instructives*, sur les animaux, les arts, les sciences, accompagnées d'images, de rondes enfantines, musique avec accompagnement de piano pour petites mains 4 séries formant chacune 1 vol. Chaque vol séparément 12 fr.
La reliure en percal. tr. jaspées se paye par série, 1 fr. 75; en percal. tr. dorées, 2 fr. 75; en percal. rouge, tr. dorées, 3 fr. 75.

Histoire populaire de la France. L'histoire populaire de la France, publiée en 212 livraisons à 10 cent. (de 8 pages chacune), forme 4 vol. grand in-8, illustrés de 1358 vign. Chaque volume broché, 6 fr.
On peut se procurer l'ouvrage par livraisons ou par volumes.
Chaque volume se vend séparément.

Lamartine (Alph. de): *Graziella*, édition de grand luxe, avec 35 gravures, composition d'Alf. de Curzon et 9 vignettes, 1 volume in-4, richement cartonné. 25 »

Laujon (Léon de): *Contes et Légendes*, ill. par G. Doré. 1 vol. br. 10 »

Le Foyer des Familles, mag. cath. ill. Les années 1860, 1861, 1862 et 1863 du *Foyer des Familles* forment chacune un beau volume de 416 pages, illustré de plus de 360 vignettes. Chaque volume se vend, broché, 5 fr. 50 c.; relié en percal., tr. jaspées, 7 fr.; tr. dorées, 7 fr. 50.

L'Épine (Ern.) : *Histoire du capitaine Castagnette*. Un vol. (43 vign.) 6 »
  Le cartonn. en perc. gaufrée dorée se paye en sus 2 fr.
— *La Légende de Croque-Mitaine*. 1 vol. 120 vignettes. 15 »
  Le cartonnage en percaline gaufrée se paye en sus 3 fr.
Le Tour du monde (voy. ci-après).
Trim : *Albums* pour les enfants de trois à six ans, coloriés et cartonnés :
  ABC Trim, alphabet enchanté, illust. par Bertall. 3 »
  La Journée de deux petits garçons : Histoire du bon Toto et du méchant Tom, illustrée par Jundt. 3 »
  Jean Bourreau, le bourreau des bêtes, illustré par Jundt. 3 »
  La Poupée, illustrée par Jundt. 3 »
  Le Calcul amusant, ill. par Bertall. 3 »
  Les Défauts horribles, ill. par Jundt :
    I. Gourmands et malpropres. 3 fr.
    II. Menteurs, envieux, curieux, criards et trépignards. 3 fr.
    III. Le Poltron. 3 fr.
  Les Bêtes, cours d'histoire naturelle et de morale, ill. par Bertall. 3 »
  Pierre l'ébouriffé, joyeuses histoires, trad. de l'allemand du dr Hoffmann sur la 360e édit. 3 »
  Histoire comique et terrible de Loustic l'espiègle, ill. par Bertall. 3 »
  Histoire de Jean-Jean gros Pataud, ill. par Pelcoq. 3 »

III. FORMAT GRAND IN-8.

Le cartonnage, soit en percaline, soit en demi-reliure chagrin, tranches dorées, se paye 4 fr. en sus des prix ci-après indiqués.

About (Edm.) : *Le Roi des montagnes* (158 vign. par G. Doré). 1 vol. 5 »
Biard : *Deux ans au Brésil*. 1 vol. 20 »
Burton (le capit.) : *Voyage aux grands lacs de l'Afrique orientale*, trad. de l'anglais. 1 vol. (40 vign.) 10 »
Colart : *Histoire de France méthodique et comparée*, avec tableaux synoptiques et 77 grav. sur acier. Nouv. édit. 1 vol. gr. in-8 oblong. 13 50
  Cartonné. 15 »
De la Palme, conseiller à la Cour de cassation : *Le Grand-Père, contes à mes petits-enfants*, 1 vol. pour chacune des pages duquel M. Giacometti a dessiné un riche encadrement reproduisant plusieurs scènes du texte 10 »
Dufferin (lord) : *Lettres écrites des régions polaires*, et trad. (25 vign., 3 cartes). 1 vol. sur papier teinté. 5 »
Figuier (L.) : *La Terre avant le déluge* (358 vign.). 4e éd., augment. 1 v. 10 »
— *La Terre et les Mers*, ou description physique du globe. 1 vol. (190 vign.). 2e édit. 10 »
— *Histoire des Plantes*. 1 vol. (415 vig.) Broché. 10 »
— *La Vie et les Mœurs des animaux*. 1re série : *Zoophytes et Mollusques*. 1 vol., illustré de plus de 300 pl. 10 »
— *Le Savant du foyer*, ou notions scientifiques sur les objets usuels de la vie. 3e édit. 1 vol. 10 »
— *Les grandes Inventions scientifiques, industrielles et artistiques des temps anciens et modernes*. 3e édit. (220 gr.) 1 vol. 10 »
Frédol (Alfred) : *Le Monde de la mer*. 1 magnifique vol. in-8 jésus, contenant 22 pl. gravées sur acier et tirées en couleur, et 198 grav. sur bois. 30 »
Gastineau (Benjamin) : *Chasses au lion, et à la panthère en Afrique* (17 dessins par G. Doré). 1 vol. 3 »
Guillemin (Am.) : *Le Ciel*, simples notions d'astronomie. 2e édit. 1 magn. vol. in-8 jésus ill. de 11 pl. tirées en couleur et de 216 grav. sur bois. 20 »
Gumpert (Mme Thècle de) : *Le Monde des enfants*, contes moraux, trad. de l'allemand (125 vig.), 1 vol. tiré sur papier teinté. 5 »
Lamartine (Alph. de) : *Jocelyn*, édit. ill. de 150 vig. 1 vol. 10 »
Livingstone (le Dr) : *Explorations dans l'intérieur de l'Afrique australe*, trad. de l'anglais. 1 magnifique vol. (45 grav. et 2 cartes). 20 »
Nouveau magasin des enfants (le). Quatre séries illustrées :
  Première série : 8 contes, par Charles Nodier, Stahl, Octave Feuillet, Balzac, etc. 1 vol. 10 »
  Deuxième série : 5 contes, par G. Sand, Alfred de Musset, etc. 1 vol. 10 »
  Troisième série : 3 contes, par Alex. Dumas, P. de Musset et Éd. Ourliac. 1 vol. 10 »
  Quatrième série : 2 contes, par Alex. Dumas et Alph. Karr. 1 vol. 10 »
Saintine (X.-B.) : *La mère Gigogne et ses trois filles*, causeries d'un bon papa sur l'histoire naturelle et sur les objets les plus usuels. 1 v. (171 vig.) 10 »

—*La Mythologie du Rhin*, ill. par G. Doré. 1 vol. 5 »
—*Le Chemin des écoliers* (450 vig. par G. Doré, etc.). 1 vol. 10 »
Sand (George): *Les Romans champêtres.*
1re série : *La Mare au Diable* ; *François le Champi*. 1 vol. br. 10 »
2e série : *La petite Fadette* ; *André* ; *La Fauvette du docteur*. 1 v. 10 »
Ségur (Mme la comtesse de) : *l'Évangile de la Grand'Mère*, illustré de 40 grav. sur bois dessinées d'après les croquis de Vetter. 10 »
Speke (le capitaine) : *Journal de la découverte des sources du Nil*, avec cartes et grav. d'après les dessins du capitaine Grant. 2e éd. 1 vol. 10 »
Taine (H.) : *Voyage aux Pyrénées*. Magnifique vol., tiré sur papier teinté (350 vig. par G. Doré). 10 »

Trésor littéraire de la France (le), choix de morceaux remarquables empruntés à tous les grands écrivains de notre pays, et publié avec l'approbation de S. Ex. le ministre de l'instr. publ. par la Société des gens de lettres. 1 vol., contenant les *Prosateurs*, ill. de 40 magnifiques grav. sur bois dessinées par Bayard et tirées à part. 23 »
Le même ouvrage sans les illustrations. 1 volume. 15 »
Le second vol., contenant les *Poètes*, paraîtra l'an prochain.
Vambéry (Arminius): *Voyages d'un faux derviche dans l'Asie centrale*, de Téhéran à Khiva, à Bokhara et à Samarcand à travers le grand désert Turcoman. Ouvr. trad. de l'anglais, par M. E.-D. Forgues et illustré de 43 gr. 1 vol. 10 fr.

IV. FORMAT IN-18 JÉSUS, A 2 FR. LE VOLUME.

La reliure en percaline, tranches jaspées, se paye en sus 75 cent.; en percaline, tranches dorées, 1 fr.

1° BIBLIOTHÈQUE ROSE ILLUSTRÉE
POUR LES ENFANTS ET POUR LES ADOLESCENTS.

Andersen : *Contes choisis*, trad. du danois. 1 vol. (40 vig.)
Anonymes: *Chien et Chat*. 1 vol trad. de l'anglais (45 vig.).
— *Douze histoires pour les enfants de quatre à huit ans*, par une mère de famille. 3e édition. 1 vol. imprimé en gros caractères (18 grandes vig.)
— *Les Enfants d'aujourd'hui*, par le même auteur. 1 vol. (40 vig.)
— *Les Fêtes d'enfants*, scènes et dialogues, avec une préface de M. l'abbé Bautain. 1 vol. (41 vig.)
Barrau (Th. H.) : *Amour filial*, récits à la jeunesse. 1 v. (41 vig.)
Bawr(Mme de): *Nouveaux contes*, 2e éd. 1 vol. (40 vig.)
Ouvrage couronné par l'Académie.
Belèze : *Jeux des adolescents*. 2e édit. 1 vol. (140 vig.)
Berquin : *Choix de petits drames et de contes*. 1 vol. (40 vig.)
Berthet (Élie) : *L'Enfant des bois*. 1 vol. 61 vign.)
Boitean (P.) : *Légendes* recueillies pour les enfants. 2e édition. 1 vol. (42 vig.)
Garraud: *La petite Jeanne*, ou le *Devoir*, 1 vol. (20 vig.)
— *Les Métamorphoses d'une goutte d'eau*, suivies des *Aventures d'une fourmi, des guêpes*, etc. 1 vol. (50 vig.)
— *Historiettes véritables* pour les enfants de 4 à 8 ans. 1 vol. (94 vig.)

Fénelon : *Fables*. 1 vol. (20 vig.)
Castillon (A.) : *Les Récréations physiques*. 2e édit. 1 vol. (36 vig.)
Catlin : *La Vie chez les Indiens*, trad. de l'anglais. 1 vol. (20 vig.)
Cervantès : *Histoire de l'admirable don Quichotte de la Manche*, édition à l'usage des enfants. 1 vol. (54 vig.)
Chabreul (Mme de) : *Jeux et exercices des jeunes filles*. 2e édit. 1 vol. (50 vig.) contenant la musique des rondes
Colet (Mme L.) : *Enfances célèbres*. 4e édit. 1 vol. (57 vig.)
Edgeworth (miss) : *Contes de l'adolescence*, trad. de l'anglais. 1 vol. (22 vig.)
— *Contes de l'enfance*, trad. de l'anglais. 1 vol. (22 vig.)
Fath (G.) : *La Sagesse des petits enfants*, prov. 1 vol. (100 vign.)
Foë (de) : *La Vie et les Aventures de Robinson Crusoé*, édit. abrégée. 1 vol. (40 vig.)
Genlis (Mme de) : *Contes moraux*. 1 vol. (41 vig.)
Gouraud (Mlle Julie) : *Lettres de deux poupées*. 1 vol. (59 vig.)
— *Les Mémoires d'un petit garçon*. 1 v. illustré.
— *Les Mémoires d'un caniche*. 1 vol. (100 vign.)
Grimm (les frères) : *Contes choisis*, trad. de l'allemand. 1 vol. (40 vig.)

PUBLICATIONS ILLUSTRÉES.

Hauff : *La Caravane* 1 vol. (40 vig.)
— *L'Auberge du Spessart.* 1 vol. (61 vig.)
Hawthorne : *Le Livre des merveilles*, trad. de l'anglais. 2 vol.
1re série, (20 vig.) 1 vol.
2e série (20 vig.) 1 vol.
Chaque série se vend séparément.
Hervé et de Lanoye : *Voyage dans les glaces du pôle arctique.* 1 vol. (40 vig.)
Isle (Mlle Henriette d') : *Histoire de deux âmes.* 1 vol. (53 vig.)
Lanoye (Ferd. de) : *Les grandes Scènes de la nature.* 1 vol. illustré.
— *La Mer polaire*, voyage de l'Érèbe et de la Terreur, et expédition à la recherche de Franklin. 1 vol. (26 vig. et des cartes.)
Le Sage : *Aventures de Gil Blas*, édit. destinée à l'adolescence (42 vig.). 1 v.
Mac Intosch (miss) : *Contes américains* trad. par Mme Dionis. 2 vol. (120 vign.)
Chaque volume se vend séparément.
Mayne-Reid (le capitaine) : Ouvrages traduits de l'anglais.
— *A Fond de cale.* 1 vol. (12 gr. vig.)
— *A la mer.* 2e édit. 1 vol. (12 vig.)
— *Bruin, ou les chasseurs d'ours.* 1 vol. (8 grandes vig.)
— *Le Chasseur de plantes.* 1 v. (12 gr. vig.)
— *Les Exilés dans la forêt.* 1 v. (12 gr. vig.)
— *Les Grimpeurs de rochers*, 1 vol. (20 gr. vig.)
— *Les Peuples étranges.* 1 v. (8 gr. vig.)
— *Les Vacances des jeunes Boërs.* (1 vol. (12 gr. vig.)
— *Les Veillées de chasse.* 1 vol. (43 vig.)
— *L'Habitation du désert*, ou aventures d'une famille perdue dans les solitudes de l'Amérique. 1 vol. 24 grandes vignettes.
Pape-Carpantier (Mme) : *Histoires et leçons de choses pour les enfants.* 1 v. (80 vig.)
Ouvrage couronné par l'Académie.
Perrault, Mmes **d'Aulnoy** et **Le Prince de Beaumont** : *Contes de fées.* 1 v. (40 vig.)
Porchat (J.) *Contes merveilleux.* 2e édit. 1 vol. (21 gr. vig.)
Ségur (Mme la comtesse de) : *Drames et proverbes.* 1 vol. (80 vig.)
— *François le bossu.* 1 vol. (100 vign.)
— *Jean le bon et Jean le mauvais.* 1 vol. (80 vign.)
— *La sœur de Gribouille.* 2e édit. 1 vol. (70 vig.)
— *L'Auberge de l'Ange-Gardien.* 1 vol. (75 vig.)
— *Le général Dourakine.* 1 vol. (108 vig.)
— *Les bons Enfants.* 1 vol. (70 vig.)
— *Les deux Nigauds.* 1 vol. (70 vig.)
— *Les Malheurs de Sophie.* 1 vol. (42 vig.)
— *Les petites Filles modèles.* 2e édit. 1 v. (21 gr. vig.)
— *Les Vacances.* 2e édit. 1 vol. (40 vig.)
— *Mémoire d'un âne* 5e édit. 1 vol. ill.
— *Nouveaux contes de fées.* 5e éd. 1 vol. (46 vig.)
— *Pauvre Blaise.* 1 vol. (75 vig.)
— *Un bon Petit diable.* 1 vol. (100 vig.
Swift. *Voyage de Gulliver à Lilliput, à Brobdingnag et aux pays des Houyhnhnms*, trad. et abrégés à l'usage des enfants. 1 vol. (57 vig.)
Vimont (Ch.) : *Histoire d'un navire.* 1 vol. (40 vig.)

2° BIBLIOTHÈQUE DES JEUNES FILLES.

Bernardin de Saint-Pierre : *Œuvres choisies.* 1 vol. (20 vig.)
De Maistre (Xavier de) : *Œuvres choisies.* 1 vol. (20 vig.)
Homère : *L'Iliade et l'Odyssée*, édition abrégée (30 vign.). 1 vol.
— *L'Égypte il y a trois mille ans.* 1 vol. (40 vign.)
Lanoye (F. de) : *La Sibérie.* 1 vol. ill. (40 vig.)
Marc-Monnier : *Pompéi et les Pompéiens*, 1 vol. (30 vig.)

3° BIBLIOTHÈQUE DES MERVEILLES.

Les Merveilles du monde invisible, par M. de Fonvielle. 1 vol. (100 vign.)
Les Merveilles de l'architecture, par M. André Lefèvre (40 vig.).
Les Merveilles de l'architecture navale, par E. Renard, bibliothécaire au dépôt des cartes de la marine. 1 v. ill.
Les Merveilles de la météorologie par MM. Zurcher et Margollé. 1 v. (20 vig.)
Les Merveilles du ciel, par M. Flammarion (en préparation).
Les Métamorphoses des insectes, par L. Girard, président de la Société entomologique de France. 1 vol. (100 vign.)
Retz (cardinal de) : *Mémoires.* Edition abrégée (40 gr.). 1 vol.

LIBRAIRIE DE L. HACHETTE ET Cie
Boulevard Saint-Germain, 77, à Paris.

PUBLICATIONS PÉRIODIQUES
RELATIVES A LA LITTÉRATURE, AUX SCIENCES
ET AUX CONNAISSANCES UTILES.

Le prix d'abonnement pour l'étranger varie selon les conditions postales.

LE
TOUR DU MONDE
NOUVEAU JOURNAL DES VOYAGES
PUBLIÉ
SOUS LA DIRECTION DE M. ÉDOUARD CHARTON
et très-richement illustré par nos plus célèbres artistes.

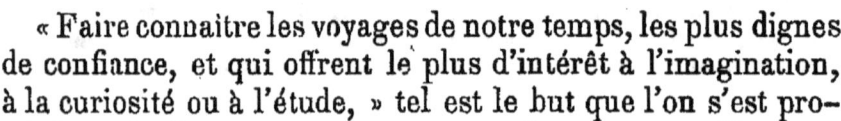

« Faire connaître les voyages de notre temps, les plus dignes de confiance, et qui offrent le plus d'intérêt à l'imagination, à la curiosité ou à l'étude, » tel est le but que l'on s'est proposé en fondant, au commencement de 1860, LE TOUR DU MONDE.

Six années se sont écoulées, douze volumes ont paru, et en poursuivant ce but avec fidélité et conscience, LE TOUR DU MONDE a atteint le succès. Sa publicité s'est étendue au delà des limites de la France : c'est aujourd'hui un recueil européen. Traduit en quatre langues, on le nomme en Italie, *il Giro del Mundo*; en Espagne, *la Vuelta al Mondo*; en Angleterre, *all round the World*; en Allemagne, *Globus illustrirte*.

L'expérience du TOUR DU MONDE démontre que la frivolité des esprits est loin d'être aussi générale qu'on l'avait supposé, et que l'on peut même compter par dizaines de mille les lecteurs qui n'ont pas besoin qu'on leur altère la réalité par des fictions, pour s'intéresser aux narrations des voyageurs faites en vue, non-seulement du simple amusement, de la curiosité, de l'inconnu, du goût des aventures ou de l'observation des mœurs, mais aussi de l'art, de l'industrie ou de la science.

Tous les récits publiés par LE TOUR DU MONDE sont contemporains ; tous se complètent par des cartes qui constatent l'état le plus récent des connaissances géographiques, et par des photographies ou des dessins rapportés par les voyageurs et qu'ont reproduits sur bois les artistes les plus habiles : MM. G. Doré, Karl Girardet, Thérond, Catenacci et autres. Le nombre des gravures publiées depuis six ans s'élève déjà à plus de trois mille six cents.

LE TOUR DU MONDE est ainsi tout à la fois un livre, un atlas et un album. Il tend sans cesse à s'améliorer sous ce triple rapport, parce qu'il y est encouragé par la faveur publique, et surtout parce qu'il a foi dans la nature et l'importance relative des services qu'il peut rendre. Combien les progrès de l'instruction générale ne seraient-il pas plus rapides, s'il était donné à chaque science de se produire avec le même attrait, et par suite avec le même succès ! C'est une pensée que doivent avoir présente ceux qui ont à cœur de contribuer à répandre les connaissances utiles : il faut les faire aimer.

CONDITIONS DE VENTE ET D'ABONNEMENT

PRIX DU NUMÉRO : 50 CENTIMES.

Un numéro, comprenant 16 pages in-4, plus une couverture réservée aux nouvelles géographiques, paraît le samedi de chaque semaine.

Les 52 numéros publiés dans une année forment 2 volumes qui peuvent être reliés en un seul.

PRIX DE L'ABONNEMENT POUR PARIS ET LES DÉPARTEMENTS :

UN AN, 26 FR. — SIX MOIS, 14 FR.

Les abonnements se prennent à partir du 1er de chaque mois.

Les six premières années du TOUR DU MONDE (1860 à 1865), formant 12 beaux volumes, sont en vente.

Prix de chaque volume, broché, 12 fr. 50 c.

Prix de chaque année, brochée en un ou deux volumes, 25 fr.

La reliure par volume ou par année se paye en sus.

JOURNAL POUR TOUS

MAGASIN LITTÉRAIRE ILLUSTRÉ

Le *Journal pour tous* paraît les mercredis et samedis.

Prix des numéros, des cahiers mensuels et de l'abonnement : chaque numéro vendu à Paris, 15 c.; chaque cahier mensuel, contenant 8 ou 9 numéros, vendu à Paris, 1 fr. 50 c. Abonnement de six mois : Paris, 6 fr.; pour les départements, 8 fr.; abonnement d'un an : pour Paris, 11 fr.; pour les départements, 15 fr. Les abonnements se prennent du premier de chaque mois.

Les quatorze premiers volumes du *Journal pour tous*, chacun de 886 pages, avec plus de 300 vignettes, table, frontispice et couverture imprimée, sont en vente. Prix du volume broché, 8 fr.

LA SEMAINE DES ENFANTS

MAGASIN D'IMAGES ET DE LECTURES AMUSANTES ET INSTRUCTIVES

Paraissant le mercredi et le samedi de chaque semaine. Prix du numéro, 15 c. Les abonnements se prennent pour six mois, à partir du 1er de chaque mois ; pour Paris, six mois, 6 fr.; un an, 11 fr.; pour les départements, six mois, 8 fr.; un an, 15 fr.

Les dix premiers vol., format gr. in-8 avec titre, table et couverture, sont en vente. Prix de chaque vol. br., 8 fr. La rel. en percal. gaufrée se paye en sus, avec tr. jasp., 1 fr. 50 c.; avec tr. dor., 2 fr. La reliure en percal. rouge, plats en or, tr. dor., 3 fr.

LES MILLE ET UNE NUITS

Contes arabes traduits par Galland, nouvelle édition illustrée de plus de 500 vignettes par G. Doré, Berthall, Foulquier, Worms, Castelli, Chasal, etc. *Les Mille et une Nuits* seront publiées en 100 livraisons environ de 8 pages grand in-8 à 2 colonnes, contenant, en texte et en vignettes, le double de toutes les livraisons ordinaires à 10 centimes.

Les livraisons paraissent régulièrement le mercredi et le samedi de chaque semaine, depuis le 27 avril 1865. Prix de la livraison : 15 centimes. La vente se fait aussi par fascicule de 10 livraisons avec couverture. Prix : 1 fr. 50 c.

LES TROIS RÈGNES DE LA NATURE

Lectures d'histoire naturelle, publiées sous la direction du docteur Chenu, et illustrées de nombreuses vignettes. Il paraît un numéro de ce recueil le samedi de chaque semaine, depuis le 1er janvier 1864. Prix du numéro : 15 c.; par la poste, 20 c. Prix de l'abonnement : pour Paris, six mois, 4 fr.; un an, 8 fr.; pour les départements, six mois, 5 fr.; un an, 10 fr.

La première année (1864), formant 1 beau vol. gr. in-8, ill. de 300 gr., est en vente. Prix, br., 8 fr.—Relié en perc. 9 fr. 75 c. — Relié, dos en mar., plats en toile, tranch. dor., 11 fr. 75 c.

Le but de ce journal est de vulgariser des connaissances aussi utiles qu'intéressantes, et de développer dans les esprits le goût des sciences naturelles. Il s'adresse à toutes les intelligences, comme à tous les âges et à toutes les positions sociales. Assez sérieux pour intéresser même le savant, il réunit toutes les conditions d'une lecture attrayante et instructive. L'étude de la nature est pleine de charme pour ceux même qui n'en font qu'un sujet de distraction ; c'est une inépuisable mine de jouissances; plus on sait, plus on veut savoir.

PUBLICATIONS ILLUSTRÉES.

LE PARTHÉNON DE L'HISTOIRE.

Six volumes royal in-4, publiés simultanément et illustrés de 1500 magnifiques gravures.

EN VENTE :

1º *La Russie*, par Piotre Artamof. 2 vol. (450 gravures).

2º *Les Reines du monde*, par l'élite de nos écrivains. 1 vol. (450 gravures).

3º *La Révolution française*, par Jules Janin. Tome I (250 gravures).

EN COURS DE PUBLICATION :

3º *La Révolution française*, par Jules Janin. Tome II (500 gravures).

4º *Galeries de l'Europe*, par J. Armengaud, t. II (450 gravures).

Prix de chaque volume relié dos maroquin, avec ornements dorés sur les plats, tranches dorées, 60 fr.

Le Parthénon de l'histoire se publie en 50 livraisons doubles. Il paraît, depuis le 1er décembre 1862, une livraison double par mois. Chaque livraison double comprend 2 feuilles (16 pages) de *la Révolution française*, 2 feuilles (16 pages) de *la Russie* et 2 feuilles (16 pages) des *Reines du monde*, auxquelles succèderont les *Galeries de l'Europe*, et est enrichie de 10 à 12 magnifiques gravures intercalées dans le texte. Prix de chaque cahier contenant deux livraisons, 10 fr.

Les vingt-six premiers cahiers contenant les cinquante-deux premières livraisons sont en vente.

HISTOIRE POPULAIRE CONTEMPORAINE

DE LA FRANCE

L'*Histoire populaire contemporaine de la France* (1815-1863) sera publiée en 200 livraisons environ, de 8 pages chacune, et formera 4 vol. grand in-8, illustrés de plus de 800 vignettes. Les livraisons paraissent régulièrement le mercredi et le vendredi de chaque semaine, depuis le 27 février 1864. Cette histoire fait suite à l'*Histoire populaire de la France*. Prix de la livraison : 10 centimes; par la poste : 15 centimes.

Le premier volume est en vente. Prix, broché, 6 fr. La reliure en percaline gaufrée se paye en sus: tranches jaspées, 1 fr. 50 c.; tranches dorées, 2 fr.; percaline rouge, plats en or, tranches dorées, 3 fr.

Imprimerie générale de Ch. Lahure, rue de Fleurus, 9, à Paris.

www.ingramcontent.com/pod-product-compliance
Lightning Source LLC
Chambersburg PA
CBHW050908230426
43666CB00010B/2075